성령의 복음

입문

성령의 복음 입문
ⓒ한국기독교사연구소 2020

2020년 8월 15일 1판 1쇄 발행

지은이: 박용규
펴낸이: 박용규
펴낸곳: 한국기독교사연구소
등 록: 2005. 10. 5. 등록 25100-2005-212호
주 소: 서울시 마포구 합정동 376-32(122-884)
전 화: 02)3141-1964
이메일: kich-seoul@hanmail.net

기획편집: 한국기독교사연구소
디 자 인: 김은경
인   쇄: 아람 P&B

ISBN 979-11-87274-21-6 (04230)
ISBN 979-11-87274-18-6 (세트)

저작권자의 허락 없이 이 책의 일부 또는 전체를
무단 복제, 전재, 발췌하면 저작권법에 의해 처벌을
받습니다. 개인 용도 목적으로도 절대금합니다.

> 이 도서의 국립중앙도서관 출판예정도서목록(CIP)은 서지정보유통지원시스템 홈페이지(http://seoji.nl.go.kr)와 국가자료종합목록 구축시스템(http://kolis-net.nl.go.kr)에서 이용하실 수 있습니다. (CIP 제어번호 : CIP2020028875)

| 성령의 복음 시리즈 ② |

성령의 복음

입문

| 박용규 지음 |

The Gospel of the Holy Spirit

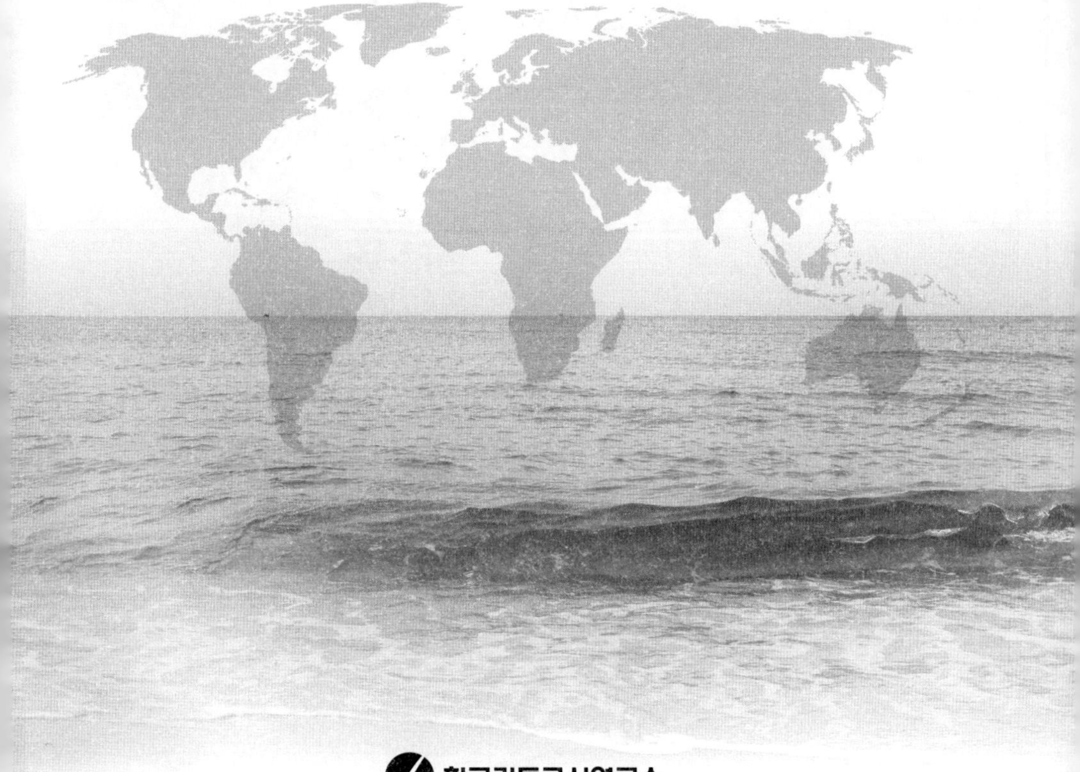

	사도행전의 중요 사건들	장 별	연도(A.D.)
1	그리스도의 승천	1	30. 05. 18.
2	오순절 성령강림	2	30. 05. 28.
3	첫 기독교 박해 발생	4	31. 봄.
4	일곱 사람(집사) 선출	6	32. 봄.
5	스데반의 순교	7	33. 봄.
6	이어진 대박해와 흩어짐	8	33. 여름.
7	빌립의 사마리아 전도	8	33. 여름.
8	사울의 다메섹 회심	9	33. 가을
9	사울의 1차 예루살렘 방문	9	36. 봄.
10	베드로의 욥바, 가이사랴 방문	9-10	40. 봄.
11	안디옥교회의 설립	11	41. 여름.
12	바나바, 사울 찾아 다소 방문	11	43. 봄.
13	구제와 사울의 2차 예루살렘 방문	11-12	46.
14	헤롯 아그립바 박해와 야고보 순교	12	44. 봄.
15	헤롯 아그립바의 죽음	12	44. 가을.
16	1차 선교여행	13	47-49.
17	바울의 갈라디아 지방 선교	14	47. 여름.
18	바울의 3차 예루살렘 방문과 공의회	15	49.
19	2차 선교여행	15	50-52.
20	바울의 유럽선교 착수	16	50. 가을.
21	바울의 아덴 선교	17	51. 여름.
22	3차 선교여행	18	53-56.
23	에베소의 아데미 노동자들의 소동	19	56. 겨울.
24	바울의 밀레도 고별인사	20	57. 유월절.
25	바울의 예루살렘 도착	21	57. 오순절.
26	바울의 예루살렘 계단 변론	22	57. 오순절.
27	바울의 가이사랴 2년 투옥	23	57-59.
28	바울의 벨릭스 앞에서 재판	24	57. 봄.
29	베스도 앞에서 로마 재판호소	25	59. 봄.
30	아그립바 왕 앞에서 바울의 변론	26	59. 여름.
31	가이사랴에서 멜리데까지 항해	27	59. 9-10.
32	바울의 로마 도착	28	60. 봄.
33	바울의 로마 감옥 2년 투옥	28	60-62.

머리말

　신학대학원에서 교회사를 연구하고 가르치는 한 사람으로서 최초의 교회가 어떻게 형성되었고 복음이 어떻게 확산되어 나갔는지에 대한 지식이 부족해 하나님 앞에 늘 죄송한 마음이었습니다. 이와 같은 제 안의 텅 빈 공간을 메꾸어야 한다는 거룩한 부담감이 오랫동안 저를 떠나지 않았습니다. 이것이 본서를 시작하게 된 처음 동기였습니다. 전에 없는 위기를 만나고 있는 한국교회에 대한 깊은 책임의식과 부흥에 대한 간절한 열망은 연구를 지속하도록 강하게 도전했습니다.
　매순간 저의 부족과 한계를 깊이 절감하며 주님께 무릎 꿇고 은혜를 베풀어 달라고 간절히 기도하지 않을 수 없었습니다. 감사하게도 주님은 처음부터 마지막까지 섬세하게 인도해주셨습니다. 주님의 강권하심에 순종해서 착수한 연구이지만 주님의 은혜로 기쁨으로 이 일을 감당할 수 있었습니다. 본서는 몇 가지 원칙을 가지고 진행했습니다.
　첫째, 사도행전의 저자 누가가 역사가이고 사도행전이 역사서라는 분명한 원칙하에 역사적인 안목을 가지고 사도행전을 연구했습니다.
　둘째, 사도행전이 '성령의 복음'(The Gospel of the Holy Spirit)이라는 분명한 시각을 가지고 개인과 공동체에 나타난 성령의 역사를 집중적으로 고찰하였습니다.
　셋째, 사도행전이 누가가 성령의 영감으로 기록한 오류 없는 하나님의 말씀이라는 확신을 가지고 인간 저자와 신적 저자가 이 땅의 교회와 그리스도인들에게 무엇을 말씀하시는지를 성경 자체와 그 시대의 역사, 초대교회의 문헌들 그리고 17–20세기 초까지 고전적인 사도행전 연구서들을 통해 살펴보았습니다. 유럽과 영국과 미국의 서구교회가 가장 찬란한 성령의 시대를 맞고 있을 때 사도행전 연구는 가장 화려하게 꽃을 피웠습니다.

마지막으로 단순히 학문적으로만 접근한 것이 아니라 성령의 복음이 오늘을 사는 우리 모두에게 말씀하시는 교훈이 무엇인가를 주의 깊게 살폈습니다.

특별히 성령의 역사에 면밀한 주의를 기울이며 추적했습니다. 존 칼빈의 말대로 실추된 교회의 영광을 회복할 수 있는 길은 오직 성령의 역사 외에는 달리 길이 없기 때문입니다.

너무도 많은 이들에게 사랑의 빚을 졌습니다. 부족한 한국기독교사연구소를 변함없이 후원해주신 후원교회 목사님들과 교우님들, 부족한 본서에 과분한 추천서를 써주신 목사님들, 정성을 다해 참고문헌을 정리해 준 최규환 목사님과 온 마음을 다해 원고를 세심하게 읽으며 교정을 해준 박양수 실장님, 오헌 목사님, 유정연 집사님에게 진심으로 감사드립니다. 오래 전 착수한 본서를 완성할 수 있도록 2020학년도 봄 학기를 연구학기로 허락해주신 총신대학교 이사회에도 깊이 감사드립니다.

사도행전의 그 놀라운 성령의 역사와 부흥이 우리 가운데 속히 임하여 통일의 그날을 앞당기며 아시아와 세계선교의 사명을 온전히 감당하는 그날이 어서 속히 오길 간절히 소망합니다. 부족한 본서가 사도행전적 교회와 참된 부흥을 간절히 사모하는 목회자들과 그리스도인들, 영적 위기를 맞고 있는 조국교회에 회복과 갱신과 부흥과 개혁을 위한 작은 불씨가 되기를 간절히 소망하며 성부 성자 성령 삼위일체 하나님께 감사와 찬양과 영광을 올려 드립니다.

2020년 5월 31일 성령강림절
총신대학교 신학대학원
박용규

목차

머리말 · 7

서론 · 11

제 I부 오순절과 예루살렘교회의 복음의 확장(1:1-6:7)

1장 오순절 성령강림의 준비(1:1-26) ···················· 21

2장 오순절 성령강림과 그 의미(2:1-47) ················ 34

3장 못 걷는 사람 치료와 복음의 확장(3:1-4:31) ······ 47

4장 성령충만한 예루살렘 공동체와 시험(4:32-5:11) ··· 59

5장 유대주의 박해와 복음의 확장(5:12-6:7) ············ 64

제 II부 유대와 사마리아에서의 복음전파(6:8-9:31)

6장 스데반의 설교와 순교(6:8-8:1) ····················· 79

7장 사마리아 복음전도와 그 의의(8:1-40) ············· 95

8장 사울의 회심과 이방선교의 준비(9:1-31) ········· 104

제 III부 안디옥으로 복음 확장(9:32-12:25)

9장 베드로의 이방전도와 고넬료의 회심(9:32-11:18) ·········· 117
10장 이방선교의 센터, 안디옥교회의 태동과 발전(11:19-30) ···· 132
11장 헤롯의 박해와 복음의 확장(12:1-25) ························ 141

제 IV부 안디옥에서 로마로 복음 확장(13:1-28:31)

12장 바울의 1차 선교여행과 소아시아선교(13:1-14:28) ········· 151
13장 예루살렘공의회와 이방선교의 공인(15:1-35) ················ 164
14장 바울의 2차 선교여행과 소아시아선교 확장(15:36-16:5) ·· 171
15장 바울의 마게도냐 빌립보 선교(16:6-40) ······················ 177
16장 바울의 데살로니가, 베뢰아, 아덴 선교(17:1-34) ··········· 186
17장 바울의 3차 선교여행과 고린도·에베소 선교(18:1-19:20) ·· 194
18장 바울의 예루살렘 행 여정과 로마 행 준비(19:21-21:14) ··· 207
19장 예루살렘에서의 바울(21:15-23:35) ···························· 220
20장 총독과 왕 앞에서 바울의 재판(24:1-26:32) ················ 239
21장 로마로 향하는 바울의 여정(27:1-28:10) ····················· 250
22장 바울의 로마 입성과 전도(28:11-31) ·························· 257

맺는 말: 계속되는 성령의 역사 · 263
사도행전의 주요사건 연표(A.D. 14-117) · 265

서 론

　사도행전은 최초의 세계교회사다. 사복음서가 33년 동안의 예수님의 생애와 사역을 기술했다면 신약의 유일한 역사서인 사도행전은 A.D. 30년 예수 그리스도의 승천부터 A.D. 62년 바울이 로마감옥에 갇힌 2년째까지 복음이 확산되는 32년의 선교 역사를 담고 있다.
　사복음서가 예수 그리스도의 부활 사건 기록에서 정점에 달하고 있다면 사도행전은 주님의 부활과 승천에서 시작하여 어떻게 그가 약속하신 성령을 보내주시고 성령으로 사도들과 함께, 사도들을 통하여 역사하셨는가를 기록하였다. 사복음서가 기독교의 근본진리를 제시하고 서신서가 교리와 실천적 가르침을 더욱 충실하고 조직적으로 제시한다면 사도행전은 성령의 강력한 역사 속에서 진행되는 개인과 교회의 삶을 역사적으로 너무도 훌륭하게 제시했다.

1. 신약의 유일한 역사서

　사도행전은 신약의 유일한 역사서이다. 오순절 성령강림을 체험한 제자들에 의해 예루살렘교회가 조직되었고, 이어 스데반의 박해로 인해 흩어진 성도들에 의해 안디옥교회가 형성되었으며, 그 안디옥교회에서 바울과 바나바를 파송하여 1차, 2차, 3차 선교여행이 이루어졌다. 그 결과 지중해 전역의 이방인들과 마지막에는 로마에까지 복음이 전해졌다. 그 과정에서 복음전파의 주도권이 예루살렘교회에서 안디옥교회로, 할례자의 사도 베드로에서 이방인의 사도 바울로 바뀌었다.
　사도행전은 역사적으로는 복음서에서 서신서로 넘어가는 과도기를 다루고 있으며, 종교적으로는 유대주의에서 기독교로, 섭리라는 차원에서는 율법에서 은총으로 그리고 복음의 확장 면에서는 유대인 중심에서 이방인 중심으로 바뀌는 대전환을 보여준다. 사도행전은 주께서 제자들에게 마지막으로 부탁하신 선교적 대 위임의 말씀과 승천하시기 전에 하신 성령강림을 통한 복음의 확장 약속이 시공 속에서 구체적으로 성취되어 가는 과정을 생생하게 담아냈다.

사도행전을 '제 5복음서'라 부르기도 한다. 그것은 사도행전이 예수 그리스도의 공생애와 십자가의 사역과 사도들의 구체적인 활동을 연결해 주는 연결고리의 역할을 하기 때문이다. 사도행전은 그리스도께서 승천하신 후 제자들이 어떻게 주의 제자로서의 사역을 감당하고 주의 나라를 확장해 나갔는가를 역사적으로 잘 그려주었다. 이러한 복음의 확장과정 뿐 아니라 오순절 이후 최초의 교회공동체의 신앙의 모습과 고민들도 잘 그려준다. 히브리파 유대인들과 헬라파 유대인들 사이의 깊은 갈등과 대립도 숨기지 않았다.

누가는 역사가로서 믿음의 공동체 가운데 일어난 역사적 '사실'과 그것이 무슨 의미를 지니는가를 동시에 제시하였다. 연대기적인 순서에 충실하면서도 주님이 승천하신 후 복음의 확장과정을 너무도 역사적으로 현장감 있게 기술하였다. 필자는 누가에게서 역사 서술에 대한 안목을 많이 배웠다. 우리는 초대교회의 신앙생활, 선교, 갈등을 사도행전에서 그대로 읽을 수 있다.

사도행전은 초대교회 공동체가 수천 년 동안 유대민족을 지배해 온 유대주의 전통의 탈을 벗고 복음과 약속의 기독교로 바뀌어 가는 과정, 율법에서 은총으로 옮겨가는 과정, 하나님의 나라가 유대인 공동체에서 사마리아인에게로, 이방인에게로 확대되어 가는 과정, 즉 "예루살렘과 온 유대-사마리아-(안디옥)-지중해 전역과 로마제국"으로 확대되어 가는 과정을 잘 그려 준다. 이방인이었던 누가의 시각을 통해 구원이 유대인에서 이방인에게로 확산되는 과정에서 유대인들이 겪었던 유대민족의 신앙적 갈등이 그대로 기술되었다. 바울과 베드로의 긴장, 예루살렘교회와 안디옥교회의 긴장, 바울의 선교여행을 통해 형성된 이방인 교회들과 예루살렘교회와의 긴장은 기독교가 선민사상에 깊숙이 물들어 있는 유대공동체를 넘어 이방인들에게로 확산되어 가는 일련의 과정에서 나타난 현상이었다. 복음과 전통 사이에 나타난 두 공동체의 갈등의 전형적인 사례를 사도행전 6장의 헬라파 유대인들과 히브리파 유대인들 사이의 갈등과 대립에서 찾을 수 있다.

종교개혁자 존 칼빈의 말대로 오늘날의 교회는 사도행전을 성령이 교회에 주신 "위대한 보화로 여기지 않으면 안된다." 사도행전은 주님이 승천하신 후에도 여전히 당신의 백성들과 함께 하시며 예루살렘에서 로마까지 복음이 확산되는 일련의 선교역사를 생생하게 그려주고 있다는 점에서 사복음서와 함께 '신약의 오경'이라고 불리기도 한다.

2. 역사가, 신학자, 복음전도자로서의 누가

사도행전은 바울의 동역자이며 탁월한 역사적 혜안을 가지고 누가복음을 저술한 누가가 기록했다. 누가는 자신이 바울의 선교여행에 동행한 사실과 관련하여 사도행전에 몇 번 언급했다. 그는 의사였고, 유대인이 아니었으며, 선교사역을 감당했고, 바울의 마지막 옥중 생애 동안 바울과 같이 있었다. 누가는 다음 몇 가지 점에서 최초의 교회사를 기록하기에 적합한 인물이었다.

첫째, 누가는 당대 고도의 교육을 받은 헬라인 의사였다. 누가는 헬라의 의료 교육 기관에서 사용하는 의학 용어를 매우 잘 알고 있었다.

둘째, 누가는 시대적 흐름을 정확히 읽고 분석해 내는 탁월한 역사적 혜안을 가지고 있었다.

셋째, 누가는 바울의 선교여행에 실제로 동행한 주인공이었다.

넷째, 누가는 바울과 함께 예루살렘에 도착하여 바울이 로마로 향할 때까지 2년이 경과하는 동안 팔레스타인 방방곡곡을 다니면서 복음서와 사도행전의 초반부터 예루살렘을 배경으로 한 부분에 대한 자료를 수집하였고, 유대의 역사와 관습과 절기에 정통하게 되었을 것이다. 누가는 단순히 역사적 사실만을 기록한 것이 아니라 하나님께서 '역사의 주(主)'라는 분명한 확신을 가지고 시공 속에서 일어난 사건들을 재구성했다.

누가는 초대교회 신앙의 공동체 가운데 성취된 구원의 역사를 근원부터 미루어 살펴보면서 예수 그리스도가 이루신 구속의 역사가 시공 속에서 일어난 역사적 사실이라는 점을 분명히 밝히기를 원했다. 그런 면에서 그에게 신학은 역사와 별개가 아니었다. 최초의 교회사, 사도행전은 단순한 사건의 집합이나 모음이 아닌 성령의 충만을 받은 신앙 공동체의 승리, 실패, 실존적 고민을 그대로 담아낸 신앙의 역사였다.

3. 사도행전의 중심 주제

사도행전의 중심 주제는 '성령'이다. 예수님께서 승천하시면서 제자들에게 '예루살렘을 떠나지 말고 아버지께서 약속하신 것을 기다리라'고 부탁하셨고, 제자들은 순종하여 오순절 마가의 다락방에 모여서 성령을 기다렸고 그곳에 모인 사람들이 다 성령의 충만을 받았다. 바로 그날 예루살렘에 모인 이들이 베드로의 설교를 듣고 3천 명이 회개하고 주님께로 돌아왔다. 성령충만한 베드로와 요한을 통해서 못 걷는 사람이 일어났고, 이로 인해 산헤드린 공의회가 열렸지만 성령충만한 베드로가 그들에게 담대히 부활하신 주님을 증거했으며 예루살렘 공동체는 간절히 하나님께 기도하여 그들 모두가 다 성령의 충만을 받았다.

1880년 하우슨이 **사도행전의 명백한 가치**에서 밝힌 것처럼 사도행전은 '성령의 복음'이다. 사도행전은 사복음서와 서신서를 연결하고 예수 그리스도의 구속사역이 성령을 통해서 실현되고 완성되어 나가며 하나님 나라가 세워져가는, 성령이 이끄시는 복음의 역사를 생생하게 증언한다는 점에서 '성령의 복음'이라고 할 수 있다. 실제로 사도행전에는 "성령"이 무려 50번이나 등장한다. 영어성경에는 55회나 나타난다. 예수의 영(1회)이라고 표현한 것, 주의 영(2회)이라고 표현한 것까지 합치면 더 많다.

확실히 사도행전은 성령의 복음이라 불릴 만큼 성령의 역사와 활동이 두드러진다. 성령의 복음은 누가의 사도행전의 저작 의도와 성격을 가장 잘 표현한 것이며 하우슨 외에도 존 크리소스톰, 존 칼빈, 윌리엄 램지, 아더 피어선, 찰스 어드만, F. F. 브루스 등 여러 학자들에 의해 강력한 지지를 받았다. 성령께서 성령충만을 체험한 사도들과 믿음의 백성들을 통해 선교사역을 주도하셨고 그 진행과정에서 많은 이들이 귀하게 쓰임 받았다.

4. 사도행전 기록 목적과 저작연도

사도행전의 저술 목적은 무엇인가? 누가는 사도행전 서두에서 이 책의 기록 목적을 밝혔다. 기독교의 기원에 관해서 이미 어느 정도의 지식을 가지고 있는 데오빌로라는 사람에게 내력을 정확히 설명하려는 것이다. 누가복음이 예수 그리스도의 사역에 대한 기록이었다면 사도행전은 최초의 기독교 공동체의 30년의 역사, 곧 예루살렘에서 시작되어 로마에 이르는 기독교의 발전과정을 담아내고 있다. 누가는 로마제국의 심장부 로마에서 복음을 전하는 위대한 전파자의 이야기로 사도행전을 끝맺는다.

그렇다면 사도행전에서 누가가 기록하기를 원하는 내용이 무엇인가? 기독교에 대한 변증이 사도행전 저술의 주된 목적인 것은 의심의 여지가 없다. 사도행전 전체에서 누가는 기독교가 합법적인 종교라는 사실, 유대주의자들이 십자가에 달아 죽인 그분이 바로 메시야이며, 그가 죽은 자 가운데서 부활하셨고, 승천하셨다는 사실을 지속적으로 변호하였다. 그분이 무죄하셨다는 사실, 그가 여전히 약속대로 제자들과 함께 살아 역사하셔서 선교를 이끌어 가신다는 사실을 증언하였다.

누가의 사도행전 저작에 대해서는 학자들 간에 거의 이견이 없지만 저작연도에 대해서는 이견이 있다. 누가가 사도행전을 기술한 시기는 크게 전기설과 후기설 둘로 나뉜다. 전기설을 주장하는 사람들은 사도행전에 A.D. 64년에 있었던 로마의 대화재 사건이나 A.D. 70년의 예루살렘의 멸망 같은 언급이 전혀 없다는 사실에 근거하여 그 이전에 기록했을 것이라고 추론한다.

사도행전의 후기설도 강력한 지지를 받고 있다. 이레니우스와 유세비우스는 사도행전이 적어도 베드로와 바울의 로마에서의 순교 이후에 기록되었다고 말했다. 후기 저작설 주장의 가장 중요한 근거 중 하나는 누가복음에 예루살렘 멸망이 언급되었기 때문에 사도행전이 누가복음 이후 저술되었으므로 그 저작 연대를 적어도 A.D. 70년 예루살렘 멸망 이후로 잡아야 한다는 것이다. 고위층의 사람 데오빌로가 개종한 사람이라는 일관된 해석을 지지할 경우 기독교가 고위층까지 전래된 시기 곧 도미티안(재위 A.D. 81-96) 황제 통치 기간에 사도행전이 저술되었을 가능성도 상당히 높다는 것이다.

전기설과 후기설 모두 나름대로의 논리와 설득력을 지니고 있지만, 아직 단정 지을 수 있는 확실한 저작연도는 밝혀지지 않았다.

누가복음과 사도행전의 정확한 기록 시기보다 더 중요한 것은 사도행전의 저작권 문제나 역사적 특징이다. 사도행전이 신약의 유일한 역사서라는 사실을 기억할 때 사도행전에 나타난 사건의 역사성을 이해하는 것이 사도행전 전반을 이해하고 해석하는 데 중요하다.

5. 사도행전 개관

사도행전 1장 8절의 약속의 성취가 처음부터 끝까지 사도행전 전체를 관통하고 있다. 사도행전은 복음이 오순절 성령강림 이후 예루살렘에서 온 유대로 확장되고 다시 사마리아로 그리고 점점 더 땅 끝으로 확장되는 과정을 그려주고 있다. 이것을 사도행전 1장 8절의 말씀에 근거하여서 통시적으로 보면, 1-7장은 예루살렘, 8-12장은 온 유대와 사마리아 그리고 안디옥까지, 13-28장은 팔레스타인의 경계선을 완전히 넘어서 안디옥에서 땅 끝 로마에까지 이르는 복음의 확산 과정을 기록하고 있다. 그런 면에서 '예루살렘, 온 유대, 사마리아, 땅 끝'이라는 1장 8절의 지리적인 명칭들은 일종의 사도행전에 관한 '목차'와 같다. 성령충만을 받고 '내 증인이 되리라'는 말은 사도행전의 중심 주제이다.

사도행전 28장 전체를 간략하게 살펴보면 1장부터 6장 7절까지는 예루살렘교회 태동과 예루살렘에서의 복음의 확장을, 6장 8절부터 9장 31절까지는 온 유대와 사마리아로, 9장 32절부터 12장 25절까지는 가이사랴와 안디옥으로, 13장부터 16장 5절까지는 소아시아로, 16장 6절부터 19장 20절까지는 마게도냐와 에게해로 그리고 19장 21절부터 28장까지는 로마로 복음이 확장되는 과정을 그려주고 있다. 사도행전 1장 8절의 약속이 그대로 성취되어 간 것이다.

사도행전은 바울 사도가 로마에서 복음을 전하는 것으로 끝난다. 그러나 누가는 사도행전의 성령의 역사를 진행형으로 끝내고 있다. 그것은 사도행전의 역사가 결코 바울에게서 끝나는 것이 아니라, 헬라세계와 로마제국의 복음화로 그리고 더 나아가서 땅 끝까지 복음이 확산될 때까지 계속된다는 사실을 말해 주고 있다. 실제로 기독교 역사 속에는 성령의 기름 부으심의 역사가 중단되지 않고 계속되었다. 따라서 사도행전의 역사는 사도행전 28장으로 끝나지 않고 지금 이 순간에도 우리 가운데 계속해서 이어지고 있다.

제 I 부
오순절과 예루살렘교회의 복음의 확장
(1:1-6:7)

1장
오순절 성령강림의 준비
(1:1-26)

2장
오순절 성령강림과 그 의미
(2:1-47)

3장
못 걷는 사람 치료와 복음의 확장
(3:1-4:31)

4장
성령충만한 예루살렘 공동체와 시험
(4:32-5:11)

5장
유대주의 박해와 복음의 확장
(5:12-6:7)

사도행전 1장부터 2장 47절까지는 오순절과 예루살렘교회의 태동 과정을 그리고 있다. 예루살렘을 떠나지 말고 아버지의 약속하신 보혜사 성령을 기다리라는 주님의 약속대로 120명은 마가의 다락방에서 기도에 전무하며 성령의 강림을 기다렸다. 성령의 놀라운 부으심이 마가의 다락방 120 문도(門徒)에게 임했고 모두가 성령의 충만을 받았으며 오순절 성령강림 이후 예루살렘교회가 태동되었다.

1장에서는 오순절 성령강림의 준비를, 2장에서는 오순절 성령강림과 그 의미를 담고 있다. 오순절 성령강림의 준비에서는 사도행전 서론, 예수님의 지상 명령, 예수님의 승천과 재림 약속, 10일간의 마가의 다락방 기도를 설명하고 있다. 오순절 사건과 그 의미에서는 오순절 성령강림, 베드로의 설교와 청중의 반응을 설명한다. 성령충만한 예루살렘 공동체 모습은 예루살렘교회의 성격과 특징을 그대로 대변해준다.

사도행전 3장 1절부터 6장 7절까지는 오순절 성령강림으로 예루살렘교회가 태동되고 나서 예루살렘에 복음이 어떻게 확장되어 가는지 그 과정을 그려주고 있다. 사도행전 1장 8절의 약속대로 '성령이 너희에게 임하시면 너희가 권능을 받고 예루살렘'에서 증인이 되는 과정을 설명하고 있다. 이 부분은 3장 못 걷는 사람 치료와 복음의 확장, 4장 성령충만한 예루살렘 공동체와 시험 그리고 5장 유대주의 박해와 복음의 확장으로 구성되었다.

예루살렘에서의 복음의 확장은 사도들의 기적을 통해 시작되었다. 베드로와 요한은 성전 미문에 앉아 구걸하던 못 걷는 사람을 일으켰다. 주님이 행하셨던 그 놀라운 기적을 사도들도 행한 것이다. 못 걷는 사람을 일으킨 사건은 복음을 예루살렘 전역으로 확산시키는 촉진제가 되었다. 예루살렘 공동체는 성령충만한 공동체가 되었고, 사도들은 담대하게 복음을 전했으며, 예루살렘교회는 성령충만한 생명의 공동체로 견고하게 세워졌으며, 놀라운 기사와 표적이 나타났고, 복음은 유대주의자들의 박해 속에서도 예루살렘 전역으로 확산되었다. 심지어 예루살렘에 거하는 허다한 제사장의 무리들도 주께 돌아오는 놀라운 역사가 나타났다.

제 1 장
오순절 성령강림의 준비
(1:1-26, A.D. 30)

누가는 사도행전 첫 다섯 장을 예루살렘교회에 할애하였다. 부활하신 예수 그리스도의 40일 동안의 행적, 성령강림, 제자들의 급증 그리고 성령의 강력한 역사와 유대인들의 복음의 거부와 박해가 그 핵심이다.

A.D. 30년 4월 7일 유월절에 십자가에 달리시고 4월 9일 삼일 만에 부활하신 주님은 오순절의 위대한 역사를 성취하시기 위해 먼저 제자들을 준비시키셨다. 부활하신 후 40일 동안 주님은 택하신 제자들에게 사명을 확인시키시고 부활을 증거하셨으며 성령을 약속하셨다. 주님은 교회의 기초를 놓으시고, 사명을 주시고, 승천하시면서 재림을 약속하셨다. 부활하신 주님이 주도권을 가지고 당신의 교회를 세우시는 기초 작업을 진행시켜 나가셨다.

주님으로부터 사명을 부여받고 주님의 승천을 목도한 제자들은 '예루살렘을 떠나지 말고 약속하신 성령을 기다리라'는 주님의 명령에 순종하여 마가 다락방에 함께 모여 성령을 기다리며 간절히 기도했다. 11명의 제자들을 포함하여 그곳에는 예수님의 어머니 마리아, 예수님의 형제들, 주님을 따랐던 120명이 함께 모였다.

이들은 한 마음이 되어 간절히 성령의 약속을 기다렸다. 주님은 부활하신 후 40일이 지난 A.D. 30년 5월 18일 승천하셨고, 10일이 지난 5월 28일 오순절 날 놀라운 성령의 부으심이 마가의 다락방의 120 문도에게 임했다.

사도행전 1장에 나타난 이와 같은 일들은 오순절 성령강림과 그 후에 진행될 일련의 역사의 흐름을 이해하는 데 매우 중요하다.

1. 사도행전 서론(1:1-2)

모든 글이 그렇듯이 글의 서두는 그 글의 성격을 이해하기 위해 너무도 중요하다. 특히 성경의 경우는 더욱 그렇다. 누가 누구에게 어떤 목적으로 글을 썼는지에 대해서 언급하고 있기 때문이다. 사도행전도 어떤 사람이 기록해서 누구에게 어떤 목적을 가지고 보낸 것인가가 사도행전 1장 1절과 2절에 명백히 나와 있다.

> [1] 데오빌로여 내가 먼저 쓴 글에는 무릇 예수께서 행하시며 가르치시기를 시작하심부터 [2] 그가 택하신 사도들에게 성령으로 명하시고 승천하신 날까지의 일을 기록하였노라

위 본문에는 사도행전을 기록한 저자의 이름이 언급되지 않았다. 하지만 '내가 먼저 쓴 글'이라는 표현을 통해 사도행전이 '내'라는 사람이 '먼저 쓴 글'에 이어 두 번째 글을 써서 '데오빌로'에게 보낸 것임을 알 수 있다.

누가는 기독교의 발흥과 진보를 어느 정도 배운바 있는 데오빌로에게 더 정확한 기독교 지식을 전해줄 목적으로 사도행전을 기록한 것이다. 데오빌로 각하가 어떤 인물인지는 확실하지 않다. 그 이름은 "하나님을 사랑하는 자," "하나님의 친구"라는 뜻이다. 그가 누구인지 확실하게 밝혀지지 않았지만 회심한 그리스도인으로 아마도 고위직의 사람이었을 것이다. 램지는 '각하'라는 호칭은 아주 고위직에 있는 행정 관료들에게 붙이는 극 존칭어로 데오빌로가 본명이 아니라 세례명이고 그를 보호하기 위해 세례명을 쓴 것이며 그가 기독교에 대해 우호적인 시각을 가지고 있던

로마의 중류 지식층의 한 사람이었을 것이라고 추측한다.

행하시고 가르치시며

그런데 누가가 예수 그리스도의 사역을 언급하면서 특별히 부각시키고 있는 것이 몇 가지 있다. 하나는 누가가 예수 그리스도의 공생애를 집약하면서 '행하시며 가르치시기를 시작하심부터'라고 기록한 것이다. 예수 그리스도의 생애에서 행함과 가르침이 괴리되지 않았다는 사실이다. 처음부터 그리스도는 전인적 구원의 복음을 전파하셨다. 그런데 가르침보다 행함이 먼저 기록되었다는 사실을 주목해야 한다. 주님은 가르치시기 전에 먼저 행하셨다. 실천에 옮기지 않으신 것을 가르치신 적이 없다.

성령으로 명하시고

예수님의 공생애에서 주목해야 할 또 하나는 바로 '성령으로 명하시고'이다. 성령은 예수 그리스도의 사생애, 공생애 그리고 부활하신 이후 40일 동안의 사역을 이해하는 가장 중요한 열쇠이다. 사복음서를 자세히 살펴보면 성육신부터 부활까지 주님의 전 사역이 성령과 깊이 연계되어 진행되었다. 그의 전 생애와 전 사역이 성령의 사역과 밀접한 연계성을 지니고 있다. 주님은 성령으로 시작하셔서 성령으로 마치셨다고 해도 과언이 아니다.

마지막으로 '행하시며 가르치셨다'는 것은 예수 그리스도의 공생애 동안에 주님이 하셨던 가르치시고, 전파하시고, 치료하셨다는 사역과 깊이 맞물려 있다. 누가가 먼저 쓴 누가복음은 예수 그리스도께서 공생애를 시작하실 때부터 제자들을 택하시고 몸소 행하시고 가르치시며 그들에게 성령으로 명하신 일을 기록한 것이다.

2. 예수님의 40일 간 사역과 지상 명령(1:3-8)

사도행전 1장 3-5절은 그리스도께서 이 땅에 40일 간 계시는 동안에 하신 일이 무엇인가를 말해준다. 그것은 다음 세 가지로 압축할 수 있다.

첫째, 부활을 증거하셨다. '친히 살아 계심을 나타내사'라는 말씀을 통해 그리스도의 부활이 역사적 사건이었음을 보여준다.

둘째, '하나님 나라의 일'을 말씀하셨다.

셋째, 성령을 약속하셨다.

예수 그리스도는 공생애 동안에도, 십자가 사건을 앞두고도, 십자가에 달리시고 부활하신 후에도, 그리고 승천하시기 직전에도 성령을 약속하셨다. 성령은 예수님의 공생애를 이해하는 가장 중요한 열쇠이다.

예수님의 마지막 지상 명령(1:6-8)

주님의 관심은 제자들이 성령의 임재를 경험하고 주님의 신실한 제자로 세워지는 것이었다. 주님이 제자들의 정치적인 관심에 일침을 가하시고 아버지의 약속하신 성령을 기다리라고 강조하신 것도 그 때문이다. 우리는 여기서 부활하신 주님이 제자들에게 친히 자신을 보여주신 후 승천하시기 전까지 주님의 가장 중요한 관심사가 하나님 나라와 성령인 것을 알 수 있다. 승천하시기 전 주님은 제자들에게 하나님 나라를 가르치시고 성령이 약속대로 제자들에게 임할 것을 분명히 말씀하셨다.

하지만 제자들의 관심은 달랐다. 사도들은 그리스도가 세우실 그 나라의 본질과 특성에 대해 여전히 무지했다. 그들은 여전히 그 나라가 외형적 모습을 지닌 세상나라라고 생각했다. 제자들의 관심은 영적인 나라 '하나님 나라'가 아니라 세상적인 나라 곧 '이스라엘의 회복'이었고, 권세역시 주님이 주실 성령의 권능이 아니라 세상적인 권세였다. 그것은 주님

A.D. 70년 예루살렘 멸망 직전의 영광스런 모습

앞에 제자들이 던진 '주께서 이스라엘 나라를 회복하심이 이 때니이까?' 라는 질문에 그대로 함축되어 있다.

시간을 말할 때 우리는 한 가지 단어 한 의미만 갖고 있지만, 당시 유대인들(헬라인들에게도)에게는 시간이라는 말이 크로노스(chrónos)와 카이로스(kairos) 둘로 대별되었다. 전자는 기계적인 시간을 후자는 질적인 시간을 말한다. '이스라엘 나라를 회복하심이 이때니이까'고 물었을 때 제자들이 사용한 단어는 크로노스였다. 이것은 그들이 눈에 보이는 이스라엘의 회복의 때를 염두에 두고 예수님께 질문했음을 보여준다.

장차 임할 아버지의 약속이신 성령에 대해 말씀하시는데도 제자들은 세상적인 개념으로 그것을 받아들였다. 그들이 말한 문자의 동사, 명사, 부사 모두 하나님 나라에 대한 교리를 혼동하고 있음을 보여준다.

주님은 그런 제자들의 잘못된 인식을 곧 바르게 잡아 주셨다. '이르시되 때와 시기는 아버지께서 자기의 권한에 두셨으니 너희가 알 바 아니요 오직 성령이 너희에게 임하시면 너희가 권능을 받고 예루살렘과 온 유대와 사마리아와 땅 끝까지 이르러 내 증인이 되리라 하시니라.' 여기서 주님이 가르치시는 핵심 내용은 두말할 필요 없이 성령이시다. '성령이 너희에게 임하시면 권능을 받고'라는 말 속에서는 두 가지 사실이 함축되어 있다. 하나는 그들이 권능을 받아야 한다는 사실이고 다른 하나는 그 권능의 유일한 원천은 성령이라는 사실이다. 권능을 받기 위해서는 이스라엘 백성들이나 이방인들이나 모두 성령을 받아야 한다.

정치적 나라를 기대하고 있던 제자들에게 그 나라가 영토적인 개념이 아니라 성령을 통해 임하는 영적인 나라인 것을 분명히 하신 것이다. 주님은 이스라엘을 회복하시게 될 때에 대하여 관심이 있는 제자들에게 그것은 아버지의 고유한 권한임을 일깨워주었다. '때와 시기는 아버지께서 자기의 권한에 두셨으니 너희가 알 바 아니요'라는 말씀은 때와 시기의 문제는 제자들의 영역이 아니라는 의미이다. 그들이 해야 할 일차적인 사명은 결코 '때와 시기'를 아는 일이 아니라 그 때를 준비하는 일이다.

하나님 나라를 회복하실 '때와 시기'는 인간의 영역이 아니라 '아버지의 고유 권한'이다. 다니엘이 증언한 대로 그분은 '때와 계절을 바꾸시며 왕들을 폐하시고 왕들을 세우시며 지혜자에게 지혜를 주시고 총명한 자에게 지식을 주시는' 주권적인 분이시다.

여기 1장 7절의 '때'와 '시기'는 헬라어로 크로노스와 카이로스다. 주님은 '때와 시기는 너희의 알 바 아니요 아버지의 권한에 두셨다'고 하심으로 기계적인 세상적인 시간과 이 세상의 시간의 흐름 곧 기계적인 시간 이면에 존재하는 질적인 시간 모두 아버지의 영역이라는 사실, 따라서 하나님께서 눈에 보이는 역사(visible history)와 눈에 보이지 않는 역사(invisible history) 두 가지 모두를 주관하시는 분임을 분명히 한 것이다.

성령의 임재와 복음의 세계성

주님은 제자들에게 세상나라보다 영적인 하나님 나라에 관심을 가질 것을 촉구하셨다. 제자들이 해야 할 일은 예루살렘을 떠나지 말고 위로부터 임하시는 성령을 받고 복음증거의 사명, 곧 성령의 권능으로 진행될 하나님 나라, 복음, 교회의 세계성에의 참여였다. 사도행전 1장 8절에서 '땅 끝까지 이르러' 그리고 마태복음 2장 20절에서 '세상 끝 날까지' 모두 성령을 받고 하나님 나라와 복음과 교회의 세계성에 동참할 것을 촉구하신 명령이었다.

창조 후의 인류의 역사는 종말을 향해 달린다. 그 역사의 진행과 더불어 하나님 나라, 복음, 교회는 예루살렘에서 시작해서 땅 끝으로 점진적으로 계속해서 확장되어 나간다. 하나님 나라는 주의 재림을 통해 장차 완성되지만, 주님이 오실 그 때까지 이 땅에서 성령을 통한 땅 끝까지의 증인의 사명은 중단되지 않고 계속될 것이다.

주님은 세상적인 나라에 대한 관심, 그것도 아버지의 영역에 속한 '때와 시기'에 집중하고 있는 제자들에게 하나님 나라에 대한 관심이 일차적이어야 할 것을 일깨우신 것이다. 하나님 나라가 성령에 의해 하나님의 백성들 가운데 구현되는, 곧 정치적인 세상나라가 아니라 영적인 나라, 성령에 의해 실현되어 가고 이루어져 가는 나라인 것을 분명히 하신 것이다.

주님이 말씀하신 하나님 나라는 지역적으로도 결코 이스라엘에 국한된 나라가 아니었다. 주님은 제자들이 가지고 있는 협소한 민족주의적 개념을 일소하셨다. 그가 세우실 나라는 결코 유대민족들이 꿈꾸는 주전 2세기 마카비가 이스라엘을 독립시켜 잠시 세운 그런 민족공동체가 아니었다. 따라서 그 나라의 구성원은 결코 유대민족으로만 국한되지 않았다.

사도행전 1장 8절 말씀을 주목해 보면 우리는 한 가지 중요한 사실을 발견한다. 우리 모두는 성령의 권능을 힘입고 땅 끝까지 그리스도의 증인이 되어야 한다는 사실이다. 이 증인의 사명은 성령의 권능을 힘입을 때 가능하고, 증인을 통해 구원의 복음은 지역과 민족을 초월하여 확산된다. 지리적인 제약을 넘는 원동력은 성령의 능력을 힘입는 데 있다. 제자들이 성령의 권능을 받았을 때 세상적인 관심에서 영적인 하나님 나라에 대한 관심으로, 예루살렘과 이스라엘 민족에 국한된 민족주의 사고에서 예루살렘과 유다와 사마리아를 넘어 땅 끝을 바라보는 시각으로 바뀌었다. 성령충만을 받고 휘필드는 어떤 교파와 교단 사람들과도 진정한 교류가 가능했다.

할례자의 사도 베드로가 유대민족뿐만 아니라 이방인들에게도 복음을 전했고, 또 이방인의 사도 바울은 이방인에게만 복음을 전하지 않았다. 바울은 자기 동족에게 복음을 증거하는 것이 설령 자기가 '저주를 받아 그리스도에게서 끊어질지라도 원하는 바'라고 고백하였다. 그리고 어디를 가든지 유대인들이 모이는 회당을 복음의 접촉점으로 삼았다. 또 초대교회 일곱 사람 중 빌립도 유대인들로부터 버림받은 사마리아에서 복음을 전했고, 에디오피아 여왕 간다게의 내시에게 복음을 전하였다. 이 모든 것은 오순절 성령강림 이후에 나타난 사건들이었다. 바로 성령이 임하셔서 그 권능을 받았을 때 관심사가 달라지고 지역과 민족을 초월할 수 있었다. 사도행전은 바로 이런 역사들로 가득한 책이다.

결코 복음이 유대민족에게만 국한되지 않았으며 사도행전이 보여주듯 성령께서 신앙의 사람들로 하여금 인종, 국가, 성, 신분을 초월하여 국제적인 공동체를 이루어 가도록 이끄셨다. 성령을 통한 이와 같은 하나님 나라의 세계성을 가장 분명하게 보여주는 것이 사도행전 1장 8절이다. 주께서 복음이 성령의 권능을 받은 증인들에 의해서 예루살렘에서 온 유대와 사마리아, 가이사랴, 안디옥 그리고 더 나아가 이방세계와 땅 끝으로 확산되어 나갈 것을 약속하셨다는 점에서 사도행전 1장 8절은 사도행전 전체를 이해하는 중심 구절이다.

사도행전 1장 8절에 담겨진 네 가지 약속

1장 8절이 주님의 지상명령이라고 할 때 여기에는 다음 몇 가지 약속이 함축되었다.

첫째, 성령의 임재를 통한 '내 증인' 곧 그리스도의 증인의 약속이다.

둘째, 성령의 임재를 통한 권능의 약속이다.

셋째, 성령의 임재를 통한 복음의 세계성의 약속이다. 우리가 주목하는 것은 '예루살렘-유대-사마리아-땅 끝'이라는 복음의 확장 순서이다. 예루살렘과 땅 끝 사이에 반드시 넘어야 할 지역, 품어야 할 지역이 예루살렘, 유대, 사마리아이다. 이들 지역 하나하나가 품기에는 너무도 부담스러운 장소였다. 적들로 가득 찬 도성 예루살렘, 예수를 메시야로 받아들일 준비가 전혀 되어 있지 않은 유대 그리고 도저히 상종할 수 없는 데다 그리스도를 받아들이기를 거부하는 사마리아 역시 그들이 거두어 들여야 할 곳이다. 땅 끝은 더더욱 품기 힘든 곳이다. 팔레스타인을 넘어 지리적으로 더 나가는 것은 유대민족을 넘어 헬라인, 로마인, 세계인들에게로 나가는 것을 의미하는 것이다. 국수주의에 물든 대부분의 유대인들에게는 받아들일 수 없는 명령이었다.

넷째, 성령의 임재를 통한 변화의 약속이다. 1장 8절에는 그런 내용이 직접 명시되어 있지 않았다. 하지만 이것은 6절과 연계시켜 7-8절을 풀어가면 분명하게 드러나는 약속이다. 어떻게 정치적인 메시야를 왕으로 모시고 가시적인 세상나라 출세에 온통 관심이 있는 사람들이 그리스도의 증인으로 예루살렘, 온 유대, 사마리아, 땅 끝까지 하나님 나라의 확장의 도구로 쓰임 받을 수 있겠는가? 주님은 '성령이 너희에게 임하시면' 그런 근본적인 변화가 가능하다고 말씀하신다.

인간을 궁극적으로 바꿀 수 있는 분은 성령 하나님이시다. 성령을 통하지 않고는 근본적으로 변할 수 없다. 성령은 제자들을 과거와 비교할 수 없는 헌신적인 인물로 변화시켜 주셨다.

3. 예수님의 승천과 재림 약속(1:9-11)

예수 그리스도의 승천이 일어난 때는 A.D. 30년 5월 18일이고, 승천하신 곳은 감람산이었다. 이것은 '제자들이 감람원이라 하는 산으로부터 예루살렘에 돌아' 왔다는 12절의 말씀에 충분히 암시되어 있다. 사도행전에 나타난 주님의 승천에 대한 기사는 초대 교회사적으로 세 가지 면에서

예수님의 승천

중요한 의미를 지니고 있다.

첫째, 예수님의 지상 사역의 종말을 알리는 동시에 성령강림으로 시작될 교회의 시작을 알리는 신호다.

둘째, 승천하시면서 천사들을 통해 주님이 다시 오실 것을 약속하셨다. 주님은 제자들이 본 그대로 다시 오실 것이다. 주님은 복음이 모든 나라에 전파되었을 때 재림하신다고 약속하셨다.

셋째, 승천은 주님의 구속 사역의 종식이 아니라 지상에서의 구속사역의 완성과 성취를 위한 과정일 뿐이다. 승천으로 주의 사역이 끝난 것이 아니다. 하늘로 올리어 가심으로 성령이 강림하셨고, 성령이 강림하심으로 제자들이 성령의 충만을 받고 역동적으로 복음의 증인이 되었다.

승천과 재림 사이에 진행되는 성령을 통한 복음전파와 교회의 확장의 역사가 바로 교회사이며, 그 가운데 역사하신 하나님의 움직임을 체계적으로 정립한 것이 바로 역사신학이다.

4. 마가 다락방에서 약속을 기다리는 120 문도(1:12-26)

예수님이 승천하시고 오순절 성령강림이 있는 그 사이 10일 동안에 무엇이 있었는지를 1장 12-26절이 설명한다. 주님이 승천하신 후 제자들은 감람산에서 예루살렘으로 돌아왔다. 감람산은 예루살렘에서 불과 1.2km 의 거리, 안식일에 걸을 수 있는 거리였다. 때문에 예루살렘까지 돌아오는 시간은 얼마 되지 않았다. 제자들이 예루살렘으로 돌아온 이유는 아버지께서 약속하신 것을 기다리라는 주님의 명령에 순종하기 위해서였다.

기도하며 성령을 기다리는 120 문도(1:12-14)

약속을 기다리는 이들의 모습을 통해 우리는 다음 몇 가지 교훈을 발견할 수 있다.

첫째, 다양한 사람들이 하나 되었다. 그곳에 모인 120명은 신분과 연령과 출신이 다 달랐지만 한마음이 되었다.

둘째, 마가의 다락방에 모인 사람들은 배경이 서로 달랐지만 하나 되어 마음과 뜻을 같이 하며 '오로지 기도에 힘썼다.'

셋째, 이들은 마가의 다락방에 모여 한마음으로 기도할 때 단순히 기도만 한 것이 아니라 약속의 말씀을 붙들고 기도했다.

가룟 유다의 죽음과 예언의 성취(1:15-20)

누가는 이어 가룟 유다의 죽음과 예언의 성취, 맛디아 선택을 생동감 넘치게 기록하고 있다. 베드로는 120 문도에게 가룟 유다의 심판과 멸망이 다윗을 통해 시편에 예언되었음을 환기시켰다. 그런데 중요한 것은 '성령이 다윗의 입을 통하여'라고 기록한 부분이다. 우리는 가룟 유다에 대한 예언의 성취를 통해 몇 가지의 중요한 사실을 발견할 수 있다.

첫째, 예수 그리스도와 관련된 가룟 유다에 대한 예언이 그대로 성취되었다. 가룟 유다는 본래 사도들 가운데 '직무의 한 부분'을 맡은 자였다는 사실, 불의의 삯으로 밭을 사고 그 '후에 몸이 곤두박질하여 배가 터져 창자가 다 흘러나오는' 비참한 최후를 맞았다는 사실, 또 이 일을 예루살렘의 모든 사람들이 알게 되어 그 밭을 아겔다마 곧 '피밭'이라 불렀다는 사실 그리고 가룟 유다의 '직분을 타인이 취하였다'는 모든 예언이 그대로 성취된 것이다.

둘째, 하나님께서 행한 대로 보응하셨다. 가룟 유다는 이 세상에서 예수를 팔아넘기려고 했던 자들로부터 영웅대접을 받을 것이라는 기대와 달리 너무도 비참한 종말을 맞았다.

셋째, 주를 박해하거나 팔아넘긴 자는 자신뿐만 아니라 그 후손도 결국 비참하게 된다. 가룟 유다 자신만 비참하게 죽음을 맞은 것은 아니다. 그가 산 밭이 피밭이라는 칭호를 받은 것은 그와 그의 가문이 동시대 인물들로부터 매장되어 버렸음을 보여준다.

맛디아의 선택(1:21-26)

베드로를 통해 가룟 유다의 죽음과 그를 대신할 사도를 선택하는 것이 구약에 예언된 것임을 확인한 120명의 공동체는 이를 실행에 옮겼다. 제자들은 가룟 유다 대신 한 명의 사도를 뽑아 그를 대신하기로 했다.

바사바는 '바사바, 유스도, 요셉'이라는 세 가지의 이름을 갖고 있었다. 바사바가 3가지 이름을 가진 것을 보면 두 사람 중에 그가 '좀 더 평판이 좋았던 것으로 보인다.' 유세비우스는 바사바가 70인 제자들 중에 한명이었다고 말한다.

우리는 120 문도가 가룟 유다 대신 한 명을 더 뽑을 때 몇 가지 중요한 기준을 가지고 진행했다는 사실을 주목한다.

첫째, 주의 일꾼은 모두가 잘 아는 인정받은 사람이어야 한다. '항상 우리와 함께 다니던 사람'이 최우선의 조건이다.

둘째, 주의 일꾼은 부활에 대한 분명한 확신과 신앙이 있는 사람이어야 한다. 그들이 선출하려고 한 사람은 '예수께서 부활하심을 증언할 사람'이었다. 부활신앙이 사도 선임의 절대적 기준이었음을 보여준다.

셋째, 맛디아를 선택할 때처럼 기도 가운데 뽑아야 한다. 120 문도는 '뭇 사람의 마음을 아시는 주여'라고 기도하며 주님의 인도를 구했다.

넷째, 주의 일꾼은 일정한 자격을 갖추어야 한다. 그들 모두는 '봉사와 및 사도의 직무'를 대신할 사람을 찾았다. 그들은 섬김의 사람, 주님의 가르침을 계승할 수 있는 사람을 찾은 것이다.

맛디아가 선출된 것은 예상외였다. 제자들은 자신들이 은근히 기대했던 요셉이 선출되지 않고 상대적으로 덜 존경받고 평판이 약한 맛디아가 선출된 것으로 인해 불평하거나 실망하지 않았다. 맛디아처럼 택함을 받지 않았다고 해서 120 문도 중에 어느 누가 불평하거나 비통해했다는 기록이나 흔적을 전혀 찾을 수 없다.

성령을 기다리며 그들 모두가 진실로 하나된 것이다. 기도로 하나 되고 맛디아를 선출하는 중요한 일에 하나된 그들 모두에게 오순절 성령강림이 임하고 그들 모두가 다 성령의 충만을 받은 것은 결코 우연이 아니다.

제 2 장
오순절 성령강림과 그 의미
(2:1-47, A.D. 30)

유세비우스가 그의 **교회사** 2권에서 밝힌 것처럼 '그리스도의 가르침'은 '하늘의 권능의 영향으로 그리고 신적 도우심으로' 성령의 충만을 받은 '영감된 전도자들과 사도들'을 통해서 요원의 불길처럼 전 세계에 확산되었다.

그 결정적인 전환점은 역시 A.D. 30년 5월 28일에 일어난 오순절 성령강림이었다. '몇 날이 못되어 성령으로 세례를 받으리라'는 약속대로 예수 그리스도가 승천하시고 열흘이 지나 성령이 마가의 다락방 120 문도 가운데 놀랍게 임하셨다. 이것은 사도행전 2장 1-4절에 생생하게 기록되었고 개벨린이 증언한대로 '성령의 부으심'이었다.

오순절 성령강림 사건은 구속사에서 너무도 중요하다. 오순절 날은 성령의 시대를 알리는 신호탄이자 '교회 탄생일'이다. 오순절 성령강림은 다음 몇 가지 점에서 중요한 교회사적 의미를 지니고 있다.

첫째, 주님의 약속의 성취였다. 이미 구약에 요엘 선지자가 예언했고 주님이 공생애 동안에 반복적으로 약속하셨고 주님께서 승천하시면서 제자들에게 하신 '몇 날이 못되어 성령으로 세례를 받으리라'는 약속이 성취된 것이다.

둘째, 오순절 성령강림 사건은 한 시대의 종말을 고하고 새로운 시대의 도래를 알리는 사건이었다. 오순절 성령강림 사건은 기독교 최고의 전환점이었고 신약교회의 출발을 알리는 신호탄이었다.

셋째, 베드로가 사도행전 2장 33절에서 증언하는 것처럼 오순절 때 초자연적 현상이 수반되며 놀라운 성령의 부으심이 있었다.

넷째, 교회 부흥의 성격을 알려준다. 오순절의 사건을 사도들을 위한 것일 뿐 아니라 교회와 우리 모두를 위한 것이다.

1. 오순절 성령강림(2:1-13)

이날은 A.D. 30년 5월 28일이었다. 오순절 사건 기사에서 우리는 몇 가지 사실을 발견할 수 있다.

첫째, 성령은 공동체에 임하셨고, 각 개인에게 임하셨다.

둘째, 세계 각국에서 모인 사람들이 함께 성령의 강림을 경험하고 목도했다. 성령이 절기를 따라 천하 각국에서 예루살렘에 모인 이들에게 약속대로 임하셨다.

셋째, 오순절 성령강림 시에 분명한 초자연적 현상이 나타났다. 하늘로부터 급하고 강한 바람 같은 소리가 내려와 저희 앉은 온 집에 가득했고, 불의 혀처럼 갈라지는 것이 눈에 분명히 보였다. 성령의 충만함을 받고 성령이 말하게 하심으로 '다른 방언들로 말하기 시작했다.' 그곳에 모인 이들은 '성령강림의 외적인 표적'을 직접 눈으로 '보고' 귀로 생생하게 '들었다.' 칼빈의 표현을 빌린다면 "주께서는 그의 제자들에게 한번 성령을 눈에 보이는 형식으로 주셨다."

초자연적 성령의 역사를 초자연적 현상이나 은사에만 초점을 둔 나머지 인격적인 변화를 무시해서는 안 될 것이다. 성령이 각 사람 위에 머물러 있고, 성령의 충만을 통해 놀라운 증인으로 변화가 일어났다. 인생관, 가치관, 신앙관 그리고 삶의 궁극적인 목표가 달라졌다.

오순절 성령강림 때 나타난 분명한 현상 가운데 하나는 사도들이 방언으로 말했고, 참석자들이 자기 나라말로 알아들었다는 사실이다. 120 문도들은 '새 방언'으로 말했다. 의심할 바 없이 오순절의 방언은 바벨탑 사

오순절 성령강림

건 때 혼잡해진 언어의 회복과 연관이 있다. 오순절 날 제자들이 방언으로 말하는 것을 들었던 각국에서 온 사람들은 유대인이었거나 유대교로 개종한 자들이었다. 제자들은 여러 나라 방언으로 '하나님의 큰 일'을 말했는데 이것은 성령강림을 통해 전개될 복음의 세계성을 함의하는 것이다. 그런 의미에서 방언은 흩어진 민족을 하나로 묶는 상징적 의미를 지닌다.

우리는 여기서 한 가지 중요한 교훈을 얻을 수 있다. 그것은 성령의 놀라운 역사는 시공과 자연의 질서를 초월한다는 사실이다. 주님의 약속대로 마가의 다락방에 모여 간절히 주님의 약속을 기다리던 120 문도들에게 전무후무한 놀라운 성령의 부으심이 임했고, 성령이 각 사람 위에 임하였으며, 그들 모두가 성령의 충만을 받았고 강력한 성령의 초자연적 역사가 나타났다. 오순절 성령강림을 통해 강력한 성령의 능력을 체험한 증인들에 의해 신약의 교회가 태동된 것이다.

2. 베드로의 설교와 청중의 반응(2:14-41)

성령의 역사를 목도하고도 '어떤 이들은 조롱하여 이르되 그들이 새 술에 취하였다'고 조롱했다. 성령의 놀라운 역사를 현장에서 목도하고도 그것을 이해하지 못하고 성령의 충만을 받은 사도들을 오히려 조롱하는 이들이 있었다는 것은 놀랍다. 성령의 초자연적 기적을 완전히 왜곡한 것이다. 칼빈의 말대로 "사탄이 그들의 지각을 빼앗아 가버렸을 때에 인간의 무지와 사악이 얼마나 커지는가를 이 사건이 보여준다."

주님이 하신 약속의 성취를 보고도 술 취한 것으로 조롱하는 무리들을 향해 베드로는 결코 술에 취해서 그런 것이 아니라 선지자 요엘이 약속한 예언이 성취된 것임을 일깨워주었다.

요엘서의 성령의 부으심 약속과 성취의 의미

베드로는 오순절 성령강림이 하나님이 요엘 선지자를 통해 말씀하신 약속의 성취임을 분명히 했다. 요엘 선지자를 통해 하신 성령의 부으심의 약속은 아버지의 약속이면서 동시에 예수님의 약속이다. 베드로가 증언한 대로 하나님께서 요엘 선지자를 통해 하신 이 약속이 오순절 성령강림을 통해 성취된 것이다.

성령은 아버지와 아들에게서 나오시기 때문에 하나님 아버지의 영이시고 동시에 예수 그리스도가 부활 승천 후 높임을 받으신 후 그가 보내시는 영이시기 때문에 예수 그리스도의 영이시다. 아버지와 아들의 영이시기 때문에 웨스트민스터 신앙고백에 기록된 대로 "성령은 아버지와 아들로부터 영원히 나오신다." 성령의 부으심은 말세에 성취될 약속이었다.

이 같은 성령의 부으심의 목적은 주님의 이름을 부르는 영혼들을 구원하시려는 데 있다. 베드로는 '누구든지 주의 이름을 부르는 자는 구원을 받는다'는 말로 말세에 임할 놀라운 구원의 역사를 집약했다. 바로 여기서 오순절 성령강림의 역사가 인류구원을 위한 하나님의 섭리인 것을 확인할 수 있다. 오순절 사건이 신약교회의 태동을 의미하는 이유도 거기 있다.

이제 우리는 누가의 기록을 통해서 얻을 수 있는 중요한 교훈이 있다. 오순절의 성령의 역사를 기록하면서 누가는 오순절의 놀라운 성령의 부으심이 마가의 다락방에 모인 이들이나 오순절에 모인 이들에게만 국한된 약속이 아니라는 사실을 강조한다. 성령의 부으심의 은혜를 누리는 자들은 남종과 여종이지만 이 말이 특정인들에게만 주어진 약속은 아니다.

누가는 사도행전 2장 21절 '누구든지 주의 이름을 부르는 자'라는 표현을 통해 하나님의 구원의 역사가 주의 이름을 부르는 자들이라면 누구에게나 임한다고 말한다. 때문에 우리는 모든 사람들을 복음전파의 대상으로 삼아야 한다. 그리고 그 구원의 길은 복음을 통해서 이루어지기 때문에 우리가 입으로 삶으로 복음을 증거하는 것이 우리에게 맡겨진 거룩한 책무이다. 말세가 될수록 더욱 더 구원의 문이 열렸고, 구원의 역사가 더욱 더 보편적으로 진행될 것이기 때문에 지금은 구원을 받을 때요, 구원의 복음을 흔들리지 말고 전파해야 할 때이다.

성령의 부으심: 예수가 주와 그리스도 되심의 증거(2:22-36)

초대교회 사도들의 메시지는 언제나 네 가지 사실로 구성되었다. 첫째, 약속하신 성취의 날이 도래했고, 둘째, 예수 그리스도의 사역, 십자가의 죽으심, 부활 승리, 셋째, 구약에 약속된 메시야라는 구약의 증거들, 마지막으로 회개에 대한 촉구다. 베드로의 설교는 이 같은 형식의 전형적인 메시지였다.

베드로의 설교는 그곳에 모인 청중들에게 '너희가 보고 듣는 이것' 곧 놀랍게 성령을 부어주셨다는 사실을 증거하려는 데 그 목적이 있었다. 그런 의미에서 사도행전 2장 33절은 베드로의 설교의 절정이다. 여기에는 오순절 성령강림과 관련된 아주 중요한 네 가지 핵심 내용 담겨있다.

첫째, 오순절의 성령의 부으심은 약속의 첫 성취이다.
둘째, 이 약속의 성취는 주님이 높임을 받으신 후에야 일어났다.
셋째, 성령을 부어주시는 주체는 성부 하나님과 성자 하나님이시다.
넷째, 예수 그리스도가 아버지께 받아서 '성령을 부어주셨다.'

성령의 부으심이 오순절 이전의 성령의 역사와 이후의 성령의 역사 두 시대의 차이를 분명하게 보여준다. 성령의 부으심이 오순절 이전에는 없었다. 120 문도가 경험한 그 놀라운 성령의 부으심은 A.D. 30년 5월 28일 마가의 다락방에 처음 일어났다. 분명 오순절의 성령강림의 사건은 구약과 예수 그리스도의 약속의 이중적 성취였다.

구속사적 관점에서 오순절의 역사적 시점, 환경, 체험의 특별성과 독특성을 부인할 수 없다. 오순절에 임한 성령의 부으심은 교회의 태동, 주님의 약속의 성취라는 측면에서 구속사적으로 매우 독특한 의미를 지니고 있다. 예수 그리스도의 탄생, 십자가, 부활, 승천, 오순절로 이어진 구속사적 사건이기 때문이다. 그러나 하나님께서 성령의 역사를 통해서 구원의 역사를 진행하시는 것이므로 성령의 임재와 성령의 부으심을 오순절 마가의 다락방에만 국한시키는 것은 사도행전을 정확히 이해하지 못하는 것이다.

사도행전 2장 33절의 증언대로 성령의 부으심은 현재완료로 기록되어 있으며, 웨스트민스터 신앙고백에 있는 대로 '성령은 아버지와 아들로부터 영원히 나오신다.' 성령은 영원부터 영원까지 아버지와 아들로부터 나오시기 때문에 아버지의 영, 아들의 영이라고 부르는 것이다. 이 말은 성령의 부으심이 오순절에만 국한된 사건이 아니라는 사실을 함축해주고 있다. 사도행전이 보여주듯 성령의 부으심은 오순절 이후에도 지속적으로 나타났다. 마가의 다락방에서 120 문도가 경험한 성령의 부으심은 요엘서에 언급된 약속의 성취 그 시작이었다. 그래서 신약학자 브루스는 이렇게 말한다.

"베드로가 인용한 말씀 중에서 특이한 특징은 '모든 육체' 곧 문자적으로 전 인류에게 하나님의 영을 부어주시겠다는 예언이다. 설령 베드로가 오순절 날 그것들을 인용할 때는 그것이 함축하는 충분한 의미를 깨닫지 못했을지라도, 누가는 이 말씀들 속에 범세계적인 이방인 선교의 전조를 보았다. 확실히 오순절 날 120명의 유대인들에게 임하신 성령의 부으심은 '모든 육체'에 부어주시겠다는 예언에 대한 성취 그 자체가 아니라 오직 성취의 시작일 뿐이다."

베드로의 설교에 대한 놀라운 반응(2:37-41)

베드로의 오순절 설교와 그것이 가져다준 결과는 매우 강렬하다. 누가는 이미 오순절 날 성령의 능력이 방언으로 나타났을 뿐만 아니라 동시에 베드로의 설교를 들은 심령들 가운데 회개로 나타났다는 사실을 증언한다. 성령은 단순히 초자연적 현상을 수반할 뿐만 아니라 죄인인 인간의 심령 안에 죄를 깨닫게 하시고 그 죄를 회개하게 하시는 살아계신 능력의 영이시다.

성령이 베드로의 설교, 곧 하나님의 말씀을 도구로 사용하신 것이다. 말씀을 듣는 심령들 가운데 놀라운 성령의 초자연적 역사가 수반되는 이유가 거기 있다. 성령은 말씀을 통해 말씀과 더불어 역사하시기 때문이다. 성령을 받으려면 어떻게 해야 할 것인가를 분명히 제시한 것이다.

첫째, 약속하신 성령을 선물로 받기 위해서는 먼저 회개해야 한다. 베드로는 그들을 향해서 '회개하라'고 강력하게 촉구했다. 세례요한과 예수께서 외치신 회개의 촉구는 사도들이 선포한 메시지의 본질적인 요소였다. 사실 그것은 기독교 역사 2천 년의 기독교 복음의 근간이었다. 회개 없는 종교처럼 생명력이 없고 위험한 종교는 없다. 베드로는 유대인들에게 먼저 회개를 촉구하고 이어 회개에 근거한 죄 용서의 확신을 제시했다. 회개와 죄 사함은 같은 용어는 아니지만 불가분의 관계를 갖고 있다. 죄 사함은 회개의 결과이다.

둘째, 성령을 선물로 받기 위해서는 반드시 믿고 죄 사함을 받아야 한다. 죄 사함은 세례 유무와 상관이 없다. 회개하고 예수 그리스도를 나의 죄를 대속하신 구주로 믿고 죄 용서를 받을 때 성령을 선물로 받을 수 있다. 성령을 선물로 받으려면 반드시 회개를 해야 하고, 반드시 예수 그리스도의 이름을 믿고 죄 사함을 받아야 한다. 이 말은 진심으로 회개하고, 예수가 그리스도이심을 믿고 죄 사함을 받으면 성령을 선물로 받는다는 의미이다.

이 놀라운 성령에 대한 약속은 예루살렘에 거하는 '너희와 너희 자녀'(유대인들)만 아니라 '모든 먼 데 사람'(이방인들) '곧 주 우리 하나님이 얼마든지 부르시는 자들에게 하신 것'이다. 성령의 부으심의 은혜가 유대인들에게만 국한된 현상이 아니라 주의 이름을 부르는 자들이라면 그들의 자녀들과 더 나아가 이방인들에게도 약속되었다는 사실이다. 칼빈이 지적한 대로 "우리는 이 세 계단을 주목해 보아야 한다. 첫째는 그 약속이 유대인들에게 주어졌다는 사실 그리고 다음에 그들의 자녀들에게 주어졌고, 마지막으로 그것이 이방인들에게 전해지게 되었다는 사실이다."

회개의 교리가 교회 안에서 날마다 울려 나와야 하듯이 죄 용서의 은혜도 처음 예수를 믿을 때만 필요한 것이 아니라 '우리의 전 생애에 걸쳐서 계속 필요한 일이다.'

제임스 에드윈 오가 지적한 대로 오순절 성령강림은 '부흥의 원형'이다. 사도행전은 참된 종교의 모든 부흥을 위한 패턴인 부흥의 원형, 최초의 부흥을 제시한다. 윌리엄 아놋도 오순절 성령강림과 이어 진행된 놀라운 역사를 '부흥의 때,' '부흥의 계절'로 표현했다. 필자도 오순절 성령의 부으심의 사건을 최초의 신약의 부흥 사건으로 보는 것에 깊이 동의한다.

5. 성령충만한 예루살렘 공동체(2:42-47)

사도행전 2장 42절부터 47절까지는 오순절 성령의 부으심으로 성령충만한 예루살렘 공동체가 어떤 모습으로 바뀌었는지를 생생하게 보여준다. 초대교회는 오순절의 성령강림을 통해 모든 주의 제자들이 성령충만을 받았다. 성령을 통해 죄 사함을 확인했고, 주의 권능과 임재를 확인했다. 특히 서로가 죄를 용서받은 한 형제라는 인식이 그들을 사로잡았다. 그 최초의 이상적인 모델이 본문의 예루살렘교회다.

예루살렘교회에 나타난 성령충만의 첫 번째 결과를 42절 말씀이 잘 집약해 주고 있다. '그들이 사도의 가르침을 받아 서로 교제하고 떡을 떼며 오로지 기도하기를 힘쓰니라.' '떡을 떼며'는 일상적인 식사의 의미도 포함되었겠지만 실제로 강조하는 것은 거룩한 예식이다. 브루스에 따르면 "단순히 음식을 먹는 행위만을 가리키는 것이 아니라 성만찬을 정기적으로 수행"했음을 의미한다. 성령충만을 받은 예루살렘교회는 사도들의 가르침을 받고 형제자매의 교제가 있었으며 정기적으로 성찬을 가졌고 공중기도를 드렸다. 한마디로 말씀, 교제, 성찬, 기도가 성령충만한 예루살렘 공동체 가운데 나타났다.

사도들의 가르침을 받는 교회(2:42)

사도들의 가르침을 받는 것은 성령충만의 첫 번째 결과이기도 하지만 또한 교회의 특징이다. 사도들의 가르침을 받았다는 것은 사도들의 가르침에 몰두하고, 전념했다는 의미이다. 이와 관련하여 우리는 성령충만한 교회의 몇 가지 특징을 생각할 필요가 있다.

먼저, 가르침의 내용이다. 120 문도와 회개한 3천 명의 사람들로 구성된 예루살렘 공동체는 주님께서 사도들을 통해 전달하신 바로 그 주님의 가르침을 받은 것이다. '사도의 가르침을 받아'에서 '사도'라는 용어가 우리 개역성경에서는 단수로 쓰였지만 실제로는 헬라어 원문에는 복수 '사도들'로 쓰였다. 한 명의 사도가 대표로 가르친 것이 아니라 여러 사도들이 동시에 가르친 것이다. 가르치는 사도는 복수지만 가르침 그 자체는 단수였다. 여러 명이 가르쳐도 가르침의 내용은 통일성이 있었다는 것이다. "주님께서 사도들을 통하여 전달하신 것이기 때문에 권위"가 있었고, 이 가르침을 기록한 것이 신약성경이다.

교제가 살아있는 공동체(2:42, 44-46)

성령충만한 교회의 두 번째 특징은 교제다. 여기 교제는 복음적 사랑의 실천이라 할 수 있는 성도의 교통을 의미한다. 그리스도 안에서 형제와 자매를 사랑하는 것은 구원받은 자들의 중요한 책임이다. 사랑은 율법의 완성이다.

초대교회는 '서로 교제하는' 살아있는 공동체였다. 여기 '서로 교제하고'의 교제는 헬라어로 '코이노니아'(koinonia)다. 이 말은 공동체를 뜻하는 코이노스에서 나왔다. 코이노니아는 정신적 교제와 물질적 교제의 두 가지를 말한다. '물질적 교제'는 '정신적 교제'가 전제될 때 가능하다.

교회는 성부, 성자, 성령 삼위일체 하나님과의 수직적인 사랑의 교제안에서 이웃과 형제 사랑이라는 수평적인 교제를 나누는 신앙의 공동체여야 한다. 성도 각 개인이 하나님과 깊은 수직적인 영적교제를 나눌 때 '서로 떡을 떼는' 수평적인 사랑의 교제가 가능하다.

예루살렘 공동체가 사랑이 풍성한 수직적 수평적 공동체를 구현할 수 있었던 것은 사도들의 가르침을 받으며 성령으로 충만한 공동체였기 때문이다.

존 크리소스톰의 말대로, "초대교회 교인들은 자기 것을 아무 것도 자기 것이라고 말하지 않는 천사와 같은 단체였다.… 아무도 비난하지 않았고, 아무도 시샘하지 않았으며, 아무도 인색하게 굴지 않았다. 거기에는 교만도 치욕도 없었다.… 가난한 사람들은 부끄러움을 몰랐으며, 부자들은 거만함을 몰랐다." 그들은 자신이 가진 모든 것이 하나님께로부터 왔다는 생각을 가진 것이다.

기도하며 모이기를 힘쓰는 교회(2:42, 46-47)

성령충만을 경험한 예루살렘 공동체 가운데 나타난 또 하나의 두드러진 특징은 기도와 예배이다. 예루살렘교회는 '오로지 기도하기를 힘썼고,' '날마다 마음을 같이하여 성전에 모이기를 힘썼으며,' '하나님을 찬미'하는 기도와 예배의 공동체였다.

초대교회는 사도들의 가르침을 받고 교제하는 것을 너무도 중요하게 여겼지만 반드시 말씀의 저자이시고, 성도의 교제를 가능케 하시는 그분께 드리는 생명력 있는 기도와 살아있는 예배가 있었다. 예루살렘교회는 사도들을 통해 전해 받은 주님의 가르침에 근거한 약속의 기도를 드렸고, 하나님을 찬양했다. 사도들의 가르침, 교제, 기도와 예배가 분리되지 않았다.

주님은 기도의 본을 보여주셨고, 겟세마네 동산에서 땀방울이 핏방울이 되도록 온 힘을 다해 기도하셨다. 누가는 기도의 중요성을 사도행전 전체에서 일관되게 증언한다. 기독교 역사에서 기도가 없는 부흥은 존재한 적이 없다.

성령충만을 받은 예루살렘 공동체는 '날마다 마음을 같이하여 성전에 모이기를' 힘썼다. 여기서 우리가 주목할 표현은 이들이 얼마나 자주 모였는가를 말해 주는 '날마다'이다. 초대교회 교인들은 매일 마음을 같이하여 성전에서 모였다. 당시 이들이 매일 성전에 모인 이유는 예배하고, 기도하고, 말씀을 연구하고, 하나님을 찬양하고, 성도의 교제를 나누기 위해서였다.

예루살렘교회는 예배와 말씀 연구와 기도와 성도의 교제가 살아 있었다. 히브리서 기자가 경고한 대로 말세를 살고 있는 믿음의 사람들은 모이기를 힘써야 할 것이다.

칭찬받는 교회(2:47)

교회는 교회 밖으로부터 칭찬을 받아야 한다. 예루살렘교회가 바로 그런 교회였다. 예루살렘교회는 '온 백성들로부터 칭송을 받았다.'

칭찬은 예수님의 성정과정에서 나타난 두드러진 특징이었고, 일곱 사람 선택의 중요한 기준이었으며, 고넬료와 믿음의 사람 디모데의 자랑거리였고, 말세에 성도들이 갖추어야 할 필수적인 덕목이었다. 성경은 칭찬의 출발이 신앙이라고 함으로써 칭찬이 위로부터 임하는 것임을 말해준다. '칭찬'은 성령과 지혜의 충만에서 출발한다. 진정한 칭찬은 사람에게 오는 것이 아니라 하나님께로부터 오는 것이다. 칭찬의 어원은 '순교자'에서 나왔다. 마찬가지로 증인도 '순교자'에서 비롯되었다는 점에서 칭찬, 증인, 순교는 같은 어원을 지닌다.

칭찬받는 공동체를 이루기 위해서는 성령 안에서 하나 되어 서로를 존중하고 신뢰해야 한다. 솔직하고 겸손하게 자신의 나약함과 연약함을 인정하고 나약한 자들을 온유한 마음으로 이끌어 주어야 한다. 형제의 실수를 아파하고 그것을 자신의 반면교사로 삼아야 한다.

성장하는 교회(2:47)

예루살렘교회는 성령강림 후 놀랍게 성장했다. '주께서 구원 받는 사람을 날마다 더하게 하시니라.' 누가의 이 증언에서 우리는 몇 가지 중요한 원리를 도출할 수 있다.

첫째, 교회성장의 주체는 교회의 머리이신 주님이시다. '구원받는 사람을 날마다 더하게' 하신 분은 주님이시다.

둘째, 예루살렘교회에 주님이 하신 구원의 역사를 주목해야 한다. 존 스타트의 말대로 주님은 구원의 역사 없이 사람만 더하게 하신 것도, 교회에 더하시지도 않고 구원의 역사만 이루신 것도 아니었다. 구원의 역사와 성장이 동시에 이루어진 것이다. 구원의 역사와 더하는 역사가 조화와 균형을 이루어야 한다.

셋째, 날마다 더하게 하셨다. '날마다'라는 말은 초대교회의 전도와 성장이 단회적인 것이 아니라는 사실을 보여준다. 끊임없이 성장한 것이다.

마지막으로 사도행전은 수적인 증가를 맨 마지막에 기술하여 수적 증가가 우선이 아님을 분명히 했다. 이와 같은 패턴은 사도행전 전체에 등장한다. 3천명이 더해진 것은 오순절 성령강림이 있은 이후였.

누가는 성령의 충만한 예루살렘 공동체의 변화를 자세히 그려준 다음 수적 증가를 언급하였다. 초대교회가 사도들의 가르침을 받기를 힘썼던 것처럼, 오늘날 교회가 주님의 가르침을 배우고, 서로 떡을 떼는 사랑의 교제가 풍성하고, 기도와 예배가 살아있고, 모이기를 힘쓰고, 칭찬을 받는다면 분명히 성장할 것이다. 우리가 추구해야 할 바람직한 교회상이 바로 여기 있다.

제 3 장
못 걷는 사람 치료와 복음의 확장
(3:1-4:31)

오순절을 경험한 후 강력한 성령의 역사가 개인과 공동체 가운데 임했다. 누가는 '사도들로 말미암아 기사와 표적이 많이 나타났다'고 증언한다. 걷지 못하는 사람이 일어난 첫 병 고침의 기적은 성령이 임하시면 자연스럽게 이어진다고 주께서 약속하신 권능의 현시였다.

못 걷는 사람을 일으킨 사건은 공적인 '첫 번째 기적'이었고 사도들이 행한 많은 기사와 표적의 '한 표본'이었다. 그 주인공은 베드로였고, 장소는 예루살렘 성전 미문이었다. 성령의 부으심이 임한 예루살렘 성, 이스라엘 백성들의 영적 구심점인 예루살렘 성전에서 성령의 권능이 나타난 것이다.

누가는 못 걷는 사람의 치료, 베드로의 설교, 사도들의 체포와 심문, 박해 가운데서도 든든하게 지어져 가는 교회를 연결하면서 그것을 자연스럽게 설명해 주고 있다.

1. 걷지 못하는 사람을 일으킨 베드로(3:1-10)

사도행전 2장 43절의 누가의 증언처럼 사도들로 인하여 기사와 표적이 많이 나타났다. 그 구체적인 예가 바로 성전 미문에서 구걸하던 못 걷는 사람이 일어난 사건이다. 베드로와 요한이 못 걷는 사람을 일으킨 이 사건에서 우리는 몇 가지 중요한 교훈을 얻을 수 있다.

기도, 변화, 실천적 믿음(3:1-7)

첫째, 베드로와 요한이 정기적으로 기도했다는 사실이다. 누가는 '제 구 시 기도 시간에 베드로와 요한이 성전에 올라갈새'라고 증언한다. 우리 시간으로 오후 3시에 해당하는 유대인 시간 제 9시는 저녁 기도 시간으로 희생 제사를 드린 후 30분 동안이었다. 베드로와 요한은 주님이 승천하신 후, 오순절 성령강림 이후에도 성전에서 정기적으로 기도했다. 우연히 못 걷는 사람을 일으키는 역사가 일어난 것이 아니다. 그 기적은 이들의 기도가 뒷받침된 영적승리의 사건이었다. 정기적인 기도는 하나님의 보좌를 움직이는 지름길이다.

둘째, 베드로와 요한이 보여 준 다른 사람, 특히 소외된 사람에 대한 관심이다. 그들의 이 같은 변화는 오순절 성령강림 이후에 나타난 현상이었다. 베드로와 요한이 이날 다른 날과 달리 못 걷는 사람을 주목할 수 있었던 것은 성령강림을 경험하고 나서 그들의 시각이 바뀌었기 때문이다. 오순절 성령강림 이후 그들은 자기중심적인 존재에서 이타적인 존재로 바뀌었다.

셋째, 베드로와 요한이 자신의 신앙을 구체적인 행동으로 실천에 옮겼다는 사실이다. 본문을 주목해 보면 베드로와 요한이 어떤 믿음의 소유자인가를 구체적으로 말해준다. 이들은 한 푼을 바라는 못 걷는 사람에게 '은과 금은 내게 없거니와 내게 있는 이것을 네게 주노니 나사렛 예수 그리스도의 이름으로 일어나 걸으라'고 명했다. 베드로와 요한은 주님의 이름으로 명하는 차원에 머물지 않고 직접 앞으로 몸을 굽혀 직접 못 걷는 사람의 오른손을 잡아 일으켰다.

우리는 여기서 한 가지 주님의 놀라운 진리를 발견한다. 우리 안에 역사하시는 성령의 강권적인 명령에 순종하는 실천적인 신앙이 사도들에게 있었다는 사실이다. 이들은 자신들의 믿음을 마음과 생각에만 가두어 두지 않

사도 요한과 사도 베드로

왔다. 그들의 입으로 표현했고, 손을 내밀어 실제로 행동으로 옮겼으며, 많은 사람들에게 보여주었다.

못 걷는 사람의 양면적 변화(3:8-10)

마지막으로 우리가 주목할 것은 못 걷는 사람이 보여준 고침 받은 후의 태도이다. 누가는 사도행전 3장 9절과 10절에서 설명한다. '모든 백성이 그 걷는 것과 하나님을 찬송함을 보고 … 그에게 일어난 일로 인하여 심히 놀랍게 여기며 놀라니라.' 사람들이 놀란 것은 못 걷는 사람이 걷게 된 것만 아니라 그가 하나님을 찬송하는 것을 보았기 때문이다. 성전 미문에 앉아 구걸하던 나면서부터 걷지 못하는 사람이 일어나 뛰고 하나님을 찬미하자 군중들은 그 광경을 보고 심히 놀란 것이다.

고침 받은 못 걷는 사람은 은혜를 은혜로 여길 줄 아는 지혜가 있었다. 육신적 장애와 정신적 장애 모두 치료 받은 것이다. 제자들에 의해 예수 그리스도의 이름으로 못 걷는 사람이 일어난 사건은 그 목격자들에게 메시야 시대가 도래했음을 보여주는 증거였다. '그때에 저는 자는 사슴같이 뛸 것이며'라는 구약의 예언이 메시야를 통해 성취되었고, 예수가 참으로 주시요 메시야이심이 제자들을 통해 선포된 것이다.

2. 베드로의 설교: '왜 우리를 주목하느냐'(3:11-26)

베드로와 요한은 성전 미문에 앉은 못 걷는 사람을 일으킨 사건으로 세인들의 주목을 받았다. 성전 미문에 앉아 구걸하던 걷지 못하는 사람이 일어나 걷고 뛰고 하나님을 찬미하자 그를 아는 모든 사람들이 놀랐다. 병 고침을 받은 사람이 베드로와 요한을 붙잡자 많은 사람들이 솔로몬 행각에 모여들기 시작했다. 이들은 자신들을 주목하는 무리들을 향해 그 기적의 주체가 자신들이 아니라 바로 죄 없이 십자가에 못 박혀 죽으신 예수 그리스도라고 증거하였다.

기적의 실제 주인공은 예수 그리스도(3:11-16)

베드로는 자신을 주목하는 무리들을 향해 개인의 '권능과 경건으로 이 사람을 걷게 한 것처럼 왜 우리를 주목하느냐?'고 외쳤다. 그리스도의 이름으로 이런 이적이 일어났음을 증언하고 나서, 결국 베드로가 외친 것은 회개하고 돌이켜 죄 사함을 받으라는 명령이었다. 베드로는 기적의 주인공이 바로 자기인 줄 알고 주목하는 주변 사람들의 시각이 주님을 향하도록 만들었다. 세례요한처럼 베드로도 주님께 모든 영광을 돌렸다.

베드로는 기적을 통해 나타난 성령의 권능을 자신을 위해 가로채지 않았다. 그는 조금도 이 일이 자신의 노력이나 자신의 신앙 때문에 이루어진 것으로 여기지 않았다. 전적으로 주님이 하신 일로 이해했다. 베드로와 요한은 모든 영광을 주님께로 돌린 것이다. 이것이 참된 믿음이다.

구원의 길: 구약에 예언된 메시야(3:17-23)

베드로는 유대인들을 정죄하기보다는 그들의 무지를 책망하고 그것을 복음전파의 기회로 삼았다. 그러면서 베드로는 또다시 기적의 주인공 그리스도가 선지자들의 입을 통해서 미리 말씀하신 메시야라는 사실을 강조하고 있다. 모든 선지자들은 한결같이 그리스도가 고난 받으실 것을 예언하였다.

누가는 회개하는 심령이 죄 사함을 받고 '새롭게 되는 날'이 도래할 것을 말하고 있다. 여기 '새롭게 되는 날'은 예수 그리스도를 통해서 성령의 능력으로 다시 새롭게 재충전을 받는 '기간, 계절'을 말한다. 에드윈 오는 1936년 그의 저서 **새롭게 되는 날**(*Times of Refreshing*)에서 이렇게 말한다. "새롭게 되는 날은 주님의 임재에서 기원된다. 우리 모두는 주의 임재의 현시를 보기를 갈망하고 또 우리는 하나님이 그 자신의 임재의 권능 가운데 기꺼이 우리를 찾아오실 것이라는 사실을 안다. 그 때가 올 때 그곳에 부흥-우리 주 그리스도 예수의 이름을 널리 높이는 부흥-이 임할 것이다."

그런데 우리가 주목하는 것은 여기 '새롭게 되는 날'(때)이 크로노스가 아니라 카이로스라는 사실이다. 새롭게 되는 날, 곧 참된 부흥의 때는 사람이 만들어 내는 인위적인 때가 아니라 하나님이 정하시고, 하나님이 준비하시고, 하나님이 만드시는 때라는 사실을 증언한다.

　초림부터 재림의 날까지의 기간은 확실히 은혜의 시대이다. 성령의 역사가 강하게 나타나고 기도의 응답이 분명하며 주님께서 공생애 동안에 행하신 일들이 말씀을 통해서, 기도를 통해서 성령 안에서 강하게 나타나는 은혜의 시대이다. 그러나 그 은혜의 시대를 살고 있는 자들에게는 하나의 분명한 경고가 있다. 영원이 유한이 되셔서 이 땅에 오시고, 죄인을 구원하시기 위해 인간이 되셔서 십자가에 달려 돌아가신 구주 예수 그리스도를 거부하는 자들에게는 '백성 중에서 멸망'을 당하는 심판이 도래한다는 사실이다.

예수 그리스도를 통한 복(3:24-26)

　먼저 여기 본문을 정확히 이해할 필요가 있다. 베드로의 두 번째 설교에서 우리는 3가지 사실을 확인할 수 있다.

　첫째, 그리스도의 구속의 때에 대한 구약의 예언이다. 사무엘 이후 모든 선지자들이 그를 통해 이루어질 구속의 때를 예언했다.

　둘째, 복의 채널이 되는 '너의 씨'에 대한 이해이다. 베드로의 설교 중 '땅 위의 모든 족속이 너의 씨로 말미암아 복을 받으리라'에서 씨는 단수로 이는 구약에 모세, 사무엘, 아브라함을 통해 약속된 여자의 후손 메시야, 곧 예수 그리스도를 가리키는 것이다. 한글성경 '씨로 말미암아'는 원문 상으로는 '씨 안에서'라는 의미이다.

　셋째, 그가 이 땅에 오심은 그를 통해 만민이 복을 얻게 하시기 위함이다. 예수 그리스도는 복의 근원이시다. 예수 그리스도를 보내신 것은 아브라함에게 약속하신대로 복을 주시기 위한 것이지만 이를 위해서는 반드시 모든 사람이 악에서 돌아서야 한다. 예수 그리스도가 오신 것은 사람들이 악에서 돌이켜 복을 받게 하시기 위함이다.

3. 대제사장 앞에 선 베드로(4:1-22)

못 걷는 사람을 일으킨 사건을 계기로 수많은 사람들이 사도들을 주목하게 되었고, 사도들은 이 기회를 복음을 전하는 기회로 삼았다. 예수 그리스도의 이름이 이와 같은 기적을 낳게 했다는 사실을 백성들에게 일깨워주었다.

그러나 강퍅한 유대지도자들은 사도들을 통해 기사와 표적이 나타나고, 그리스도의 죽음과 부활을 증거하며 복음전도로 초대교회가 놀랍게 성장을 거듭하자 제자들을 핍박하기 시작했다. 초대 기독교 공동체가 만난 최초의 박해는 예수 그리스도를 십자가에 처형한 동족 유대인들, 산헤드린공회로부터 시작되었다. 이 박해는 오순절 성령강림이 있은 지 1년이 지난 A.D. 31년 봄에 일어났다.

베드로를 참소한 사두개인들(4:1-7)

놀라운 복음의 확산 앞에 가장 먼저 당황한 것은 사두개인들이었다. 사도행전 4장 1절에는 '제사장들과 성전 맡은 자와 사두개인들' 세 부류의 사람들이 나타났지만 실제로 박해를 주동한 이들은 사두개인들이었다.

사두개인들이 기독교에 대해 박해를 가했던 이유는 크게 두 가지다.

첫째, 자신들의 기득권이 위협을 받았기 때문이다. 그들은 당시 상당히 부유한 지배 계층으로 정치적으로는 로마의 통치에 편승하는 입장을 취했다. 사두개파는 그 당시 '산헤드린 공의회의 주도권을 쥐고' 있던 기득권자들이었다. 신약시대에는 이들이 산헤드린 공의회를 주도하고 사두개파 계층에서 임명된 대제사장들도 많았다.

둘째, 사도들의 가르침이 자신들의 신앙과 맞지 않았기 때문이다. 사두개인들은 신학적으로는 내세와 죽은 자의 부활을 부정했다. 이들은 육체의 부활이나 영들의 존재와 활동을 인정하지 않았다. 때문에 예수 그리스도가 죽은 자 가운데서 부활하셨다고 전파하는 사도들을 몹시 싫어했다. 누가는 사두개인들이 베드로와 요한을 투옥시킨 이유가 '예수 안에 죽은 자의 부활이 있다고 백성을 가르치고 전함을 싫어하여'라고 분명히 밝히고 있다.

이튿날 사두개인들의 주도로 결국 베드로와 요한 두 사도들을 다루기 위해 '관리들과 장로들과 서기관들이' 참석한 가운데 산헤드린공회가 소집되었다.

베드로의 변론: 모퉁이 머릿돌(4:8-11)

베드로는 '너희가 무슨 권세와 누구의 이름으로 이와 같은 일을 행하느냐?'는 관원들과 제사장들의 질문의 의도가 무엇인지를 정확히 간파하고 있었다. 사도들로 하여금 그분이 메시야라는 사실, 주님이 부활하셨다는 사실 그리고 지금도 살아계셔서 자신들 가운데 역사하신다는 사실을 전파하는 것을 원천적으로 봉쇄하려는 의도가 있음을 잘 알고 있었다.

제자들은 인간적인 제도 속에서 종교적 권위를 설정하려는 사두개인들과 당시 유대종교지도자들을 향해 자신들은 종교적 권위를 인간적인 제도가 아닌 예수 그리스도로부터 부여받았다는 사실을 강조했다. 누가는 베드로가 '성령이 충만하여' 답변했다고 기록하고 있다. 베드로의 담대한 선포는 그 자신에게서 나온 것이 아니라 그 안에 역사하시는 성령으로부터 나온 것이다.

모퉁이 돌이 없으면 건물을 건축하기 힘들고 모퉁이 돌이 제 몫을 감당하지 않으면 건물은 오래갈 수도 없다. 그런 의미에서 모퉁이 돌은 가장 중요한 초석이다. 예수가 모퉁이의 머릿돌이 되었다는 것은 예수의 이름이 기적을 가능하게 하였으며, 그가 죽음에서 살아나셨고, 예수 그리스도가 하나님의 아들이라는 사실, 구약에 예언된 인류의 구원자 메시야라는 사실을 증거하는 것이다.

베드로의 구원의 유일성 변호(4:12)

예수 그리스도가 유일한 구원자라는 베드로의 선포는 너무도 담대한 선포이다. 하늘 아래 인간은 다 죄인이기 때문에 스스로의 힘으로 구원을 얻을 수도 없고, 또 구원에 도달할 수도 없다. 그것은 모든 인간이 아담의 후손으로 아담의 원죄를 이어 받은 죄인이기 때문이다.

죄인이 죄인을 구원하는 것은 불가능하다. 죄인이 구원을 얻기 위해서는 마치 세상에서 죄를 지은 사람이 감옥살이든, 보석금이든, 벌금이든 그 죄에 해당하는 응분의 값을 치러야 하는 것과 마찬가지로 그 죗값을 치러야 한다.

아담의 죄를 이어 받은 인간이 용서를 받기 위해서는 누군가가 인류의 죗값을 치르지 않으면 안 된다. 그런데 우리 주님께서 십자가에 달리셔서 우리의 죗값을 지불하신 것이다. 이 사실을 깨닫고 믿으면 구원을 얻는 것이다.

베드로의 계속된 복음전파(4:13-22)

베드로의 변호는 설득력이 있었다. 병 고침을 받은 사람은 과거 성전 미문에서 구걸하던 못 걷는 자였다. 그곳에 있는 모든 사람들이 이 사실을 익히 알고 있었다. 병 나은 사람이 사도들과 '함께 서 있는 것'을 보았기 때문에 사도들을 '비난할 말이 없었고' 반박할만한 대안도 없었다.

우리는 여기서 기독교의 진실을 발견한다. 그토록 주님의 가르침을 부정하며 그를 십자가에 못 박아 죽였던 유대지도자들이 이제는 초자연적 기적을 인정하기에 이른 것이다. 이것은 타의적인 태도에 의해서라 하더라도 주님이 메시야라는 사실을 인정하는 것이며, 제자들이 하는 그와 같은 권세가 신적 권위를 지니는 것이라는 사실을 인정하는 것이나 마찬가지이다.

베드로가 주님을 세 번 부인하는 장면

그럼에도 불구하고 이들은 제자들이 복음을 전파하고 그리스도의 부활을 증거하는 일을 허락하지 않았다. 지속적으로 사도들이 사두개인들로부터 박해를 받은 것은 부활신앙 때문이었다. 사도들은 '도무지 예수의 이름으로 말하지도 말고 가르치지도 말라'고 명령을 받았지만 '하나님 앞에서 너희의 말을 듣는 것이 하나님의 말씀을 듣는 것보다 옳은가 판단하라, 우리는 보고 들은 것을 말하지 아니할 수 없다'고 응수했다. 자기 목숨을 구하기 세 번이나 주를 부인했던 베드로의 이전 모습이 아니었다.

산헤드린이 베드로와 요한을 구금해 문책하고, 위협을 가했지만 근거를 찾을 수 없었다. 부활에 대해서도 반박할 수 없었으며, 결국 기독교 신앙이 진리라는 사실이 드러났다. 산헤드린이 베드로와 요한을 다루기 위해 과거 예수 그리스도를 처형했을 때처럼 공의회를 열었지만 이번에는 완전히 실패하고 말았다. 이 사실은 베드로와 요한에 대해 '어떻게 처벌할지 방법을 찾지 못하고 다시 위협하여 놓아 주었다'는 기록에서 찾을 수 있다.

누가는 관리들이 사도들을 놓아준 이유가 '백성들 때문'이었고 '모든 사람이 그 된 일을 보고 하나님께 영광을 돌렸다'고 증언한다.

4. 교회의 대응(4:23-31)

사도들이 풀려난 후 교회는 여기에 대한 대책을 강구하지 않으면 안 되었다. 그것은 단순히 인간적인 대책이 아니라 하나님의 나라와 그의 의를 구하려는 열정에서 나온 것이었다. 이들은 자신들의 종교적인 권위를 부여해주신 하나님께 호소하는 것을 잊지 않았다. 이들은 한마음으로 하나님께 간절히 기도했다. 그리스도인들과 교회가 문제를 만났을 때 취해야 할 행동은 그 문제를 놓고 하나님께 기도하는 일이다.

예루살렘교회의 기도

사도들은 약속의 말씀을 붙들고 간절히 기도했고, 분명한 목적, 하나님의 뜻을 이루며 위협을 하감하시고 기적과 표적을 주의 이름으로 행하며 담대히 말씀을 전하게 해달라고 기도했다. 그들의 기도에서 우리는 중요한 몇 가지 사실을 확인할 수 있다.

첫째, 예루살렘교회는 기도의 대상인 하나님이 역사의 주관자, 인격적인 하나님, 전능하신 창조주 하나님으로 믿고 고백했다.

둘째, 예루살렘교회는 기도할 때 전능하신 하나님께 약속의 말씀을 붙들고 기도를 드렸다. 무조건적인 구원의 은혜를 구한 것이 아니라 하나님의 뜻과 예언에 근거한 기도였다.

셋째, 기도제목이 구체적이고 분명했다. 그것은 셋으로 압축할 수 있다. (1) 현재의 위협적인 상황을 굽어 살펴달라는 기도, (2) 그런 가운데서도 담대하게 복음을 전하게 해달라는 기도, (3) 주의 이름으로 표적과 기사를 행하게 해달라는 기도였다.

넷째, 공동체적인 성령충만의 역사가 나타났다. 간구한 기도제목이 구체적으로 응답되었다. 누가는 '빌기를 다하매 모인 곳이 진동하더니 무리가 다 성령이 충만하여'라고 증언한다. 이미 오순절 때 성령의 충만을 받은 제자들이 다시 성령의 충만을 받은 것이다.

다섯째, 성령이 충만하여 담대히 하나님의 말씀을 전했다. 예루살렘교회는 '종들로 하여금 담대히 하나님의 말씀을 전하게 해달라'고 간절히 기도했는데 놀랍게도 '빌기를 다하매' '무리가 다 성령이 충만하여 담대히 하나님의 말씀을 전'하기 시작했다. 이것은 그들의 기도가 얼마나 신속하고 구체적으로 응답되었는가를 말해준다. 문자 그대로 기도가 끝나자마자 신속하게 응답받은 것이다.

예루살렘교회는 기도하는 교회, 하나님의 약속의 말씀을 의지하는 교회, 성령충만을 받고 담대히 복음을 전파한 교회 그리고 치료하는 교회였다. 초대교회나 지금이나 기도에 힘쓰고, 말씀을 가르치고 배우며, 성령충만하여 증인의 사명을 감당하고 그리고 세상을 치유하는 교회는 성장할 수밖에 없다. 이것은 2천 년의 기독교 역사가 증거하고 있다.

제 4 장
성령충만한 예루살렘 공동체와 시험
(4:32-5:11)

누가는 성령충만을 경험한 예루살렘 공동체의 이중적인 영적 상태를 예리하게 대비시키며 초대교회공동체의 모습을 생동감 있게 그리고 있다. 성령충만한 공동체의 모습과 그 정반대의 모습, 아나니아와 삽비라 사건이 바로 그것이다. 오순절을 경험한 초대교회공동체가 놀랍게 부흥을 계속하자 사탄은 초대교회공동체를 시험에 들게 만들려 했다.

누가는 역사적인 혜안을 가지고 성령께 순종한 바나바와 성령께 불순종한 아나니아와 삽비라 둘을 예리하게 대비를 시키고 있다. 우리는 성령이 이끄시는 교회공동체 안에도 두 종류의 현상이 나타난다는 사실을 주목해야 한다. 그런 전혀 상반된 현상이 일어날 수도 있다는 것이 아니라 그런 현상이 일상이라는 것을 누가는 말해준다. 사도행전뿐 아니라 지난 기독교 역사가 보여주듯 성령이 역사하는 곳에 사탄도 역사한다. 특히 성령의 역사가 강한 곳에 사탄의 역사도 강하다.

1. 초대교회 신앙의 공동체와 바나바의 선행(4:32-37)

성령의 충만을 받은 후 나타난 첫 번째 현상은 일치이다. 성령이 그들 모두를 하나로 묶어 준 것이다. 성령은 하나 되게 하시는 영이시다. 얼마 전에 교회의 신도 수가 약 5천 명으로 증가하였다. 그런데 누가는 그처럼 큰 무리들 가운데 일치가 있었다고 증언한다. 누가는 믿음의 사람들이 '한마음과 한 뜻'이 되었다고 증언한다.

또한 '믿는 무리가 … 모든 물건을 서로 통용하고 자기 재물을 조금이라도 자기 것이라 하는 이가 하나도 없더라'고 증언한다. 그들은 물건을 서로 통용했고 다른 사람들에게 자기의 소유를 나누어 주었다. 여기서 '나누어 주었다'는 말이 수동태로 쓰였다. 이것은 나눔을 실천할 수 있는 원동력이 그들 각자의 힘에서 나온 것이 아니라는 사실이다. 자원하는 마음으로 기쁨 속에서 자신의 소유물을 나누는 일은 사람의 힘으로는 할 수 없다. 성령이 충만할 때 가능한 일이다. 성령께서 사랑의 영으로 역사하시기 때문에 성령의 충만을 받으면 하나님을 사랑하고 이웃을 내 몸처럼 사랑할 수 있는 것이다.

누가는 어떻게 이런 실천이 가능했는지를 33-35절이 설명해준다. '사도들이 큰 권능으로 주 예수의 부활을 증언하니 무리가 큰 은혜를 받아 그 중에 가난한 사람이 없으니 이는 밭과 집 있는 자는 팔아 그 판 것의 값을 가져다가 사도들의 발 앞에 두매 그들이 각 사람의 필요를 따라 나누어 줌이라.' 누가는 나눔의 실천이 신앙의 결과였다는 사실을 지적한다. 사도들은 '부활의 주'를 증거하였다. 초대교회 복음 증거의 가장 중요한 핵심이 바로 주님의 부활이었다. 누가는 '큰 권능'이라는 말과 '큰 은혜,' '무리'라는 표현을 통해 사도들의 부활의 증거가 성령의 권능 가운데서 이루어진 것이며, 그 결과로 예루살렘 신앙의 공동체에 주님의 풍성하신 은혜가 임한 것을 증거 한다. 사람들이 큰 은혜를 받고 자신의 재산을 팔아 가난한 사람들에게 나누어 주는 사랑의 실천이 이어졌다. 나눔의 실천으로 '가난한 사람이 없었다.' 우리는 여기서 성령의 충만-부활의 신앙-풍성한 은혜-나눔의 실천이라는 도식을 발견한다.

그러면서 누가는 나눔을 실천한 대표적인 인물 한 사람을 구체적 사례로 들었다. 그는 구브로에서 난 레위 족속으로 요셉이라는 사람이다. 그 요셉은 사도들이 '권위자'라는 의미의 '바나바'라는 이름을 붙여 주어 '바나바'로 통했다. 그는 '위로의 아들'이라 불렸다. 바나바는 '구브로 출신의 유대인이었지만 예루살렘에 친척이 있었을 뿐만 아니라 땅도 소유하고 있었다.' 바나바가 팔아 그 값을 사도들의 발 앞에 갖다 바친 밭은 예루살렘에 있는지 구브로에 있었는지는 불확실하지만 넓고 비옥한 땅이다. 따라서 바나바가 바친 돈은 아주 큰돈으로 추정된다.

바나바는 구브로 태생의 헬라게 레위 족속의 유대인이었다. 그는 12 사도 외에 특출한 인물이었고, 120 문도가 모였던 오순절 성령강림의 현장, 마가의 다락방의 마가와는 4촌 사이였다. 그는 정당하고 단호한 믿음을 가지고 있으면서도 관용의 미덕을 겸비하고 있었다. 바나바는 자신의 소중한 재산을 팔아 사도들 발 앞에 두었다. 바나바는 자기의 재산을 자기의 것으로 생각하지 않고 주님 앞에 기꺼이 드렸다. 이것을 보아 그가 얼마나 희생적인 사람인가를 알 수 있다.

2. 아나니아와 삽비라(5:1-11)

성령충만한 초대교회 신앙의 공동체에 사탄의 역사도 강하게 나타났다. 아나니아와 삽비라 사건이 그 대표적인 사례이다. 누가는 초대교회에 있었던 부정적인 측면을 생생하게 그려주고 있다. 역사적 혜안이 탁월한 누가는 성령의 역사가 강하게 일어날 때 사탄이 방해할 수 있다는 사실을, 이 땅의 교회는 역시 불완전하기 때문에 늘 깨어 있어 두렵고 떨림으로 주의 구원을 이루어야 한다는 사실을 보여준다.

성경은 이 같은 인간의 양면을 있는 그대로 기록한 책이다. 신앙공동체라고 해도 인간사에는 은혜로운 측면만 존재하지 않는다. 죄악 된 인간의 모습도 얼마든지 존재한다. 이 사건은 교회라는 공동체 안에서도 성(聖)과 속(俗)이 얼마든지 공존할 수 있음을 보여준다.

본문에는 언급되어 있지는 않지만 아나니아는 자신의 땅을 팔아 판돈을 사도들에게 건네주는 형식은 취했지만 누가의 전반적인 글의 흐름은 처음부터 밭을 판 동기가 순수하지 않았음을 보여준다. 바나바의 사례를 아나니아 사건 바로 앞에 기술함으로 상호 비교하고 있기 때문이다. 어쩌면 밭을 팔아 사도들 앞에 두고 그 선행으로 말미암아 많은 사람들로부터 칭찬을 받는 바나바를 보면서 아나니아는 바나바와 같은 영예를 누리고 싶었을 것이다. 아나니아와 삽비라는 자신들의 계획이 누설될 것이라고는 전혀 생각하지 않았던 것 같다. 오히려 그들의 행동으로 인해 사도들로부터 대단한 칭찬을 받을 것으로 확신했던 것으로 보인다. 아나니아와 삽비라는 예루살렘 공동체 구성원들이 성령충만을 받고 자신의 소유를 팔아 사도들의 발 앞에 두는 일이 공동체 안에 너무도 보편적으로 일어나는 것을 목도하면서 자신들도 그런 대열에서 낙오되고 싶지 않았을 수 있다.

그러나 아나니아와 삽비라의 문제는 그들이 재물을 바치지 않은 데에 있는 것이 아니라 일부를 드리면서 마치 전체를 드린 것처럼 성령 하나님과 사도들을 속인 데 있다. 만일 처음부터 판매금액 중 일부만 드리는 것이라고 말했다면, 그것을 막을 사람도 또 그것을 정죄할 사람도 없었다. 그런데 전부를 드리기로 약속하고는 일부를 건네면서 마치 전부를 드린 것인 양 사도를 속였다. 속이는 행위는 사탄에게서 비롯된 것이다.

누가는 아나니아와 삽비라 사건을 통해 이 사실을 아주 분명하게 드러내고 있다. 본문 5장 2절의 '그 값에서 얼마를 감추매'라는 말은 일부를 따로 떼어 놓았다는 뜻으로 여호수아 7장 1절에서 아간의 범죄를 설명할 때 사용되었다. 누가는 아내 삽비라도 남편 아나니아와 동일한 죄를 범했다고 말한다. 그 결과 남편에게 적용된 동일한 징계가 그녀에게도 주어졌다. 베드로가 삽비라에게 과연 땅을 판 총액을 교회에 헌금한 것인가를 물었을 때 솔직히 대답할 수 있었지만 불행하게도 그녀는 남편이 한 거짓말을 그대로 반복했다. 아봇의 말대로 그들은 '악한 일에 하나 되어' 주의 영을 '시험'한 것이다. 그들 부부는 너무도 잘못된 길로 나가 버렸다.

누가는 여기서도 아나니아와 삽비라 사건을 다루면서 이들이 성령을 속였다는 사실을 강조하고 있다. 끊임없이 양심의 가책을 느끼도록 성령께서 그들 안에 역사하셨으나 그들이 그것을 거부했음을 암시한다. 누가는 의도적일 만큼 하나하나의 사건을 성령과 연결시키고 있다. 예루살렘 공동체는 성령의 충만을 받았고, 박해 가운데서도 그들이 기도를 통해서 땅이 진동하는 성령의 강력한 임재를 체험하고 성령의 충만을 받았으며 담대하게 복음을 증거하는 자들이 되었다. 그런 예루살렘 공동체 안에도 성령을 거스르는 역사가 나타난 것이다. '성령충만하여'와 '사탄이 네 마음에 가득하여'가 극적인 대비를 이루고 있다. 누가는 아나니아와 삽비라 사례를 들어 성령이 역사하는 곳에는 사탄의 역사도 강하게 나타난다는 사실을 후대에 전하길 원했다.

그러나 아나니아와 삽비라 사건을 통해 누가가 정작 드러내는 것은 성령의 강력한 임재이다. 사도행전을 읽고 연구하다 보면 성령 하나님이 얼마나 교회공동체 안에 강하게 임재하시고 역사하시며 당신의 교회를 이끌어 가시는지를 생생하게 느낄 수 있다. 성령이 이끄시는 교회, 성령이 이끄시는 신앙의 공동체가 바로 교회이다. 교회는 성령의 공동체이고 또 교회가 그런 공동체로 세워져야 한다.

그렇다면 종합적으로 이 사건을 통해 우리 모두가 배울 수 있는 교훈은 '이 세상에서 교회가 완벽하게 순결할 것이라고 기대하는 것이 헛되다는 사실이다.' 오히려 이 땅의 교회는 의인과 죄인이 공존하는 불완전한 기관이다. 하지만 성령께서 그런 불완전한 이 땅의 교회 안에 실재적으로 임재하셔서 인간의 죄악을 드러내시고 당신의 교회를 통해 구원의 역사를 진행해 나가신다.

아나니아와 삽비라의 사건은 가슴 아픈 사건이다. 하지만 하나님께서는 이 사건을 통해 예루살렘 공동체로 하여금 자신들의 신앙을 점검하는 계기로 선용하셨다. 아나니아와 삽비라 사건을 통해서 '온 교회와 이 일을 들은 사람들이' 두려워했다고 누가는 증언한다. 성령의 강력한 임재, 성령 하나님의 생생한 역사를 체험한 것이다. 인간의 탐욕에 의해 발생한 불행한 사건이 오히려 교회가 신앙 가운데 굳게 서고 양적, 질적으로 성장하는 결과를 가져다주었다. 합력하여 선을 이루어 주셨다. 그 모든 것을 가능하게 하신 분은 바로 성령 하나님이셨다.

제 5 장
유대주의 박해와 복음의 확장
(5:12-6:7)

누가는 사도행전을 기록하면서 하나하나의 사건 배후에 성령께서 간섭하시고 이끌어 가신다는 사실을 의도적일 만큼 강조하고 드러내고 있다. 사탄의 역사가 강하게 나타나고 사탄이 교회를 방해했지만 성령께서 사탄의 음모와 계략을 드러내셔서 신앙의 공동체를 보호하셨다. 누가는 계속해서 성령께서 당신의 교회를 이끌어 가시는 것을 생생하게 드러냈다.

1. 사도들의 이적과 박해(5:12-32)

아나니아와 삽비라의 사건이 일어난 후에 '많은 표적들과 이적들이 사도들의 손으로 백성 가운데 일어났다.' 여기 표적과 기사는 일차적으로 베드로와 요한에 의해서 못 걷는 사람이 일어나고, 아나니아와 삽비라가 죽었던 사건을 가리킨다. 하지만 누가는 표적과 이적의 역사를 그들에게만 국한시키지는 않았다. 사도들이라는 표현을 통해 몇 명의 사도들을 통해서만 아니라 사도들 전체를 통해 놀라운 역사가 나타났음을 증언한다.

놀라운 성령의 능력과 믿는 자들의 증가(5:12-16)

사도들을 통해 놀라운 표적과 기적이 나타나자 사람들이 병든 사람들을 메고 거리에 나가 침대와 요 위에 환자들을 눕혀 놓고 베드로가 지나갈 때 그림자라도 그 위에 덮이기를 소망했다. 예루살렘 근읍의 허다한 사람들이 모여 병든 사람들을 데리고 왔다. 심지어 귀신 들린 자들도 데리고 왔다. 그 때마다 예외 없이 놀라운 기사와 이적과 표적이 나타났다. 마치 주께서 '백성 가운데 모든 병과 모든 약한 것'을 고치셨던 것처럼 사도들을 찾아온 병든 자들이 '다 나음'을 얻었다.

표적과 기사를 통해 복음이 확산되고 그와 함께 자연히 믿음의 공동체가 틀을 더해 가기 시작했다. 누가는 두 가지 사실을 들어 이를 설명하고 있다. 하나는 기존의 신자들이 자주 모임을 가졌다는 사실이다. 다른 하나는 의심과 경계 속에서도 교회가 꾸준하게 성장했다는 사실이다.

대가를 요구하는 복음전파(5:17-26)

사도들로 인해 이적과 표적이 나타나자 '대제사장과 그와 함께 있는 사람 즉 사두개인의 당파'는 사도들을 잡아 옥에 가두었다. 여기서 우리는 처음 초대교회의 박해가 어떻게 시작되었는지를 암시받는다. 처음 기독교를 박해하는 주체는 산헤드린 공의회였고 그중에서도 사두개파였다. 사두개파들이 사도들의 복음전파를 방해했던 이유는 사도들이 예수가 그리스도 곧 메시야이고, 그가 죽은 자 가운데서 살아나셨다고 전파했기 때문이다. 사두개파 대제사장들은 사도들이 예수의 부활을 강조하는 것을 몹시도 싫어했다. 초대교회는 부활신앙을 붙들었고, 부활을 믿지 않던 사두개파는 부활신앙 때문에 교회를 박해했다. 역설적이게도 기독교 신앙의 근간인 부활신앙 때문에 교회가 박해를 받았지만 바로 부활신앙 때문에 교회가 박해 가운데서도 흔들리지 않았다.

제사장들과 그 일행들이 사도들을 옥에 가두었으나 '주의 사자가 밤에 옥문을 열고 그들을 끌어내었다.' 하나님께서 주의 백성들을 눈동자 같이 지키시고 인도하셨다. 사도들이 구출된 사건은 이중적인 의미를 가지고 있다. 그 하나는 대제사장과 사두개인들에게는 그들이 지금 대적하고 있는 그 핍박의 대상이 바로 살아 역사하시는 하나님이시라는 사실을 분명히 보여주신 것이고, 다른 하나는 고난을 당하는 사도들에게는 하나님께서 자신들과 함께 하신다는 사실을 생생히 확인시켜 주신 사건이었다. 하나님께서 사자를 보내 당신의 백성들을 구해 주신 것이다.

사람보다 하나님께 순종(5:27-32)

산헤드린 회의의 의장인 대제사장은 사도들이 산헤드린 앞에 서자 '지난번의 경고'를 무시하고 온 시 안에 사도들의 교훈을 가득하게 함으로 예수를 죽인 책임을 자신들에게 돌렸다고 무섭게 책망했다. 이 같은 대제사장의 요구에 대해 베드로와 사도들은 이렇게 답변했다. '사람보다 하나님께 순종하는 것이 마땅하니라.' 어드만의 지적대로 "이런 담대한 고백은 사도들이 성령과 하나 되지 않았다면 하기 힘든 고백이다." 성령에 의하지 않고 담대하게 증인의 사명을 감당할 수 없다.

우리는 여기서 교회를 대표하는 총회 혹은 기독교 기관이나 정부에 대해 교회가 어떤 태도를 취할 것인지를 읽을 수 있다. 그들이 얼마든지 잘못된 방향으로 나갈 수 있다. 때문에 정부와 통치자들에게 순종해야 하지만 만약 그들이 의를 행하지 않을 경우 침묵해서는 안 된다는 것이다. 침묵하지 않고 그 잘못을 지적하는 것은 그리스도인의 당연한 의무다.

세상 법과 하나님의 법이 상충될 때 후자를 택함으로 손해를 볼 수 있고 심지어 자신의 생명을 잃어버릴 수도 있다. 그러나 그것은 결코 손해가 아니다. 기독교 역사가 보여주는 것처럼 하나님께서는 박해 가운데서 당신의 백성들을 지키시고 보호하시고 구체적으로 인도하셨다. 이 땅에서 우리 주의 백성들이 담대하게 살아가야 할 이유가 거기 있다. 우리는 결코 사탄의 세력을 두려워하거나 겁낼 필요가 없다. 주의 사자가 우리를 지키시고 인도하시고 보호하실 것이기 때문이다. 특별히 거룩한 복음의 확장과정에서는 그런 역사가 더욱 더 강하게 나타난다.

베드로의 설교는 사도들이 그리스도를 어떻게 고백하고 있는가를 선명하게 보여주었다. 사도들의 신앙은 다음 몇 가지 점에서 대제사장과 어떻게 차이가 있는가를 단적으로 보여준다.

첫째, 사람보다 하나님께 순종했다.

둘째, 십자가에 못 박혀 죽은 예수를 하나님이 살리시고 오른손으로 높이셨으며 임금과 구주로 삼으셨다고 선포했다. 사도들은 하나님의 구속 사역에 동참한다는 확신을 가지고 있었다.

셋째, 자신들이 이 일에 증인이고 성령께서 이 일에 증인이시다.

주의 복음의 확장과 구속의 사역은 우리를 통해서 하시는 것이며, 그 사역에 동참하는 것은 가장 복되고 아름다운 것이다. 우리는 하나님께서 우리를 그 증인으로 부르셨다는 자의식을 가져야 한다. 주님이 원하시는 것이 바로 이것이다.

2. 가말리엘을 사용하신 하나님(5:33-42)

누가가 기록한대로 사도들이 결정적인 위기를 만나고 있을 때 가말리엘이 등장했다. 구속사를 진행하는 과정에서 역사의 주인이신 그분은 다양한 사람들, 다양한 사건들, 때로는 전혀 예기치 않은 일들을 통해 거룩한 역사를 만들어 가셨다. 사도 바울의 스승 가말리엘의 경우가 그렇다. 당시 바리새파는 헤롯 통치 후반에 상당히 영향력이 있었던 힐렐 학파와 샤마이 학파로 대별되었다.

힐렐의 제자이자 힐렐 학파의 지도자 가말리엘의 등장은 단순한 등장이 아니라 누가가 앞으로 사도행전 전체에서 기독교를 두고 사두개인들과 바리새인들 사이에 벌어질 유대인 공동체의 대립을 예고한 것이다.

흥미로운 사실은 사도들을 죽이려고 하는 그 위기의 순간에 사도들을 구해준 사람은 가말리엘이었다. 바리새파는 비록 소수였지만 가말리엘 같이 산헤드린 공의회 안에 중요한 영향력을 행사하는 지도자가 있었다. 가말리엘은 제자들을 많이 배출했는데 바울도 그의 문하에서 교육을 받으며 성장했다.

그는 두 가지의 역사적 교훈, 즉 이전에 드다가 이스라엘 백성들의 지도자로 자처하자 400여 명이나 그를 따르다가 드다가 죽자 모든 사람들이 흩어졌고, 또 그 후에 갈릴리 유다가 일어나 백성을 꾀어 좇게 하다가 망하자 그를 추종하던 사람들이 모두 흩어졌던 사례를 들면서 가말리엘은 자신의 의견을 개진했다. '이 사상과 이 소행이 사람으로부터 났으면 무너질 것이요. 만일 하나님께로부터 났으면 너희가 그들을 무너뜨릴 수 없겠고 도리어 하나님을 대적하는 자가 될까 하노라.' 가말리엘의 호소는 상당히 설득력이 있었다.

가말리엘의 말은 인간적이고 감정적으로 대처하려는 이스라엘 지도자들에게 하나님께서 원하시는 바에 따르도록 그 기준을 제시하여 준 셈이다. 누가가 '그들이 옳게 여겨'라고 기록한 것을 볼 때 산헤드린공회의 대다수가 가말리엘의 의견을 수용한 것으로 보인다. 사두개파들도 그의 의견을 받아들였다는 의미이다. 당연히 다른 바리새파 산헤드린공회원 모두도 가말리엘의 의견에 동의했을 것이다. 산헤드린은 할 수 없이 '사도들을 불러들여 채찍질하며 예수의 이름으로 말하는 것을 금하고 놓아주었다.' 크리소스톰의 말대로 제자들이 이 일로 대단한 격려와 용기를 얻었을 것은 너무도 분명하다.

이처럼 하나님께서는 때때로 전혀 관계없는 것으로 보이는 주변 상황, 인물, 환경을 동원하셔서 당신의 백성들을 보호하시는 수단으로 사용하신다.

3. 일곱 사람의 선택과 그 의미(6:1-6)

그러던 중 예루살렘교회공동체 가운데 분쟁이 일어났다. 바로 헬라파 유대인 성도들과 히브리파 유대인 성도들 간의 갈등이었다. 범가르텐은 이 사건을 '교회 내의 첫 번째 불화'라고 표현했다. 이 사건의 배경을 주의 깊게 관찰할 필요가 있다. 헬라파 유대인들은 헬라어를 구사하는 사람들을 의미한다. 반대로 히브리 사람은 헬라어를 구사하지 못하는 사람들이다. 교회가 시작되자 사탄은 교회를 멸망시키기 위해 온갖 전략을 다 동원했다. 교회가 안팎으로부터 극심한 영적전투에 직면한 것이다. 마귀는 세 가지 방향에서 교회를 멸절시키려고 시도했다.

첫 번째는 산헤드린공회를 주도하는 중심세력인 '유대관원들을 통해 힘으로 교회를 억누르려'고 한 일이다. 그러나 사도들은 유대관원들을 두려워하기보다는 하나님을 두려워하고 오히려 더 담대하게 복음을 전했다. 이것이 실패하자 두 번째로 아나니아와 삽비라 부부를 통해 위선으로 교회를 부패시키려고 했다. 이것 역시 베드로를 통해 봉쇄당했다. 그러자 세 번째로 마귀는 몇몇 다투는 과부들을 통해 지도자들이 기도와 말씀전파에 전념하지 못하도록 주의를 다른 곳으로 돌리려고 시도했다.

만약 마귀의 이와 같은 세 가지 시도 가운데 하나라도 성공했더라면 예수님의 공동체는 초기에 소멸되고 말았을 것이다. 하지만 사도들이 성령충만한 가운데 '악마의 전략'을 간파했기 때문에 교회는 전혀 흔들림이 없이 계속 성장할 수 있었다. 사도들이 최우선으로 해야 할 일은 기도하고 말씀 전하는 일이다.

사도들의 고백처럼 오늘날 목회자는 최선을 다해 말씀을 전하면서도 기도를 게을리 하지 않아야 한다. 칼빈의 말대로 "말씀을 증거하는 교직자들에게 있어서 열심히 기도하도록 권장되고 있는 일은 결코 무의미한 일이 아니라는 사실이 여기서 밝혀진다."

구제를 둘러싼 헬라파와 히브리파 유대인의 갈등

누가는 성령을 말씀과 기도와 연결시켜 계속해서 풀어가고 있다. 말씀을 떠난 성령의 역사, 기도를 떠난 성령충만은 존재하지도 않고 존재할 수도 없다. 우리가 기도와 말씀에 전무해야 할 이유가 거기 있다. 기도와 말씀에 전무하는 일은 참 중요하지만 대단한 결단과 희생과 대가가 요구

된다. 특히 교회를 책임져야 할 지도자의 입장에서는 기도와 말씀 전하는 일에 전무해야 하지만 교회 구성원들의 영의 문제만 아니라 세상에서의 필요, 특히 당시 구제의 문제를 간과할 수 없기 때문이다.

때문에 오늘날 우리는 예루살렘교회가 이 문제를 어떻게 풀어갔는지를 주목할 필요가 있다. 교회가 날로 성장을 거듭하자 사도들이 교회 전반을 다 지도할 수 없었다. 구제하는 일도 교회가 해야 할 큰 과제로 떠올랐다. 구제의 문제가 교회의 중요한 현안으로 떠올랐다. 누가의 표현을 빌린다면 '그 때에 제자가 더 많아졌는데 헬라파 유대인들이 자기의 과부들이 그 매일 구제에 빠지므로 히브리파 사람을 원망'하게 되었다.

헬라파 유대인은 일반적으로 회당과 대화에서 헬라어를 사용하는 외국에서 태어난 헬라화된 유대인들을 지칭하는 것이지만 사도행전에서 누가는 헬라인들을 지칭할 때도 이 단어를 사용하였다. 당시 예루살렘교회는 교인이 '히브리파 사람들'과 헬라파 유대인들로 구성되었다. 전자는 대부분 팔레스타인 태생으로서 아람어를 사용했고 후자는 그리스-로마의 각지에 흩어져 사는 유대인들로 헬라어를 말하였다.

그런데 이 두 파 사이에 심각한 긴장이 조성되었다. 헬라파 유대인들이 가난한 과부들에 대한 식량 구제가 자신들에게 지나치게 편파적이라고 생각하고 히브리파 교인들을 원망했기 때문이다.

사도들이 두 가지를 다 감당하기에는 한계가 있기 때문에 기도하고 말씀 전하는 일에 전무할 수 있도록 구제하는 일을 위해 일꾼을 뽑았다. '사람들은 일곱 사람을 선출했고, 사도들은 그들을 임명했다.' 사도들이 매일 구제에 많은 시간과 관심을 쏟는 것은 자신들이 해야 할 직무가 아니라고 판단하고 일곱 사람을 택하여 이 책임을 맡겼다. 사도들은 문제가 생겼다고 구제를 중단하지 않았다. 적합한 일꾼을 뽑아 그 책무를 그들에게 맡기고 사도들은 기도하고 말씀을 전하는 일에 전무했다. 여기서 오늘날 교회에 주는 두 가지 중요한 교훈이 있다.

첫째, 교회는 '말씀을 전하는 일'과 '구제와 봉사' 두 가지 면에서 균형을 이루어야 한다.

둘째, 예루살렘교회는 말씀을 전하고 기도하는 일과 구제하는 일을 동시에 감당했지만 그 역할을 분담하여 책임을 달리했다. 사도들은 기도하고 말씀 전하는 일에 전무하고 교회의 구성원들은 구제하는 일을 감당했다. 사도들은 일차적으로 말씀 전하는 일에 전무하고, 그 외의 일은 적격한 일꾼을 세워 과감하게 맡겼다.

이렇게 해서 예루살렘교회는 일곱 사람의 선출을 통해 교회 안의 갈등을 하나님 나라 확장을 위한 도약의 기회로 삼았다. 사도들은 일곱 사람의 선출을 통해 사탄의 계략에 넘어가지 않고 기도와 말씀전파에 전념할 수 있었다. 그런 점에서 일곱 사람의 선출은 예루살렘교회 역사에서 중요한 전환점이었다.

일곱 일꾼의 선출 기준

일단 역할 분담을 하나님의 뜻으로 받아들인 사도들은 공동체의 합의를 통해 구제의 책임을 맡기에 적합한 일곱 사람을 찾았다. 초대 예루살렘 공동체는 일꾼 선출의 분명한 다섯 가지 기준이 있었다.

첫째, 먼저 검증된 사람을 교회 지도자로 뽑아야 한다.
둘째, 성령과 지혜가 충만해야 한다.
셋째, 믿음과 성령이 충만한 사람이다.
넷째, 교회의 일꾼은 사람들의 칭찬을 받는 자여야 한다.
마지막으로 일곱을 택한 주체가 12 사도가 아니라 예루살렘교회공동체 전체 구성원이라는 사실을 기억해야 한다. '형제들아 너희 가운데서 성령과 지혜가 충만하여 칭찬 받는 사람 일곱을 택하라'(6:3).

헬라파 출신의 일곱 사람

자신들이 내세운 조건에 따라 이들은 믿음과 성령이 충만한 '스데반, 빌립, 브로고로, 니가노르, 디몬과 바메나' 그리고 다른 종교에서 '유대교에 입교했던 니골라,' 총 일곱 사람을 택했다. 헬라파와 히브리파 전체를 대상으로 선출했지만 선출된 이들 일곱 사람이 모두 헬라 이름을 갖고 있어 이들 모두가 헬라파 그룹에 속해 있었다는 것을 암시한다.

제일 먼저 나오는 스데반은 '믿음과 성령이 충만한 사람'으로 예루살렘교회에서 매우 중요한 인물이었다. 빌립도 복음전파 과정에서 매우 중요한 역할을 감당했다. 그 외 다섯 사람에 대하여는 잘 알려지지 않았다. 브로고로는 사도 요한의 '서기'로 니코메디아의 감독이었으며, 후에 안디옥에서 순교하였다고 전해진다. 마지막에 언급된 니골라에 대해 누가는 그가 유대인이 아닌 이방인 개종자로 안디옥 사람(물론 시리아의 안디옥을 가리킨다)이었다고 밝혔다. 출신이 다 달랐을 텐데 누가가 안디옥 출신이라고 니골라만 특별히 출신지를 언급한 것은 그가 안디옥에 대해 특별한 관심을 가지고 있다는 표식이다. 그것은 누가 자신이 안디옥 사람이었다는 전승을 확증하는 데도 도움을 준다.

여기 나오는 니골라가 계시록에 나오는 니골라당의 창시자와 동일인이다. 교회의 일꾼으로 세움 받은 그가 교회를 파괴하는 이단의 앞잡이가 된 것이다. 분명 예루살렘교회가 일곱을 택하는 과정을 통해서 우리는 많은 교훈을 얻어야 한다. 예루살렘교회의 일곱 명의 선택이 결코 완벽한 선출은 아니라는 사실을 기억해야 한다.

헬라파 유대인들 가운데서 일곱 사람이 모두 택해진 것은 이들의 불평을 없애기 위해 의도적으로 되어진 것으로 볼 수도 있을 것이다. 그러나 누가는 성령과 지혜가 충만하고 칭찬받는 사람이라는, 일곱 사람 선출 조건을 충족시키는 자들 중에 헬라파가 많았기 때문으로 봐야 할 것이다.

일곱 사람을 선출한 이후 헬라파 유대인들과 이방인들이 예루살렘교회의 구제 문제해결을 주도했음을 보여준다. 그리하여 예수를 따르는 예루살렘 공동체가 새롭고 중요한 단계에 접어들었다. 헬라파가 새로운 변화의 시대에서 주도적인 리더십을 발휘하기 시작한 것이다. 누가는 유대인이 아닌 헬라인의 시각으로 어떻게 유대주의 배경을 가진 그리스도의 종교가 유대주의 벽을 넘어 이방인들에게로 확산되어 나갔는가를 자연스럽

스데반이 구제 배분하는 장면

게 기술해 나가고 있다. 누가가 예루살렘교회의 일곱 사람 선출뿐 아니라 그들 중의 스데반과 빌립의 사역을 부각시킨 것도 그런 맥락에서 이해할 수 있다.

사회 복지 문제를 일곱 사람을 택해 그들에게 위임한 본문을 집사직의 기원으로 이해하는 경우가 많다. 그러나 누가는 집사라는 말을 전혀 본문에서 사용하지 않았다. 우리는 사도행전 6장 3절을 정확히 이해할 필요가 있다. 헬라어를 직접 번역하면 다음과 같다. '그러므로 형제들아 이 일을 맡도록 우리가 임명할, 성령과 지혜가 충만하다고 확신되는 일곱 사람을 너희 중에서 택하라.'

교회는 복음전파와 구제 모두 중요

우리는 말씀과 구제의 사역 모두 디아코니아(diakonia)라는 사실을 주목해야 한다. 구제문제를 위해 선출된 이들 일곱 명이 지금까지 집사의 기원으로 널리 알려졌다. 그러나 누가는 이들 일곱에게 집사의 헬라어 어원에 해당되는 디아코노스를 쓰지 않고 디아코니아를 사용했다. 특별히 우리는 1절과 4절에서 12 사도의 말씀과 기도에 힘쓰는 일과 일곱 사람의 구제의 일이 다 같이 디아코니아, 즉 사역 혹은 섬김으로 되어있다는 사실을 주목할 필요가 있다. 전자는 '말씀의 사역'이고, 후자는 '먹이는 사역' 혹은 사회사업이다.

교회에서 이 둘이 병행되어야 한다는 사실을 말해주는 것이다. 주님도 말씀하셨다. '가난한 자들은 항상 너희와 함께 있으니 아무 때라도 원하는 대로 도울 수 있거니와 나는 너희와 항상 함께 있지 아니하리라.' 복음전도와 사회적 책임은 분리될 수 없다. 존 스타트가 지적한 대로 이 둘은 모두 다 기독교의 필수 사역이다.

누가는 말씀의 사역자를 사도로, 먹이는 사역자를 평신도로 구분하려고 하지 않았다. 교회에는 말씀의 사역자와 구제의 사역자가 필요하고, 반드시 역할 분담이 필요하다는 사실을 이야기하고 싶은 것이다. 결코 말씀의 사역만 성경이 말하는 유일한 사역도, 또 그것이 가장 월등한 사역도 아니다. 말씀의 사역을 감당하던 구제의 사역을 감당하던 봉사의 직분이다. 모두가 섬기는 자들이다. 목회자는 섬김을 받는 자이고, 그 외 다른 직분자들은 섬기는 자들이라는 도식은 성경적이지도 않고 바람직하지도 않다. 교회 안에서 어떤 직분을 맡았던지 모두 봉사자이다. 섬김을 받아야 할 분은 오직 주님 한분 밖에 없다. 모두는 각자 주어진 직분에서 충실하게 하나님의 나라를 섬기는 자들이다.

누가의 기록을 통해 우리는 현대 교회를 향한 주님의 거룩한 소명을 발견한다. 그것은 교회의 역할이 결코 말씀을 전하는 일이나 기도하는 일에만 국한된 것이 아니라는 사실이다. 구제와 봉사까지 교회의 사역이라는 사실을 일깨워주고 있다. 세상에서 교회가 할 일이 무엇인가를 선명하게 보여준다. 교회는 기도와 말씀을 전하는 일을 충실하게 감당하면서도 구제와 봉사의 책무를 소홀히 하지 말아야 한다. 이 일을 위해서는 목회자와 평신도 모두가 거룩한 하나님 나라라는 공동의 목적을 가지고 자신들의 주어진 사역을 감당해야 할 것이다.

오늘날 교회는 예루살렘교회를 교훈 삼아 지혜롭게 말씀전파와 구제 두 가지 사역을 다 잘 감당해야 한다. 두 사역 모두 섬기는 사역이다. 이러한 자의식을 가지고 성령의 인도하심 가운데 목사는 기도하고 말씀 전하는 일에, 평신도는 구제와 봉사하는 섬김에 전념해야 한다. 각자 주어진 역할, 맡겨진 사역을 충실하게 감당할 때 교회는 건강하게 성장할 수 있다.

4. 예루살렘에서의 놀라운 복음전파(6:7)

사도행전 6장 7절은 사도행전 I 부 '오순절과 예루살렘의 복음의 확장'의 결론이다. '하나님의 말씀이 점점 왕성하여 예루살렘에 있는 제자의 수가 더 심히 많아지고 허다한 제사장의 무리도 이 도에 복종하니라.' 예루살렘의 제자의 수가 심히 많아지고 심지어 예루살렘의 제사장들도 주님께로 돌아왔다. 사도행전 1장 8절의 약속 '예루살렘'에서의 복음화 약속이 이제 구체적으로 성취된 것이다. 오순절 성령강림을 통해 형성된 예루살렘교회가 어떤 모습인가를 보여준다.

첫째, 박해 가운데서도 하나님의 말씀이 더욱 왕성하였다.

둘째, 예루살렘에 있는 제자의 수가 더 심히 많아졌다.

셋째, 허다한 제사장의 무리까지 이 도에 복종하였다. 복음이 예루살렘에서 얼마나 놀랍게 확산되었는가를 보여준다.

바벨론 포로에서 돌아온 제사장의 수가 4,289명이었다. 그 수가 예수님 당시에는 더욱 증가하였다. 이들 가운데 상당히 많은 제사장들이 주님께로 돌아온 것이다. 제사장들은 구약에 대해 일반인들보다 더 많은 식견을 갖고 있었다. 따라서 구약의 예언들을 풀어 구속사적으로 해석하는 제자들의 메시지에 더욱 민감하게 반응한 것이다. 일곱 사람 가운데에는 대제사장의 친지도 있었고, 관원 중에 믿는 자도 있었다. 하지만 제사장이 믿었다는 기록은 이 사건 전에는 일찍이 없었다.

성경학자들은 그리스도께서 십자가에 달리시고 부활하신 후 니고데모와 같은 이들이 회심하고 주님을 영접하여 그리스도의 사람들이 된 것이 유대인 전도에 결정적인 역할을 한 것으로 본다. 사도행전 1장 8절의 약속대로 성령이 임한 후 먼저 하나님의 복음이 '예루살렘' 안에 놀랍게 전파된 것이다. 덴톤의 말대로 위대한 파수군의 손에 의해서 심어진 씨가 인간의 심령 가운데 움이 트고 자란 것이다.

제 II 부
유대와 사마리아에서의 복음전파
(6:8-9:31)

6장
스데반의 설교와 순교
(6:8-8:1)

7장
사마리아 복음전도와 그 의의
(8:1-40)

8장
사울의 회심과 이방선교의 준비
(9:1-31)

하나님의 복음은 예루살렘을 넘어 유대 전역과 사마리아로 확산되어 나갔다. 사도행전 2부에 해당하는 사도행전 6장 8절부터 9장 31절까지는 복음이 예루살렘을 넘어 온 유대와 사마리아로 확장되는 과정을 설명하고 있다.

6장 '스데반의 설교와 순교'에서는 성령충만한 스데반이 체포되어 구약과 신약을 관통하는 설교를 통해 예수 그리스도가 약속의 메시야이심을 변증하였으며 이로 인해 순교하였다.

7장 '사마리아의 복음전도와 그 의의'에서는 스데반의 박해로 믿음의 사람들이 온 유대와 사마리아로 흩어지고, 빌립이 사마리아에서 복음을 증거하고, 에디오피아 여왕 간다게의 내시와 팔레스타인 해안에 전도하는 과정을 설명하고 있다.

그리고 8장 '사울의 회심과 이방선교의 준비'에서는 사울의 회심, 아나니아와의 만남, 다메섹 전도와 피신, 예루살렘 방문과 고향 다소로 피신을 설명하고 있다.

제 6 장
스데반의 설교와 순교
(6:8-8:1)

스데반은 복음의 확산과정에서 너무도 중요한 인물이었다. 그것은 그가 보여준 남다른 신앙, 예수 그리스도를 중심으로 한 탁월한 구속사적 성경해석, 담대한 복음증거와 변증, 성령의 권능과 표적, 그리고 아름다운 순교를 통해서도 확인할 수 있다. 누가가 스데반을 얼마나 중요하게 여기고 있는가는 사도행전 전체에서 무려 2장을 그에 대해 할애하고 있는 것에서도 알 수 있다.

교회사 전체를 통해 스데반은 주의 일꾼의 영원한 모델이었다. 스데반만큼 복음의 확장역사에서 도구로 쓰임 받은 사람도 드물다. 실제로 스데반의 순교로 복음이 예루살렘을 넘어 온 유대와 사마리아로 확산되는 중요한 전환점을 맞았다. 그것은 스데반의 박해로 말미암아 믿는 자들이 사방으로 흩어져 복음을 전했기 때문이다.

1. 성령충만한 스데반과 체포(6:8-15)

예루살렘교회의 선출된 일곱 사람들 가운데 대표적인 인물 스데반은 성령과 믿음이 충만했다. 스데반이 큰 기사와 표적을 민간에 행했다. 오순절 성령강림 이후 성령충만을 받았을 때 주님의 기적이 제자들의 기적이 되었고, 일곱 사람의 기적이 되었다.

이것이 주는 교훈이 무엇일까? 성령은 신분을 초월하고 인종을 초월하고 연령을 초월하고 직분을 초월하여 주를 신실하게 믿는 사람 가운데 동일하게 역사하신다는 사실이다. 표적과 기사는 제자들의 전용물이 아니라 성령의 충만한 이들에게 똑같이 임하는 하나님의 은혜였다. 이와 관련하여 누가의 메시지는 분명하다. 하나님 앞에 쓰임 받는 척도는 '사도냐 아니냐'가 아니라 '성령충만을 받았느냐 아니냐'이다.

주의 일에 있어서는 내가 어느 위치에 있느냐가 중요한 것이 아니라 내가 얼마나 성령의 충만을 받느냐가 더 중요하다. 성령의 충만을 받았을 때 주님의 기적과 표적, 제자들에게 임했던 그 기적과 표적이 일곱 사람에게도 똑같이 임했다. 기독교의 권위는 세상적인 권위나 종교적인 직책의 권위에 있는 것이 아니라 기도와 말씀을 통해 성령께서 세우시는 영적 권위에 있다. 교회는 철저하게 성령에 의한 영적 권위 위에 세워져야 한다.

세상을 능가하는 지혜(6:9-10)

성령의 충만을 받을 때 우리는 하나님 앞에 참으로 영광을 돌릴 수 있고, 놀라운 권능을 힘입을 수 있고, 또 주님의 일을 힘 있게 감당할 수 있다. 스데반이 성령충만을 받았을 때 기사와 권능만 임했던 것이 아니다. 언어와 생각이 보통 사람과 달라졌다. 이른바 '자유민들 즉 구레네인, 알렉산드리아인, 길리기아와 아시아에서 온 사람들의 회당'이라는 각 회당에서 '어떤 자들이' 일어나 스데반과 더불어 변론했지만 스데반이 '지혜와 성령으로 말하는 것'을 도저히 당할 수 없었다.

여기 '어떤 자들'을 영어 역본에서는 '자유인 회당의 회원들,' '자유인 회당 출신 몇 사람,' '자유인 회당에 속한 이들 가운데 얼마,' '자유인 회당 출신의 어떤 사람들'이라고 말한다. 일원, 회원, 속한 자들이라는 말 자체가 복수적인 성격을 지니고 있어 적어도 그들이 몇 사람 이상임을 말해준다. 그들이 스데반과 논쟁을 벌였지만 스데반의 지혜와 성령으로 말하는 것을 당할 수 없었다. 여기서 지혜와 성령을 나란히 언급한 사실을 주목해야 한다.

스데반의 논증은 대단했다. 유대인들은 스데반의 뛰어난 언변을 당할 수 없었다. 스데반과 변론한 사람은 한두 사람이 아니었고, 그들 모두 대단히 뛰어난 지혜를 가진 유대인들이었다. 알렉산드리아 유대인들은 헬라 역사와 문화에 정통한 사람들이어서 헬라의 철학과 사상에 대해 해박한 지식을 소유한 최고의 지성인들이었고, 길리기아 유대인들은 사울에게서 전형적으로 찾아볼 수 있듯이 당시 로마제국 내에서 가장 뛰어난 지성인들이었다. 그런 그들이 스데반 한 사람과의 토론과 변론에서도 당할 수 없었던 것이다.

성령이 충만한 사람들에게 비장의 무기가 있다면 바로 이것이다. 그들은 세상의 학식과 그 어떤 것이 줄 수 없는 놀라운 지혜를 소유했다. 주님께서 그들의 언어와 생각을 주관하시기 때문이다. 때문에 아무리 뛰어난 세상 지혜를 동원한다고 해도 주님이 주시는 지혜를 이길 수 없다.

종교지도자들의 거짓과 술책(6:11-15)

종교지도자들이 공개토론에서 말로 스데반을 당할 수 없자 수단과 방법을 가리지 않고 거짓과 술책을 동원하여 스데반을 공격했다. 이들은 순진한 사람들을 선동해 스데반이 '모세와 하나님을 모독하는 말'을 하는 것을 직접 들었다고 거짓말하라고 사주했다. 그 핵심은 스데반이 '이 거룩한 곳과 율법을 거슬러 말하기를 주저하지 않았다'는 것이다.

거룩한 곳은 성전을, 율법은 모세의 법을 말한다. 거룩한 곳을 거슬러 말한 것은 신성모독이고 율법을 거슬렀다는 것은 율법의 영구한 타당성을 부인한 것이다. 이 두 가지는 이스라엘 백성들을 자극하는 무서운 범죄였다. 예수를 신성모독죄로 처형하더니 이제 스데반에게도 동일한 혐의를 씌운 것이다. 스데반이 '나사렛 예수가 이곳을 헐고 또 모세가 우리에게 전하여 준 규례를 고치겠다'고 말했다는 것이다. 이것은 완전히 근거가 없는 허구는 아니지만 실제로 스데반이 한 말을 치명적으로 왜곡한 것이

대제사장 앞에 선 스데반

다. '너희가 이 성전을 헐라 내가 사흘 동안에 일으키리라'는 주님의 말씀은 성전 된 자기 육체의 부활을 가리켜 하신 말씀이다. 그러므로 본질을 왜곡시킨 주장이었다.

스데반을 참소하는 이들의 완악함이 적나라하게 드러났다. 이들은 주님을 십자가에 못 박았던 장본인들이다. 이들은 성전 미문에 앉아 있는 걸인이 걷는 것을 직접 눈으로 확인했고, 제자들이 행하는 표적과 기사를 직접 목격한 이들이었다. 그리스도가 죽은 자 가운데서 살아나셨고, 제자들이 기사와 이적과 표적을 행하는 것을 직접 목도하였으면서도 조금도

변하지 않았다. 그들은 기적과 이적과 표적을 보았음에도 부활하신 주님과 그의 가르침이 진리라는 사실을 깨닫지 못했다.

유대지도자들은 피하기 힘든 치명적인 혐의를 스데반에게 씌워 그를 죽이려고 했다. 더 이상 회중 앞에서 그리스도를 증거하지 못하게 만들려는 의도였다. 스데반이 예수가 그곳을 헐고 모세가 그들에게 전해준 규례를 바꾸겠다고 말했다는 거짓 증언자들의 주장은 유대인들에게는 가히 충격적이었다. 유대지도자들은 자신들이 그렇게 추구하였던 표적과 기사를 보면서도 전혀 변화가 없었고 오히려 사도들과 스데반을 핍박했다.

이것이 바로 불신앙의 세계이다. 불신앙의 세계는 믿음의 세계를 이해하지 못한다. 주께서 니고데모에게 '육으로 난 것은 육이요 영으로 난 것은 영이라'고 하신 것처럼 성령으로 난 자만이 성령의 일을 분별하는 법이다. 거룩한 것은 거룩한 영으로만 분별할 수 있다. 같은 하나님을 믿는다고 하는 이들이 보여주는 비신앙적이고 불신앙적인 행태는 인간이 바른 신앙을 갖지 못했을 때 얼마나 완악해질 수 있는가를 단적으로 보여준다.

그러나 스데반에게 기사와 표적만 아니라 생각과 언어의 지혜도 임했고 어떤 환경에서도 당황하지 않는 놀라운 용기도 주어졌다. 스데반은 모함에도 전혀 동요하지 않고 그리스도에 대한 신앙을 담대하게 선포하였다. 성령의 충만이 그를 그렇게 만들어 준 것이다. 성령은 믿는 자들에게 세상이 줄 수 없는 놀라운 힘과 능력을 공급해준다.

스데반이 성령의 충만을 받았을 때 그에게 기사와 이적이 나타났고, 말과 생각의 지혜가 충만히 임했다. 뿐만 아니라 그 수많은 공격과 모함 앞에서도 침착함과 냉정함을 잃지 않았다. 공회 앞에서 앉은 자들이 스데반을 주목해 보았을 때 하나님의 면전에 서 있는 사람처럼 그의 얼굴에는 광채가 났다. 하나님이 그의 얼굴을 은혜로운 모습, 영광스러운 모습으로 만들어 주신 것이다. 세상이 줄 수 없는 하늘의 평안을 소유한 것이다. 크리소스톰의 표현을 빌린다면 "이것은 그분의 은혜요, 이것은 모세의 영광이었다." 칼빈의 말대로 보통 법정에서는 피고인들이 얼굴빛이 초췌하고 말을 더듬고 당황하는 것이 보통이지만 스데반은 전혀 그렇지 않았다.

스데반이 수많은 공격과 모함 앞에서도 흔들리지 않을 수 있었던 그 원동력은 바로 성령충만이었다.

2. 스데반의 설교와 변호(7:1-50)

스데반의 변증과 순교는 A.D. 33-36년에 일어났다. 윌리엄 램지는 구체적으로 A.D. 33년이라고 말한다. 필자의 의견도 동일하다. 스데반의 설교는 교회사에서 새로운 시대를 여는 중요한 분기점이다. 지금까지는 히브리인에 의해 히브리인들에게 말씀이 선포되었으나 처음으로 헬라파 스데반이 히브리인들에게 복음을 전한 것이다.

스데반이 설교한 곳은 특별한 장소였다. 그곳에 모인 이들은 산헤드린의 안나스와 가야바, 요한, 알렉산더 등의 유대지도자들과 이른바 자유민들 즉 구레네인, 알렉산드리아인, 길리기아와 아시아에서 온 사람들 중에 유대 사상에 깊이 물들어 있는 사람들이었다. 이들 모두는 예수 그리스도를 십자가에 못 박은 자들이었거나 그것을 옹호한 이들이었다. 그렇기 때문에 예수 그리스도에 대해서는 상당히 부정적인 시각을 가지고 있었다.

그런 이들에게 예수 그리스도가 구약에 예언된 메시야라는 사실, 아브라함과 이삭과 야곱에게 언약하신 그 언약을 이루시는 주인공이시라고 선언하는 것은 보통의 선언이 아니었다.

스데반은 하나님이 제정한 진정한 예배, 무엇보다 예수 그리스도를 통해 완성된 진정한 예배가 무엇인가를 제시함으로 그리스도가 이루신 구속의 기독교를 변호하였다. 그래서 그의 변론에는 하나님의 임재, 메시야 사상, 이방선교, 새 성전개념이 선명하게 드러난다. 특히 스데반은 하나님의 임재가 어느 한 지역이나 보이는 건물에 국한되지 않는다는 사실을 일관되게 주장한다.

스데반의 설교에는 반유대주의 사상이 강하게 등장한다. 이스라엘 백성들이 메시야 오실 것을 예언한 선지자들을 거부한 것은 물론 오리라

산헤드린 앞에서의 스데반의 설교 모습

약속된 메시야가 오셨는데도 그를 잡아 죽였다는 것이다. 스데반이 반유대주의를 옹호한 것은 이방선교의 당위성을 변호하기 위한 것이었다. 스데반의 변증은 확실히 이방선교에 동정적인 차원을 넘어 매우 적극적이었다. 누가가 스데반의 죽음을 그의 변증과 연계시킨 것도 그 때문이다.

사실 세계선교를 착수한 사람들은 바로 스데반이 속한 헬라파 기독교인들이었다. 이 때문에 스데반의 변증에서 우리는 헬라파 기독교의 최초의 성명서를 잘 찾아 볼 수 있다. 스데반과 그의 동료 헬라파 기독교인들은 예수님이 말씀하신 새로운 성전질서, 복음의 초국가적인 성격과 보편주의적인 성격도 잘 이해했다. 이 점에서 그는 오순절 이전의 제자들의 모습과도 달랐다. 부활하신 주님이 제자들에게 세계선교의 사명을 일께 위주셨음에도 불구하고 그들은 오랫동안 이 사실을 제대로 깨닫지 못하

6장 스데반의 설교와 순교 85

였다. 스데반이 이해한 새 성전질서는 히브리서와 매우 유사하며 이것은 그가 성전질서에 관한 태도에서 '새 성전'에 관한 가르침을 받아들였다는 사실을 보여준다.

스데반은 영적 혜안을 가지고 아브라함의 부르심부터 솔로몬의 성전건축까지 이스라엘의 전 역사를 개관했다. 그것은 단순한 개관이 아니라 구속사적 개관이었다. 첫째, 아브라함부터 요셉까지의 족장시대, 둘째, 모세를 통한 이스라엘 백성의 출애굽과 율법, 셋째, 다윗과 솔로몬의 성전 세부분으로 중심 주제를 대별할 수 있다.

이스라엘 역사개관 그 첫 출발: 족장시대(7:1-16)

스데반의 변론 중에서 7장 2절부터 16절까지는 족장시대 개관이다. 스데반은 아브라함을 부르시고 그를 통해 한 민족을 이루시는 역사적인 흐름을 선명하게 개관하면서 어떻게 그 언약들이 맺어졌고, 성취되어 갔는가를 설교했다. 스데반은 하나님께서 아브라함을 메소포타미아의 갈대아 우르에서 부르신 것, 하란에서 다시 가나안으로 부르신 사건을 언급하면서 유대인의 역사가 하나님의 부르심으로 시작되었다는 사실, 하나님께서 이스라엘의 전 역사를 주관해 오셨다는 사실을 강조하였다.

모세를 통한 출애굽과 율법시대(7:17-43)

7장 17절부터 43절까지는 모세를 통한 출애굽과 율법시대 개관이다. 모세의 등장은 하나님의 언약의 성취를 위해서다. 스데반은 '하나님이 아브라함에게 약속하신 때가 가까우매'라는 표현을 통해 이스라엘 백성들의 애굽 생활이 하나님의 주권 하에 진행된 역사였으며, 하나님이 그들을 구원하시기 위해 모세를 세우셨고, 미디안 광야에서 성숙한 지도자로서 훈련을 받게 하시고 '사십 년이 차매' 그를 이스라엘의 구원자로 세우셨다고 변론한다. 모세가 하나님이 특별히 세우신 '선지자'요, 메시야의 선구

자였다. 모세를 오실 메시야의 표상으로 묘사한 것이다.

40년의 광야생활은 '학문적으로 비범한 모세'를 '인격적으로 비범한 모세'로 다듬어 주어 명실상부 민족의 지도자로서의 자격을 갖추도록 만들어 준 훈련의 장이었다. 그곳에서 이드로의 양을 치면서 모세는 광야에서의 훈련, 특히 목자의 훈련을 통해 목자의 심정, 지도자의 심정과 자질을 체득할 수 있었다. 이런 고난의 과정을 통해 그는 가장 뛰어난 민족지도자로 성장할 수 있었다.

출애굽과 40년간의 모세의 표적과 이적(7:30-43)

때가 차매 하나님께서 가시 떨기나무 불꽃 가운데 모세에게 나타나셔서 그를 부르셨다. 하나님이 모세에게 임하신 곳은 시내산 광야였다. 크리소스톰의 표현을 빌린다면 '주의 천사가 성전이 아닌 광야에서 모세에게 나타나셨다.' 이 산은 하나님의 산으로 출애굽기에는 호렙산으로 기록되었다. 시내산은 시내 반도에 위치하고 있다. 모세에게 나타나신 분은 천사라고 스데반이 증언하며, 출애굽기 3장 2절에는 '여호와의 사자,' 출애굽기 3장 4절에는 '하나님'으로 그리고 3장 7절에는 '여호와'로 기술되었다. 스데반은 이 천사가 말한 소리를 '주의 소리'라고 증언하고 이 천사를 '하나님'으로 또 '주'로 불렀다.

모세를 부르신 때를 스데반은 '사십 년이 차매'라고 말한다. '사십 년이 차매'라는 말은 '모세가 지도자로서의 인격적인 훈련이 완성되자'라는 말로 바꾸어 볼 수 있다. '차매'는 '채우다,' '마치다'를 뜻한다. 갈라디아 4장 4절 '때가 차매'에도 동일한 단어가 사용되었다. 하나님이 정하신 '40년이 되매'라는 의미로 해석할 수 있다.

'사십 년이 차매'라는 말은 하나님께서 모세의 생애에 간섭하시고 이스라엘 구속의 역사를 이끌어 가셨음을 보여준다. 하나님은 멀리 계신 분이 아니라 인간의 역사 속에 개입하시는 살아계신 하나님이시다. 스데반은 이스라엘 백성들이 애굽에서 고통당하자 하나님께서 그들의 신음을 들어

주셨다. '내 백성이 애굽에서 괴로움 받음을 내가 확실히 보고 그 탄식하는 소리를 듣고 그들을 구원하려고 내려왔노니 이제 내가 너를 애굽으로 보내리라.'

하나님은 고난 받는 이스라엘 백성들의 괴로움을 보시고, 들으시고, 구원하러 내려오시고 모세를 애굽으로 보내셨다. 당신의 백성들의 신음과 고통을 외면하지 않으셨다. 그들의 고통을 들으시고 달려가셔서 그들을 구원하셨다. 역사를 주관하시는 그분이 역사에 개입하신 것이다.

스데반은 이스라엘 백성들이 하나님의 초자연적 개입과 인도하심에도 불구하고 우상을 섬긴 사실과 그로 인해 하나님께서 그들을 심판하셨다는 사실을 42-43절에서 분명히 밝히고 있다. 스데반이 아모스 5장 25-27절을 인용해서 광야에서부터 바벨론 포로기까지의 구약의 전 기간에 걸쳐있는 우상 숭배의 역사를 드러낸 것이다. 스데반은 결국 이스라엘 백성들이 우상숭배로 말미암아 하나님의 심판을 받아 바벨론으로 추방을 당할 수밖에 없었다고 증언한다.

이스라엘 백성들이 우상을 숭배함으로 하나님의 심판을 면할 수 없었다. 이것은 우리에게 왜 동방의 예루살렘 평양이 공산주의 치하에서 신음하고 있는가에 대한 부분적인 대답을 제공한다. 평양은 1907년 놀라운 성령의 부으심을 경험한 곳이고, 그래서 동방의 예루살렘이라고 불렸다. 하나님의 은혜가 풍성히 임한 평양이 신사참배를 가결함으로 말미암아 하나님께 배도한 것이다. 그곳을 향한 하나님의 무서운 심판이 북한 지역의 공산화, 한국전쟁 그리고 지구상의 가장 혹독한 박해를 통해 지금도 계속되고 있다. 그 혹독하고 모진 시험은 그 땅의 온전한 회복을 위한 하나님의 섭리이다.

죄인이 온전히 회복되는 길은 진정한 회개, 죄악을 떠나 하나님께로 돌아섬이 전제될 때 가능하다. 그것 외에는 달리 길이 없다. 하나님은 그의 백성들이 생명 내걸고 그를 섬기는 곳을 외면하지 않으신다. 다만 역사의 주관자가 되시는 하나님께서는 하나님의 때를 기다리신다.

다윗과 솔로몬: 장막과 성전시대(7:44-50)

스데반은 다윗이 하나님 앞에 하나님의 처소를 위해 기도하였고, 솔로몬이 성전을 건축했으나 하나님은 '손으로 지은 곳에 계시지 아니하시고' 하늘과 땅 만물 어느 곳이나 임재하신다고 변론한다. 하나님은 성전과 장막이라는 제한된 장소에 거하시는 것이 아니라는 사실을 통해서 스데반이 전하려고 하는 메시지는 너무도 분명하다. 그것은 성전이라는 지리적 특정 장소에 전능하신 하나님을 제한시킬 수 없다는 사실이다. 하나님은 시간과 공간을 초월하시며, 그가 임재하시는 곳이 거룩한 곳이라는 새로운 신약의 성전개념을 제시한다.

그것은 바로 그리스도가 십자가를 통해서 세우신 새 성전이다. 예수 그리스도의 부활을 통해서 다윗의 왕위를 계승한 예수 그리스도가 다윗에게 약속하신 '새 성전'을 완성하신 것이다. 솔로몬이 손으로 만든 성전은 영원한 성전이 될 수 없다. 하나님은 손으로 지으시지 않은 곳에 계시기 때문이다. 의사 누가의 관점, 구체적으로 스데반의 시각에서 볼 때 손으로 짓지 않는 영원한 성전을 지으신 분이 누군가는 매우 분명하다. 바로 다윗의 왕위를 계승한 예수 그리스도이시다. 그가 이 땅에 오셔서 죄인들을 위해 십자가에 달려 돌아가시고 부활하심으로 새 성전을 건설하셨다. 그런 의미에서 그리스도 자신이 새 성전이시다. 이 성전은 손으로 지은 것이 아니다. 이 두 성전개념이 예수 그리스도의 공생애와 구속의 의미 그리고 이후 진행되는 전 구속사를 이해하는 중요한 주제이다.

스데반의 설교는 이스라엘의 역사(歷史)가 메시야에 대한 예언과 그것을 이루어 가는 성취의 역사(役事)라는 사실을 보여준다. 스데반은 이스라엘의 역사가 결코 우연의 역사가 아니라 주님이 동행하시는 역사라는 사실을 일관되게 증언하였다. 역사의 주체는 주님이심을 선포한 것이다. 스데반의 설교는 이스라엘 역사의 개관을 통해 하나님의 약속이 성취되었고 또 성취될 것임을 보여주었다. 종합적으로 정리하면 스데반은 이스라엘의 역사를 통해 다음 네 가지 사실을 분명하게 밝혔다.

첫째, 요셉이 시기로 인해 팔렸던 것과 마찬가지로 그리스도도 동족들에 의해 수난을 당했다.

둘째, 동족들이 모세를 이해하지 못했던 것과 마찬가지로 이스라엘 백성들은 예수 그리스도를 이해하지 못했다.

셋째, 모든 선지자들이 인정을 받지 못했던 것과 마찬가지로 예수 그리스도 역시 인정을 받지 못했다.

넷째, 예수 그리스도는 다윗에게 약속한 영원한 하나님의 처소 건축을 완성하신 분이다. 이 처소는 사람이 손으로 지은 것이 아니며, 어느 특정 지역에 제한적으로 존재하는 것도 아니다. 더더욱 유대민족에게 제한된 것도 아니다. 하나님은 '지극히 높으신 이는 손으로 지은 곳'에 계시지 않는다. 하늘이나 땅이나 어디나 그분이 임재하시는 곳이 그분의 처소이다.

그 결과 이방인들에게 구원의 문이 열렸다. 누가는 스데반의 변론을 통해 사도행전 1장 8절의 예루살렘에서 시작된 복음이 온 유대, 사마리아, 땅 끝으로 진행될 수밖에 없다는 이방선교의 정당성을 변호하였다.

3. 스데반의 순교(7:51-60, A.D. 33)

스데반은 이스라엘 백성들을 향하여 무섭게 책망했다. '너희도 너희 조상과 같이 항상 성령을 거스르는도다'는 구약의 이스라엘 백성들도 그 당대의 사람들도 모두가 언제나 성령을 거슬렀다는 것이다. 여기서 두 단어 '항상'과 '거슬렀다'를 주목할 필요가 있다. 하나님께서 끊임없이 선지자들을 보내셨지만 이스라엘 백성들은 반복해서 그들을 거절했다. '항상 성령을 거스르는도다'는 매우 강력한 경고였다. 스데반은 다음과 같이 혹독하게 이스라엘 백성들의 죄를 지적한다.

1) 목이 곧고 마음과 귀에 할례를 받지 못한 사람들

2) 항상 성령을 거스르는 자들
3) 의인이 오실 것을 예고한 자들을 죽임
4) 이 땅에 오신 약속된 의인을 죽임
5) 천사가 전한 율법을 받고도 지키지 아니한 자들

특히 우리는 이스라엘 백성들이 '성령을 거슬렀다'는 사실을 주목할 필요가 있다. 예수님은 성령을 훼방하는 죄는 사함을 받지 못한다고 말씀하셨다. 그들이 얼마나 하나님의 뜻을 거스른 완악한 자들이었는가를 보여준다. 공회에 참석한 사람들은 스데반의 설교를 '듣고 마음에 찔려 그를 향하여 이를 갈았다.'

그러나 마음에 찔림을 받으면서도 주님께로 돌이키지 않았다. 스데반은 하나님께서는 계속해서 돌이킬 수 있는 영적인 기회를 주셨는데 이스라엘 백성들이 끊임없이 이를 거부하고 마침내는 하나님이 보내주신 당신의 귀한 아들 예수 그리스도까지 죽여 버렸다는 사실을 신랄하게 지적했다. 그러자 그들이 '큰 소리를 지르며 귀를 막고 일제히' 스데반에게 달려들었다.

스데반은 '성령충만하여 하늘을 우러러 주목하여 하나님의 영광과,' '하늘이 열리고 인자가 하나님 우편에 서신 것'을 보았다. 죽음 직전에 스데반이 놀라운 주님의 임재를 체험한 것이다. 그는 남들이 보지 못하는 새로운 영적 세계를 보았다. 하늘이 열리고 하나님의 영광을 보고, 하나님의 아들 예수 그리스도가 하나님 보좌 우편에 계신 것도 보았다. 부활 승천하신 주님을 만난 것이다.

부활하신 예수 그리스도를 많은 사람들이 보았다. 500여 명이나 부활하신 주님을 보았지만 승천하신 주님을 본 사람은 스데반이 처음이다. 스데반은 예수 그리스도가 부활하신 이후에도 여전히 죽지 않으시고 살아 계신 것을 목도했다. 스데반이 성령이 충만하여 하늘을 쳐다보았을 때 하나님의 영광이 나타나고 하나님 우편에 계신 예수 그리스도가 서 계셨다. 그는 너무도 감격하여 '보라, 하늘이 열리고 인자가 하나님 우편에 서신 것을 보노라'고 외쳤다.

스데반을 찾아오신 부활의 주님

사실 스데반의 편에서는 하늘이 열리고 하나님의 영광과 예수 그리스도가 하나님 보좌 우편에 계신 것을 본 것이지만 주님의 편에서는 부활하신 주님, 영광의 주님이 스데반을 찾아오신 것이다. 승천하신 주님이 스데반에게 처음으로 친히 자신을 계시해주신 것이다. 이것은 후에 나타나는 다메섹 도상에서의 바울의 회심 사건과 비견할 수 있는 사건이었다. 스데반이 성령충만했고, 죽음 앞에서도 굴하지 않는 신앙을 소유한데다 그가 순교할 것을 미리 아시고 이를 보증하시기 위해 주님이 스데반에게 친히 자신을 계시해주신 것이다. 이것은 스데반에게 대단한 용기를 불어넣었을 것이다.

스데반이 본 주님의 모습과 관련하여 우리는 두 가지를 주목할 필요가 있다. 하나는 주님이 하나님의 우편에 서셨다는 사실이고, 다른 하나는 주님이 스데반에게 '인자'의 모습으로 나타나셨다는 사실이다. 그리스도께서 자신을 가리킬 때 사용하신 용어가 인자였다. 그리스도 외에는 누구도 자신을 인자로 표현하지 않았고, 그 용어를 사용하지도 않았다. 심지어 사도들도 이 용어를 사용하지 않았다. 스데반의 극심한 시련 가운데 인자가 그에게 나타나신 것은 부활하시고 승천하신 바로 그 주님이 적극적으로 그를 돕고 변호하시고 환영하시기 위해서였다.

주님이 하나님의 우편에 서셨다는 것도 마찬가지이다. 보통 성경은 주님이 하나님 보좌 우편에 앉아계신 것으로 묘사하고 있다. 그런데 여기서는 누가는 그리스도가 하나님 우편에 서 계셨다고 증언한다. 주님은 스데반의 순교 순간에 침묵하시지 않고 그의 고통에 개입하셨다. 이것은 주님이 스데반을 적극적으로 도우시고 변호하시고 곧 있을 그의 순교를 영광 가운데 환영하시기 위해서였다.

누가는 스데반의 순교 장면을 기술하면서 한 가지 분명한 사실을 드러내길 원했다. 그것은 스데반이 앞서 그리스도를 변증했는데 이제는 부활하신 주님이 친히 나타나셔서 스데반을 변호하셨다는 사실이다. 스데반은 사람들 앞에서 그리스도를 인정했고 이제 그리스도가 하나님 앞에서 스데반을 인정하신 것이다. 스데반은 주님이 하나님 우편에 서신 것을 보았다. 주님은 보좌에 앉아계실 수 없었다. 안타까운 마음으로 서서 스데반을 지켜보셨다. 주님이 얼마나 스데반을 사랑하셨는가를 보여준다. 주님은 당신의 백성이 고난받을 때, 힘들 때 결코 외면하시는 분이 아니다.

그리스도의 스데반 변호

복음을 증거하며 성령충만을 받은 사람에게는 비장의 무기가 있다. 남들이 경험하지 못하는 하나님의 임재를 경험한다는 사실이다. 스데반은 부활하신 영광의 주님이 스데반을 찾아오시는 축복을 경험했다. 부활하신 주님이 고난당하는 스데반을 위로해주시기 위해, 그의 무죄를 변호하시기 위해, 그의 영혼을 환영하시기 위해 스데반을 친히 찾아오신 것이다. 그것은 스데반에게 나타나신 예수님의 모습에서 그대로 읽을 수 있다. 스데반은 주님이 하나님의 보좌 우편에 서셨다고 증언한다.

영광의 하나님의 보좌 우편에 앉아계시던 예수님께서 최초의 순교자를 환영하시기 위해 잠시 일어나신 것이다. 칼빈의 해석은 더 감동적이다. "다른 곳에서는 그가 앉아 계시다고 이야기되었는데 어찌하여 스데반은 그가 '서신 것'을 보았다고 하는가 하는 의문이 일어난다. 어거스틴은 때로 필요 이상으로 예리해서 이렇게 말한다. 즉 '그리스도는 재판관으로 앉아 계시지만 이 경우에는 변호인으로 서 계셨다.'"

부활하신 주님이 스데반에게 나타나신 것은 그의 순교를 준비하시려는 하나님의 깊으신 섭리였다. 이것은 스데반만을 위한 것이 아니라 장차 고난당하는 백성들, 그리스도 때문에 어려움을 당하는 모든 사람들을 위로하시기 위한 하나님의 깊으신 섭리였다. 이 세상에서 믿음의 삶을 살아가는 것은 쉽지 않다. 대가를 지불해야 하기 때문이다. 그러나 그들은 스데반이 경험했던 주님을 만나는 특별한 은혜를 경험할 것이다.

스데반의 영광스러운 순교

복음을 증거하는 스데반을 부활의 주님이 찾아오셔서 그를 위로하시고, 죽음의 위기 속에서 담대히 순교할 수 있도록 격려하셨다. 그 주님을 만난 스데반은 그분을 위해 자신의 생명을 바치는 것을 아깝지 않게 생각했다. 주님께서 이미 자신을 위해 생명을 주시면서까지 사랑하셨기 때문이다. 그분의 놀라운 사랑을 힘입은 스데반이 영광 중에 찾아오신 그를 위해 자신의 생명을 아끼지 않고 드렸다.

스데반은 '주 예수여 내 영혼을 받으시옵소서,' '주여 이 죄를 그들에게 돌리지 마옵소서' 두 마디의 기도를 드리고 세상을 떠났다. 스데반이 자신이 본대로 주님이 하나님 우편에 서신 것을 증거하자 이스라엘 백성들은 그를 성 밖으로 내치고 돌로 쳤다. 스데반을 죽인 죄목은 신성모독이었다. 스데반이 인자이신 예수 그리스도가 하나님의 우편에 서 계셨다고 외친 것은 유대인들에게 너무도 큰 신성모독이었다. 그들이 바로 스데반을 사형장으로 끌고 가 돌로 쳐 죽인 것도 그 때문이었다.

누가는 죽어가는 스데반의 얼굴이 천사의 얼굴처럼 빛났다고 증언한다. 주님이 제자들에게 약속하신대로 세상이 줄 수 없는 평안을 스데반에게 주신 것이다. 스데반이 순교할 수 있었던 것도, 그가 마지막 순간에 '내 영혼을 받으소서'라고 고백할 수 있었던 것도, 자신을 죽이려는 이들을 향해 '그들의 죄를 용서해 달라'고 고백을 할 수 있었던 것도 자신을 찾아오신 주님을 만났기 때문이다.

우리는 스데반의 신앙을 예찬해야 하지만 스데반을 찾아오셔서 그가 마지막 순간까지도 오직 하나님을 영화롭게 하도록 인도하신 주님을 찬양해야 할 것이다. 스데반을 찾아오셔서 그를 격려하시고 그에게 새 힘을 주시고 영광스러운 세계를 보여주신 그 주님이 우리에게도 찾아오셔서 우리를 격려하시고 우리를 인도해주실 것이다.

제 7 장
사마리아 복음전도와 그 의의
(8:1-40)

빌립의 사마리아 전도와 예루살렘의 대 박해는 모두 A.D. 33년 봄에 일어난 일이다. A.D. 33년 봄에 스데반이 죽었고, 사울의 회심도 그해 가을에 일어났다. 스데반의 죽음은 초대교회에 적지 않은 변화를 가져다주었다. 스데반이 돌에 맞아 죽는 사건은 최초의 초대교회사를 특징짓는 중요한 사건이었다. 가장 눈에 띄는 변화는 스데반의 죽음으로 기독교인들에 대한 대대적인 박해가 시작되었다. 스데반의 죽음 현장에서 전 과정을 생생하게 목도한 한 젊은 증인이 있었다. 그 젊은이는 스데반을 돌로 치는 사람들이 맡긴 옷을 보관하고 있던 바로 사울이었다.

1. 큰 박해로 유대와 사마리아로 흩어짐(8:1-3)

사울은 스데반의 죽음을 마땅히 여겼다. 여기 '마땅히 여겼다'는 것은 살인자들의 행동을 온전히 인정하고 공감하고 동의하고 그들을 동정했다는 의미이다. 사울이 스데반의 죽음에 관여했음을 암시해준다. 스데반의 죽음으로부터 예루살렘교회가 본격적으로 박해를 받기 시작했다. 누가는 예루살렘에 '큰 박해'가 일어났다고 말한다. '큰 박해'는 말 그대로 '대 박해'(a great persecution)를 말한다. 박해가 신약성경에 10회 등장하지만

'대 박해'는 이곳에만 나타난다.

스데반의 일로 일어난 큰 박해

이 박해가 얼마나 강도가 높았는지 '사도 외에는 다 유대와 사마리아 모든 땅으로 흩어졌다.' 모든 주도적인 그리스도인들이 예루살렘을 떠난 것이다. 그 중의 몇 사람은 베니게, 안디옥, 구브로에까지 복음을 가지고 가서 전했다.

우리가 여기서 주목할 것 두 가지가 있다. 하나는 아이러니하게도 스데반의 박해로 흩어진 자들이 복음을 전함으로 터툴리안이 말한 바 '순교는 교회의 씨앗'이 되었다. 박해를 통해 복음이 확장되고 교회가 성장한 것이다. 그래서 크리소스톰은 스데반의 죽음으로 인해 야기된 대박해를 하나님의 섭리라고 표현했다. 다른 하나는 그 첫 박해가 동족 유대인으로부터 야기된 박해였다는 사실이다. 예수님을 십자가에 처형한 이들도 유대인들이었고 스데반을 죽인 자들도 유대인들이었고 기독교에 대해 처음으로 대대적인 박해를 가한 세력도 유대인들이었다.

여기서 '흩어졌다'는 사실을 주목할 필요가 있다. 누가는 스데반으로 인한 박해를 사도행전 1장 8절의 '온 유대와 사마리아'로 복음의 확장이 성취되어 나간 것을 연결시키고 있다. 또한 '그 때에 스데반의 일로 일어난 환난으로 말미암아 흩어진 자들'에 의해 안디옥교회가 설립된 것과도 연결시켜서 스데반의 죽음을 복음의 확장의 결정적인 전기로 기술한 것이다.

2. 빌립의 사마리아 복음전파(8:4-25)

박해를 만난 이들은 적극적이고 담대한 신앙을 지켜나갔다. 8장 4절은 '그 흩어진 사람들이 두루 다니며 복음의 말씀을 전할새'라고 말씀한다.

하나님께서 기독교의 박해를 오히려 복음을 확장시키는 호기로 선용하셨다. 스데반의 박해로 인해 많은 사람들이 사방으로 흩어져서 복음을 전했다. 그 중에 사마리아로 복음을 가지고 간 사람이 빌립이었다. 그를 통해 예루살렘을 중심으로 형성되었던 신앙의 공동체가 이제는 사마리아 지역까지 확장되었다.

일곱 사람들 가운데 나타난 성령의 역사는 어떤 면에서 사도들보다 더 크고 더 강했다. 구제를 위해 선택된 일곱 사람들이었지만 이들이 복음을 증거할 때 성령의 역사가 강하게 그들에게 임했다. 성령의 은사는 사도들이나 평신도들이나 차별 없이 복음을 담대하게 증거할 때 나타난다. 누가에게 있어서 복음전파 과정에서 중요한 것은 사도인지 아닌지가 아니라 성령충만을 받았는지 아닌지이다.

사마리아 복음전도는 특별한 의미를 지닌다. 빌립이 유대인들이 그토록 차별대우하던 그 사마리아 사람들에게 복음을 증거했다. 이것은 구원이 유대인들에게만 국한된 현상이 아니라 모든 민족에게 확대되었음을 보여준다. 빌립의 사마리아 복음전도는 적어도 몇 가지 점에서 매우 중요한 의미를 지닌다.

첫째, 비록 혼혈이지만 아브라함의 후예였던 사마리아인들을 하나님이 사랑하셨다.

둘째, 오랫동안 유대 백성들과 공유해온 그들의 메시야 소망이 응답받았다. 주님이 사마리아 여인에게 하신 신령과 진정으로 예배할 때가 올 것에 대한 약속의 성취였다.

셋째, 사마리아 복음전도는 사도행전 1장 8절에 주님께서 하신 약속의 성취였다.

넷째, 사마리아인들이 복음전도의 대상을 넘어 땅 끝이라는 더 거대한 하나님의 선교사명을 위해서 함께 동역해야 할 대상이 되었다. 유대와 사마리아가 복음전도의 대상이 '땅 끝' 선교라는 주님의 지상명령을 함께 이루어 갈 선교의 동역자가 된 것이다.

이러한 측면에서 빌립이 사마리아에 가서 복음을 전한 것은 주님의 예언의 성취라는 구속사의 차원에서 해석할 때 그 사건이 갖는 의미는 너무도 중요하다.

마술사 시몬의 등장(8:9-13)

사마리아 성에 시몬이라는 마술사가 살았다. 마술사 시몬이 활동하던 시기를 일반적으로 A.D. 35년에서 45년 사이로 본다. 그러나 빌립의 사마리아 전도가 A.D. 33년 여름이었고, 마술사 시몬 사건이 스데반의 순교 직전에 일어난 사건인 것을 고려할 때 A.D. 35년보다 약간 앞선 A.D. 33년경으로 보인다. 이 전후 시기는 혼란했던 시기였다. 36년 빌라도가 악정으로 소환을 당하고 37년에 가야바가 퇴위를 당하고 38년에 알렉산드리아에서 반유대인 폭동이 일어났으며, 칼리굴라(재위 A.D. 37-41)의 반유대인 정책으로 인하여 팔레스타인에서 소요가 끊이지 않았다. 이 기간은 살아있는 황제숭배가 서서히 중요한 현안으로 떠오르며 혼란했던 시기이다.

사회적으로 혼란한 때 미신이 흉용하는 것은 널리 알려진 일이다. 이런 시기에 마술사 시몬이 등장한 것이다. 그 스스로가 마술로 사람들을 현혹시키며 그 자신을 '대단한 존재'라고 선언함으로 사마리아 백성들을 미혹하였다. 마술사 시몬이 큰 능력으로 백성을 미혹했다는 말은 시몬이 당시 사마리아에서 최초의 신성에 대한 사마리아인들의 명칭이었고, 시몬은 이러한 신성이 사람들을 구속하기 위해 자신의 몸을 입고 이 땅에 내려왔다고 선포했음을 함축한다.

마술사 시몬이 자신을 신격화시키며 사람들을 미혹하는 그 현장에 빌립이 나타나 하나님 나라의 복음과 예수 그리스도의 이름을 증거하자 못 걷는 사람이 일어나고 귀신이 쫓겨나는 역사가 나타났다. 저희가 믿고 남녀가 다 세례를 받았다. 마술에 깊이 사로잡혔던 시몬이 믿고 세례를 받고 빌립을 따라 다녔다는 것을 어떻게 이해해야 할 것인가? 전후 관계에서 볼 때 마술사 시몬의 동기가 순수하지 않은 것이 분명하다. '그의 믿음의 본질은 분명히 불확실했음에 틀림없다. 확신하건대 의심할 바 없이 그것은 피상적이고 충분하지 못한 믿음이었다.' 그럼에도 불구하고 그가 세례를 받은 것은 그렇게 하지 않는다면 '이전의 추종자들을 완전히 놓치게 되리라'고 판단했거나 아니면 세례를 받고 빌립을 따라다니면서 '빌립의 신적인 능력의 비밀'의 비법을 알아 내려했기 때문이다.

마술사 시몬은 성령의 강림을 돈으로 살 수 있는 어떤 기술로 이해했고, 그것을 배워 사도처럼 추앙을 받고 사람들을 속여 과거보다 더 높아지려는 야심을 품었다. 기독교 신앙을 자신의 이기적 목적으로 악용하는 행위는 가룟 유다가 보여주듯 전형적인 사탄의 역사이다. 마술사 시몬도 마찬가지다. 초대교회 전통에 따르면 이 시몬이 나중에 이단의 아버지가 되었다.

마술사 시몬의 사례는 우리에게 중요한 교훈을 제시한다. 예루살렘 공동체가 일곱 사람을 선출할 때도 니골라를 골라낼 수 없었던 것처럼 이 땅의 교회는 천상의 교회처럼 완벽하지 않다는 사실이다. 칼빈이 지적한 대로 '빌립이 그를 수용했다는 사실에서 위선자를 적발하는 일이 얼마나 어려운 일인가가 분명해졌다.' 우리가 깨어 있어야 할 이유가 거기 있다.

신앙인들 가운데 위장된 신앙을 찾아내는 것이 얼마나 어려운가를 보여준다. 그렇다고 불가능한 것만은 아니다. 빌립은 마술사 시몬을 분별할 수 없었지만 그러나 베드로와 요한은 분명히 달랐다. 그들은 마술사 시몬의 사악함을 정확하게 꿰뚫고 있었다. 빌립이나 사도들 모두 다 같이 성령의 충만을 받은 상태이지만 영적 분별력에서 분명히 차이가 있었다.

사마리아 오순절(8:14-25)

사마리아 사람들이 예수를 믿고 세례를 받았다는 소식을 듣고 예루살렘에 있는 사도들이 베드로와 요한을 그곳에 보냈다. 사도들이 베드로와 요한을 보낸 것은 특별한 의미를 지니고 있다. 이들은 누구보다도 복음의 능력을 강하게 경험했던 사도들이었다. 그러면서도 사마리아인과 이방인들에게는 상당히 배타성을 지니고 있었다. 베드로는 할례자의 사도로 구원의 역사를 일차적으로 유대인들에게 독점시키려는 강한 욕심을 갖고 있었고, '요한은 그의 형 야고보와 더불어, 주님을 홀대한 것에 대해 엘리야처럼, 하늘에서 사마리아에 불을 내릴 것을 한 때 제안했었다.'

그랬던 베드로와 요한이 이제 완전히 다른 태도로 사마리아를 방문한 것이다. 이들은 부활하신 예수님께서 사마리아를 포함하여 땅 끝까지 복음을 전하라고 명하신 명령에 순종한 것이다. 복음이 이방세계에 확산되는 것을 부정적으로 보았던 이들이 사마리아에서 일어난 놀라운 역사를 직접 목도한 것이다. 이들을 통해 사마리아 오순절이 임했다.

베드로와 요한이 사마리아에 내려와 그들 모두에게 성령이 임하시도록 간절히 기도했다. 사마리아 공동체도 동일하게 부르짖었다. 그 결과 성령이 강하게 임했다. 소위 사마리아 오순절이 일어난 것이다. 적어도 그것에 수반된 가시적인 표적들은 사마리아 오순절이 성령의 부으심의 현시였음을 보여준다. 성령이 임하심으로 나타났던 외적인 성령의 현시는 마가의 다락방의 오순절의 특징들과 너무도 유사하다. 이 사건은 베드로와 요한으로 하여금 그들의 잘못된 시각을 교정하는 전기가 되었다. 후에 베드로가 보여주듯 이방인들이 주께 돌아오는 구원의 역사를 강하게 변호하는 인물들로 바뀌었다. 이 사건으로 말미암아 사마리아 신앙의 공동체는 선교적 교회로 새롭게 거듭났다.

우리는 사마리아 오순절과 관련하여 3가지를 확인할 수 있다.

첫째, 빌립의 전도를 받고 사마리아 사람들이 예수의 이름으로 세례를 받았지만 처음에는 마가의 다락방에 임한 것과 같은 성령의 부으심은 없었다.

둘째, 그러다 베드로와 요한이 사마리아에 와서 기도하고 그들 가운데 놀라운 성령이 임했다.

셋째, 사마리아에 성령이 임한 것은 선교적 사건으로 이를 통해 이들도 예루살렘의 공동체의 일원이 되었음을 보여준다.

오순절에 임한 성령의 부으심은 주 예수 그리스도의 약속의 성취이며,

신약교회의 태동을 알리는 사건이자 이제 전개될 성령의 공동체의 일원이 되는데 필수적인 사건이다. 따라서 사마리아의 오순절 사건은 누가의 시각에서 이방선교로 진행되는 과정에서 사도행전 1장 8절의 약속의 성취이다. 복음이 예루살렘에서 온 유대와 사마리아로 확산되는 과정에서 사마리아인들이 오순절을 통해 성령의 놀라운 권능을 받는 역사가 절대적으로 필요하였다.

3. 빌립의 에디오피아 여왕 간다게 내시 전도(8:26-39)

빌립이 광야길로 가라는 성령의 명령에 따랐다는 것은 보통 어려운 일이 아니다. 빌립이 따른 길이 어디인가를 알면 더욱 그렇다. 빌립이 순종하고 간 길은 예루살렘에서 가사로 내려가는 광야길이다. 광야 길은 보통 사람들을 만나기 힘든 곳이다. 사람들이 운집해 있는 사마리아 성과 달리 광야에서는 특별한 여행객 외에는 사람들을 만날 수 없었다. 때문에 성령께서 보통 여행객들이 선호하지 않는 험난한 길, 광야의 길로 가라는 것은 언뜻 이해가 가지 않는다. '남쪽으로 향하여'의 '남쪽으로' 동일한 헬라어 단어가 사도행전 22장 6절에 '정오쯤에'로 번역되었다. '남쪽으로 향하여'라는 말씀을 '정오쯤에'라는 말로 해석할 수도 있다. 그렇다면 주님께서 광야, 그것도 태양이 이글거리는 정오에 그곳으로 달려갈 것을 빌립에게 요구하신 것이다.

주의 명령에 순종하여 광야로 갔을 때 어떤 일이 발생했는가? 누가의 표현을 빌린다면 '일어나 가서 보니' 에디오피아 여왕 간다게의 모든 국고를 맡은 큰 권세를 지닌 내시가 예루살렘에 왔다가 돌아가는 길에 병거를 타고 이사야 선지자의 글을 읽고 있었다. 광야로 가라는 주님의 명령이 불합리하다는 것은 우리의 판단이고 우리의 생각이다. 하나님의 계획은 인간의 이성을 넘어 역사하신다.

인간적인 생각과 방법으로는 그곳에서 사람을 만날 것이라고는 도저히 상상할 수 없는 일이지만, 하나님께서 이미 그에 앞서 복음을 받아들일 사람을 예비해 놓으신 것이다. 이것이 하나님의 역사이다. 우리가 성령의 인도를 받는다면 그 결실은 자연히 따라올 수밖에 없다. 여기서 우리는 성령의 인도를 따르고 성령의 음성에 귀를 기울이는 것이 얼마나 중요한가를 배울 수 있다.

성령의 인도는 그것뿐이 아니었다. 빌립에게 구체적인 진행방법까지 지시해 주셨다. 병거를 발견한 빌립에게 성령께서 병거로 가까이 나아가라고 명하셨다. 주님은 사람만 준비시켜 놓으신 것이 아니라 순적한 진행도 준비시켜 놓고 계셨다. 빌립이 성령의 지시대로 병거로 달려가서 내시에게 읽는 것을 이해하느냐고 묻자 내시는 '지도해 주는 사람이 없으니 어찌 깨달을 수 있느냐 하고 빌립을 청하여 수레에 올라 같이 앉으라'고 부탁했다. 내시는 마치 빌립이 오기를 기다리고 있었다는 듯이 그에게 말씀을 해석해줄 것을 부탁했다. 내시는 메시야 수난을 예언한 유명한 이사야서 53장을 읽고 있었다.

빌립은 성령의 인도를 받고 내시를 만나는 데 그치지 않고 그에게 복음을 정확히 해석해 주었다. 본래 예루살렘교회의 일곱 사람은 구제의 사역에 전념하도록 세워졌는데 빌립은 여기서 능력 있는 복음전도자로 쓰임받았다. 성령의 충만을 받으면 누구나 능력을 받고 그리스도의 증인이 된다. 성령의 인도하심이 얼마나 구체적이고 섬세한지 읽을 수 있다. 그 짧은 동안 내시가 세례를 받고 싶은 충동이 일어날 정도로 내시의 신앙이 자란 것이다. 성령께서 빌립을 광야로 보내셔서 내시에게 복음을 증거하게 하시고 빌립과 내시의 마음에 동시에 역사하셨다.

에디오피아 여왕 간다게의 내시가 복음을 전해 받은 사건을 통해 우리는 몇 가지 복음의 성격을 발견할 수 있다.

첫째, 복음의 세계적 성격이다. 복음은 민족을 초월하여 사람을 살린다. 내시의 회심은 복음이 민족을 초월하여 '예루살렘과 온 유대와 사마리아와 땅 끝' 이방인들에게 저변확대 될 것이라는 사도행전 1장 8절에 있는 주님의 예언의 성취였다.

둘째, 구원의 역사가 신분을 초월한다는 사실은 복음을 전해 받은 '내시'와 관련하여 살펴볼 때 더욱 선명하게 드러난다.

셋째, 환경을 초월한 구원사역이다. 내시는 모든 것을 포기하고 돌아가는 공허함, 좌절, 실망, 실의 속에 있을 때 복음을 접하고 새로운 삶을 시작했다. 복음은 행복한 자의 전유물이 아니다.

넷째, 성령께서 주체가 되어 빌립의 사역을 인도하셨다는 사실이다. 마차로 가라고 지시하신 분도 성령 하나님이셨고, 빌립을 이끌고 가신 분도 성령 하나님이셨다.

내시의 회심은 복음이 이방인들에게 활짝 열렸다는 사실을 알리는 상징적인 사건이었다. 내시의 회심이 선교의 씨가 되어 에디오피아를 복음화시키는 역사가 나타난 것이다. 그런 의미에서 내시의 회심은 칼빈의 말대로 '새로운 역사'의 시작이었다. 빌립을 사용하신 하나님, 내시를 부르신 하나님께서는 오늘 우리를 부르셔서 하나님의 자녀와 일꾼으로 삼으시고 그의 나라와 그의 의를 위해 사용하기를 원하신다.

4. 빌립의 팔레스타인 해안전도(8:40)

누가는 40절 한 절에 빌립의 팔레스타인 해안전도 상황을 압축해서 설명하였다. '빌립은 아소도에 나타나 여러 성을 지나다니며 복음을 전하고 가이사랴에 도착했다.' 성령께서 그곳으로 빌립을 이끌어 가신 것이다. 가이사랴는 로마 권력의 핵심부이자 복음이 예루살렘과 온 유대와 사마리아를 넘어 로마제국 전역으로 확산되는 중요한 길목이었다.

누가는 가이사랴에 있는 2년 동안 이곳을 거점으로 사도행전의 자료들을 수집한 것으로 보인다. 그만큼 가이사랴는 중요한 곳이다. 빌립은 가이사랴에 정착하고 그곳에 선교 거점을 마련하고 선교사역을 감당하였다. 사도행전 21장 8절에 다시 그가 사도행전에 등장할 때는 그는 결혼을 했고, 네 딸을 두었다. 이들 모두 아버지에 필적할만한 여선지자들이었다.

제 8 장
사울의 회심과 이방선교의 준비
(9:1-31, A.D. 33-35)

A.D. 33년 봄에 일어난 스데반의 순교는 초대교회공동체에 중요한 변화를 가져다주었다. 무서운 박해로 인해 주의 백성들이 사방으로 흩어졌다. 그러나 흩어진 자들이 복음을 전파하여 오히려 이방인 복음화가 앞당겨지기 시작했다. 그리하여 사도행전 1장 8절의 약속대로 성령이 임한 후 예루살렘과 온 유대와 사마리아에까지 복음이 전해졌다. 9장에서 본격적인 이방인 선교를 위해 이방인의 사도라고 칭함 받는 사울의 등장은 그런 의미에서 자연스러운 것이다.

사도행전 1장 8절에 약속된 말씀대로 교회의 역사는 예루살렘과 사마리아 전도를 거쳐 이제 새로운 단계로 접어들었다. 복음의 세계적 발전의 대 과업을 앞두고 먼저 몇 가지 준비적인 작업이 필요했다. 이방인의 사도 사울의 회심과 베드로의 가이사랴 고넬료 방문이다. A.D. 33년 가을에 일어난 사울의 회심은 특별히 이방인의 복음화에서 가장 결정적인 사건이다. 오순절 이후 기독교역사나 세계역사에서 가장 중요한 사건을 꼽는다면 사울의 회심이다.

사울은 로마식 이름 바울로 더 널리 알려졌다. 그는 소아시아 길리기아주의 수도 다소에서 태어났다. 다소는 로마제국 안에서도 헬레니즘의 문화가 꽃피웠던 역사의 도시, 지성의 도시, 풍요로운 도시였다. 그곳에서 성장한 사울은 자연히 헬라의 철학과 문학에도 상당한 조예가 있었다. 게다가 그는 날 때부터 로마의 시민권을 가지고 있었다. 때문에 로마 전역을 마음대로 활보할 수 있었다. 유대주의 전통, 헬라문화와 철학 그리고 로마의 배경이 회심 이후 그리스도 안에서 강력한 힘으로 작용했다. 그의 전 생애를 돌이켜 볼 때 이 모든 것은 하나님께서 바울을 이방인의 사도로 삼기 위한 준비였다.

1. 사울의 회심(9:1-9)

사도행전 9장에는 스데반 박해 이후 교회가 만나는 박해의 연속성 속에서 사울이 등장한다. 사울은 제자들에 대해 여전히 살기가 등등한 가운데 대제사장을 찾아가 다메섹 공회에 갈 공문을 요청했다. 사울의 박해와 관련하여 우리가 주목할 것은 '만일 그 도를 따르는 사람을 만나면 남녀를 막론하고 결박하여 예루살렘으로 잡아오려 함이라'는 부분이다.

A.D. 33년 가을 사울이 다메섹에 숨어 있는 신자들을 색출하기 위해 다메섹에 가까이 갔을 때 '정오'쯤 되어 홀연히 하늘로부터 빛이 사울을 비추었다. '사울이 길을 가다가 다메섹에 가까이 이르더니 홀연히 하늘로부터 빛이 그를 둘러 비추는지라.' 이 빛은 태양 빛보다도 더 밝은 빛이었다. 사울이 만난 그 빛은 참 빛이신 그리스도이시며 부활의 영광이었고 모세가 시내산에서 본 것과 같은 빛이었다. 이것은 바울 자신이 고백한 대로 의심할 바 없이 그를 향한 하나님의 계시의 빛이자 영광의 빛이었다. 이것은 단순한 환상이 아니라 실제로 시공 속에서 일어난 사건이었다. 하늘로부터 '사울아! 사울아 네가 어찌하여 나를 박해하느냐'는 음성이 들렸다. 누가는 사울이 땅에 엎드러져 그 음성을 들었다고 증언한다.

하늘로부터 음성에 놀란 바울이 '주여! 누구시니이까?'라고 묻자 주님은 '나는 네가 박해하는 예수라'라고 분명히 말씀하셨다. 스데반에게 그러셨던 것처럼 부활하신 주님이 고난 받는 백성을 보호하시고 사울을 이방인의 사도로 부르시기 위해 그에게 나타나신 것이다. 그들은 소리는 들었지만 보지는 못했다. 바울은 동일한 고백을 사도행전 22장 9절에서도 하고 있다. 사울은 빛도 보고 뚜렷한 음성도 들었고 말씀하시는 주님도 보았다. 그러나 같이 동행하는 자들은 빛도 보고 소리도 들었지만 말씀하시는 주님의 음성은 듣지 못했다. 사울과 같이 동행한 사람들이 있었지만 말씀하시는 주님의 음성을 들었던 사람은 사울뿐이었다.

우리는 바울이 경험한 이 다메섹 사건이 주는 네 가지의 교훈을 간과해서는 안 된다.

첫째, 하나님께서 자신을 핍박하고 박해하는 원수까지도 사랑하시고 사도로 부르셨다는 사실이다. 부활하신 주님이 거룩한 목적을 위해 사울을 찾아가신 것이다.

둘째, 사울의 회심은 기독교의 진실성을 보여주는 너무도 놀랍고 분명한 사례이다.

셋째, 주께서 그리스도인들에 대한 박해를 그리스도 자신에 대한 박해로 이해하고 계시다는 점이다. 사실 사울은 그리스도를 따르는 제자들을 핍박하였지 그리스도 자신을 직접 핍박한 적이 없다. 그러나 주님은 자신을 핍박한 것과 그에게 속한 사람들을 핍박한 것을 분리시키지 않으셨다. 핍박을 받는 그의 제자들을 자신과 동일시하셨다.

마지막으로 주의 구속의 은혜가 개별성을 지닌다는 점이다. 사울은 들었는데 같이 갔던 사람들은 듣지 못했다. 은혜가 하나님께서 주권적으로 베푸시는 역사인 것을 말해준다. 사울의 변화는 기독교 역사를 바꾸는 결정적인 사건이었다.

2. 아나니아와의 만남과 사울의 사역 준비(9:10-22)

우리는 본문에서 한 인간 사울의 변화와 사역 준비과정을 찾아볼 수 있다. 하나님께서는 한 인간을 변화시키실 때 반드시 인간을 통해 역사하신다는 사실이다. 아나니아는 사울을 치료하고, 그가 주의 이름을 이방인

아나니아가 사울의 시력을 회복시키는 장면

과 임금들과 이스라엘 자손들에게 전하기 위해 '택함 받은 그릇'이라는 사실을 알려주었다.

다메섹 사건 이후 사울의 변화

다메섹 사건 이후 사울에게는 분명한 변화가 나타났다. 스데반의 순교와 다메섹에서의 예수 그리스도에 대한 환상은 바울에게 이전의 세계관을 파괴하고 새로운 사고를 형성하게 만들 만큼 강렬한 사건이었다. 이 경험은 너무도 강력하여 사울의 신앙을 근본적으로 바꾸어 주었다. 사울은 세례를 받았다. 세례는 그의 생애에서 위대한 전환점이 되었다. 그토록 예수를 핍박했던 사울이 예수의 이름으로 세례를 받고 그의 종이 된 것이다. 우리는 누가의 기록을 통해서 그가 보여준, 이전과 다른 분명히 구별되는 변화된 모습 몇 가지를 발견한다.

첫째, 사울은 철저하게 성령의 인도를 구하였다. 아나니아에게 주님께서 나타나셔서 사울에 대해 말씀하실 때 '그가 기도하는 중'이라고 알려주셨다. 이 말씀은 사울이 기도하며 하나님의 인도하심을 구하고 있었음을 보여준다.

둘째, 사울이 사역을 시작하기 전에 '성령으로 충만'을 받았다는 사실이다. 성령충만을 받았을 때 비로소 사울의 눈에서 비늘 같은 것이 벗겨져 나갔다. 보통 때도 은혜가 임하지만 성령충만하면 하나님께서 더욱 더 강하게 역사하셔서 문제를 해결해 주신다.

셋째, 사울이 이전에는 원수로 여겼던 성도들과 교제를 시작했다. 바울은 자신이 핍박하려던 다메섹의 그리스도인들과 형제가 되었다. 믿기 전 사귀던 이전 친구들과 단절하고 신앙의 사람들과 새로운 교제를 시작했다.

넷째, 사울은 즉시로 예수가 '하나님의 아들,' '그리스도'라고 선포하기 시작했다. 사울은 다메섹 도상에서 주님을 만난 후 즉시 다메섹 회당에서 그리스도를 증거하는 인물로 바뀐 것이다.

우리는 사울에게서 중요한 교훈을 얻는다. 전도란 교회생활을 오래 한 사람들만 할 수 있는 것이 아니라 예수를 믿은 지 얼마 되지 않은 사람도 성령의 권능을 힘입으면 얼마든지 할 수 있다는 사실이다. 중요한 것은 성령충만을 통한 믿음의 확신이다.

누가는 사울의 회심이 진정한 회심이라는 사실, 다시 말해 사도행전 1장 8절의 말씀대로 성령의 권능을 받고 그리스도의 증인이 되었다는 사실을 증거하였다. 예수를 구주로 믿는 유대인들을 잡아 예루살렘으로 끌고 가던 자가 오히려 예수를 하나님의 아들이라고 증거하는 사람으로 바뀐 것이다. 유대인들을 '당혹'하게 만들었다는 것은 사울이 강력한 논리로 유대인들이 설득시켰다는 의미이다. 예수 그리스도를 구주로 받아들이지 않는 유대인들에게 참으로 그가 구주, 구약에 예언된 메시야라는 사실을 증거하여 그들을 당황하게 만든 것이다. 사울이 복음을 담대하게 증거할 수 있는 것은 성령께서 하신 일이다.

그렇다면 사울이 무엇으로 유대인들을 당황하게 만들었는가? 칼빈은 성경이라고 말한다. 성경이 승리의 원천이며, 승리를 가능케 한 검이었다. 그래서 에베소서는 말씀을 검으로 표현했다.

누가는 사울이 진정으로 회심했다는 사실을 두 가지 사실을 들어 구체적으로 증명해 나갔다. 먼저 사울이 예수가 하나님의 아들이심과 그리스도이심을 증거하였고, 그 다음에 이 신앙을 가지고 유대인들을 굴복시켰다. 이 과정에서 우리가 주목할 것은 사울이 회당을 복음전도 장소로 이용했다는 사실이다. 과거 여러 회당에 갈 공문을 가지고 와서 성도들을 색출하던 그 회당이 이제는 예수를 전파하는 장소로 바뀐 것이다.

이처럼 사울은 다메섹 도상에서 주님을 만난 후에 네 가지 측면에서 사역을 준비하고 있었다. 첫째는 기도로 준비하였고, 둘째는 성령충만을 받았으며, 셋째는 성도의 교제를 나누었고, 마지막으로는 예수 그리스도를 구주와 하나님의 아들로 증거하는 삶을 살았다. 그는 뛰어난 언변과 확신을 가지고 같은 동족 유대인들을 설득했다. 이런 사울의 돌변에 대해 처음에는 의아한 모습으로 지켜보던 유대인들은 시간이 흘러갈수록 그의 태도가 굳어지고, 또 자기들이 말로 도저히 사울을 굴복시킬 수 없자 그를 죽이려고 음모를 꾸몄다.

3. 사울의 다메섹 전도와 피신(9:23-25)

사울을 박해하면 할수록 오히려 사울의 영향력은 더 확대되고, 사울은

제자들이 사울을 피신시킨 다메섹 성벽

더 담대하게 복음을 증거했다. 하나님께서는 사울이 복음을 증거할 수 있도록 모든 길을 열어주셨다. 사울의 결단과 복음의 증인으로서의 변화 이면에 그것을 이끌어 가시는 주님의 깊으신 섭리를 발견한다. 이것은 성령께서 당신의 백성들, 특히 주의 택함 받은 거룩한 백성들을 강권적으로 지키시고 인도하심을 보여준다. 9장 24절과 25절에서 말씀하고 있는 대로 사울을 죽이고자 하는 유대인들의 비밀스러운 음모를 성령께서 그에게 알려 주셨다. 또 더 나아가서 그의 제자들을 통해 그 위기에서 헤어 나올 수 있도록 인도하셨다.

하나님께서는 사울을 위기에서 구하시기 위해 사람들을 보내셨다. 사울이 다메섹에서 열심히 그리스도를 증거하자 유대인들과 아레다 왕의 방백들이 사울을 잡아 죽이려 했다. 그러자 그의 제자들이 사울을 큰 광주리에 실어 성벽 중간에 난 창문을 통해 도망을 시켰다. 몰래 밤중에 사울을 성에서 내려준 '그의 제자들'은 성벽 위에 살고 있던 사울의 동료들로 복수의 사람들이었다.

4. 사울의 예루살렘 방문과 다소로 피신
(9:26-30, A.D. 35-43)

누가는 사울의 회심 이후 일어난 세 가지 중요한 사건을 언급하고 있다. 첫째, 예루살렘 제자들에게 사울을 소개해준 바나바, 둘째, 헬라파 유대인들로부터의 극심한 박해, 셋째, 놀라운 복음전파가 그것이다. 세 가지는 장차 사도행전과 사울의 이방인 선교를 이해하는 중요한 사건이다.

사울이 회심 후에 바나바의 소개로 예루살렘에 올라가 제자들을 만난 사건은 사울의 1차 예루살렘 방문으로 널리 알려진 사건이다. 이것은 사도행전 전체를 이해하는 데 있어서 너무도 중요하다. 이 사건은 A.D. 35년에 일어난 일이다.

사울이 예루살렘에 올라가서 '제자들을 사귀고자' 했지만 그곳의 분위기는 결코 우호적이지 않았다. 사도들은 사울의 회심을 진정한 회심으로 받아들이지 않고 과거의 포악한 박해자 그대로 그를 이해했다. 얼마 전까지만 해도 그렇게 극심하게 기독교를 핍박하던 자가 갑자기 예수를 그리스도라고 증거하는 것을 받아들일 수 없었다.

이때 사울의 변화를 변호하며 두려움을 해소시켜 준 인물이 바로 바나바였다. 바나바는 사울을 데리고 그 사도들에게 가서 세 가지 사실을 밝혀 주었다. 첫째는 '그가 길에서 어떻게 주를 보았는지,' 둘째는 '주께서 그에게 말씀하신 일,' 셋째는 '다메섹에서 그가 어떻게 예수의 이름으로 담대히 말하였는지'였다. 부활하신 주님을 만났고, 그분으로부터 사명을 부여받았으며, 실제로 주님을 증거했다는 것은 모두가 진실이고 사울의 회심의 진정성에 대한 강력한 변증이었다. 모든 사람들이 다 반대하는데도 바나바는 이처럼 용기를 내어 사울을 변호하고 그를 제자로 천거한 것이다.

바울이 다메섹 사건 이후 담대하게 복음을 증거했다는 바나바의 증언은 제자들에게 매우 호소력이 있었다. 사도들의 일차적인 사명이 복음증거였기 때문이다. 사도들은 오순절 성령충만을 받은 후에 복음을 증거했다. 그들이 기적을 베푼 것도 복음을 증거하기 위한 수단이었다. 일곱 사람을 택한 것도 복음을 보다 더 효과적으로 증거하고, 그 일에만 전념하기 위해서였다. 복음증거는 당시 사도됨의 가장 중요한 특징이었다.

따라서 주님과의 만남, 사도로서의 소명 그리고 복음전파의 실천 이 세 가지는 제자들에게 사울의 사도됨의 진정성을 입증해 주는 중요한 특징이었다. 결국 바나바의 변호는 제자들의 시각을 완전히 바꾸어 주었다. 의심하던 제자들은 마음을 열고 사울을 사도로 받아들였다.

누가는 바나바의 중재로 사울이 사도들과 교제를 나누며 예루살렘에 출입할 수 있었고, 예수 그리스도의 이름으로 담대히 헬라파 유대인들과 변론했으며, 그들이 사울을 죽이려고 해서 믿는 형제들이 그를 '다소로 보냈다'고 기록하고 있다. 흥미로운 사실은 다소로 간 것에 대해 사울 자신은 사도행전 22장 17-18절에 단순히 핍박을 피해서가 아니라 성전에서 기도하는 중 주의 환상을 보고 떠난 것이라고 밝히고 있다. 성령께서는 위기 가운데서 바울을 보호하시고 인도하셨다. 사울은 예루살렘에서의 사역이 원활하지 못하고 열매를 맺지 못하자, 특히 헬라파 유대인들의 반대에 직면하자 가이사랴를 거쳐 고향으로 돌아갔다.

크리소스톰에 따르면 사울이 다소로 갔지만 그곳에서 전도사역을 중단하고 은둔한 것은 아니다. 그가 다소에 머문 기간은 적어도 A.D. 35-43년간이었는데, 이 기간은 사울에게는 매우 중요한 전환점이었다. 이 기간은 하나님께서 사울을 더 큰 그릇으로 만드시기 위한 하나님의 섭리의 시간이었다. 만약 예루살렘교회가 그를 전적으로 환영하고 아무런 문제 없이 받아들였다면, 사울은 예루살렘 지역에 전념한 나머지 '내 이름을 이방인과 임금들과 이스라엘 자손들에게 전하기 위하여 택한 나의 그릇'의 사명을 온전히 감당하지 못하고 '작은 그릇'으로 자신의 사역을 마쳤을지도 모른다.

5. 온 유대와 사마리아 복음전파의 결론(9:31)

9장 31절은 지금까지의 유대와 사마리아 전도의 종합적 결론이다. 스데반 사건으로 인해 대박해가 일어났지만 하나님 나라는 전혀 위축되지 않았다. 밖으로부터의 전쟁이 그들에게 전혀 해를 끼치지 못했다. 당시 교회가 유대, 갈릴리, 사마리아 세 지역에 교회들이 세워졌기 때문에 복수로 쓰여야 하는데 단수로 쓰인 것은 모두 다 예루살렘교회에서 흩어진 자들이 세웠기 때문이다.

누가는 이 시대의 교회를 다음 세 가지로 집약했다.

첫째, 교회가 평안해진 것이다. 스데반의 순교 이래 수년간 계속되었던 박해가 멈추고 교회는 일시적으로 평화의 시대를 맞았다. 유대, 갈릴리 그리고 사마리아 교회들 모두가 그런 은혜를 누렸다.

둘째, 누가는 사울의 회심을 교회의 부흥으로 글을 마무리하였다. 잠시 동안의 평화 기간에 복음이 놀랍게 확산된 것이다.

셋째, 이 모든 것보다도 우리가 더 주목해야 할 것은 '성령의 위로'이다. 예루살렘교회는 물론 온 유대, 갈릴리, 사마리아의 교회들 모두가 성령이 이끄시는 교회였다. 사도행전이 일관되게 증언하듯 최초의 교회는 성령의 이끄시는 교회였다. 하나님은 성령의 사람들을 통해서 성령이 이끄시는 교회를 세워 가셨다. 사도행전 9장은 사울의 회심과 유대, 갈릴리, 사마리아 교회의 부흥, 성령의 역사가 하나로 연결되었다. 이방인의 사도로 부름 받은 사울의 회심 이야기는 곧 이어질 본격적인 성령의 사람 사울을 통해 전개될 이방인 선교를 예고한 것이다.

제 III부
안디옥으로 복음 확장
(9:32-12:25)

9장
베드로의 이방전도와 고넬료의 회심
(9:32-11:18)

10장
이방선교의 센터, 안디옥교회의 태동과 발전
(11:19-30)

11장
헤롯의 박해와 복음의 확장
(12:1-25)

9장 32절부터 12장 25절까지는 사도행전 제 3부로 안디옥으로 복음 확장과정과 이방선교의 준비를 설명해주고 있다. 제 3부는 베드로의 이방전도와 고넬료의 회심, 이방선교의 센터, 안디옥교회의 태동과 발전, 헤롯의 박해와 복음의 확장이 중심을 이루고 있다. 9장 '베드로의 이방전도와 고넬료의 회심'에서는 베드로의 룻다와 욥바 전도, 가이사랴 고넬료와 베드로의 시각변화, 베드로의 고넬료 방문과 가이사랴 오순절이 잘 설명되었다.

　복음은 예루살렘과 온 유대와 사마리아를 넘어 '땅 끝'으로 확산되기 시작했다. 이를 위해 이방인의 사도 사울이 준비되었고, 이방선교를 위한 전초 기지 안디옥교회가 준비되었다. 이제 복음전파가 새로운 전기를 맞았다. 10장 '이방선교의 센터, 안디옥교회 태동과 발전'에서는 사도들과 이방인 논쟁, 이방선교의 센터, 안디옥교회의 태동과 발전 과정이 생생하게 기술되었다. 11장 '헤롯의 박해와 복음의 확장'에서는 헤롯의 박해, 당신의 백성을 보호하시는 하나님, 박해자의 최후가 잘 묘사되었다.

　이렇게 해서 사도행전 1장 8절의 약속대로 복음은 예루살렘과 온 유대를 넘어 땅 끝으로 확산되기 시작했다. 누가는 이를 '하나님의 말씀은 흥왕하여 더하더라'는 말로 복음의 역동성을 집약했다.

제 9 장
베드로의 이방전도와 고넬료의 회심
(9:32-11:18)

베드로가 욥바와 가이사랴를 방문한 것은 A.D. 40년 봄이었다. 누가는 사도행전 1장 8절의 약속대로 사마리아 선교가 구현된 일과 이방인의 선교를 위해 사울을 부르신 장면을 극적으로 기술한 다음 베드로의 변화를 서술해 나간다. 장차 이방인의 사도로 쓰임 받을 바울의 회심과 할례자의 사도라 불리는 베드로의 변화가 절묘하게 대비를 이루고 있다. 두 사람의 준비는 이방선교를 위해 피할 수 없는 단계였다.

사울이 고향에 내려가 있는 동안 베드로와 고넬료의 회심을 통해 이방선교는 놀랍게 준비되고 있었다. A.D. 33년 가을 사울의 회심, A.D. 40년 봄 베드로의 욥바 방문과 변화 그리고 바로 이어 진행된 고넬료의 회심은 이방선교를 위한 준비였다.

1. 베드로의 룻다와 욥바 전도(9:32-43)

사울이 이방인의 사도로 부름 받은 후 곧이어 베드로가 등장했다. 베드로는 원래 이방인 전도에 매우 소극적이었다. 바울은 갈라디아서에서 자신과 베드로를 상호 비교하면서 자신을 '이방인의 사도'로, 베드로를 '할례자의 사도'로 묘사한 적이 있다. '베드로에게 역사하사 그를 할례자의 사도로 삼으신 이가 또한 내게 역사하사 나를 이방인의 사도로 삼으셨느

니라.'

그런 베드로가 예루살렘을 떠나 이방교회들을 순방하고 이방선교의 기초를 닦은 것이다. 여기서 할례자의 사도로 불리던 베드로의 변화를 흥미 있게 읽을 수 있다. 베드로의 이방인 전도는 이제 예수 안에서 유대인과 이방인 전도가 따로 있지 않다는 사실을 선언한 상징적인 의미였다. 바울이 말한 바 헬라인이나 야만인이나 지혜자나 다 서로 벽이 없어졌다.

베드로의 룻다와 욥바 방문

베드로는 첫 순방지 룻다를 방문하여 애니아라는 한 남성을 만났다. 룻다는 예루살렘에서 욥바로 가는 도중에 있는 도시로 예루살렘에서 하룻길로 욥바 동쪽방향 17km 지점에 위치하고 있다. 지중해 해변에서 멀지 않은 곳이다. 베드로가 치료해준 룻다의 중풍병자 애니아는 성경에 명시되어 있지는 않지만 아마도 그 지역의 기독교 그룹의 일원이었을 것이다.

애니아는 8년 동안 중풍병으로 고생하였다. 8년 동안 낫지 않았다면 이는 당시 의학적으로 치유가 불가능하다는 것을 의미한다. 그랬던 그가 '예수 그리스도께서 너를 낫게 하시니 일어나 네 자리를 정돈하라'고 베드로가 명하자 즉시 일어났다. 주의 능력으로 고침을 받은 것이다. 누가는 예수님이 중풍병자를 고치신 것과 너무도 유사하게 이 사건을 기술하고 있다. 주님의 기적이 그의 이름으로 베드로를 통해 나타난 것이다.

이 소식은 곧 인근 마을과 해안 평야인 사론 전역에 퍼져 그 지역에 살고 있는 수많은 사람들이 주님께로 돌아왔다. 그 지역의 주민들 '다수가 반(半) 이방인'이었음을 고려할 때 애니아로 인해 이방세계에 복음이 널리 확산된 것이다.

룻다를 방문한 후 베드로는 욥바로 갔다. 그곳의 여제자들로부터 초대를 받아 간 것이다. 예루살렘에서 60km 떨어진 곳에 위치한 욥바는 가이사랴와 더불어 지중해 해안에 위치한 중요한 항구였다. 요나가 하나님의 명령을 어기고 니느웨의 수도 다시스로 도망할 때 떠났던 항구도 욥바였

베드로가 다비다를 일으키는 장면

다. 욥바 항에서 신시가지로 발전한 것이 오늘날 예루살렘의 수도 텔아비브다.

여기서 베드로가 다비다, 즉 도르가를 만났다. 다비다는 히브리식 이름이고 도르가는 헬라식 이름이다. 이것은 당시 수리아 지방에서 아주 흔한 이름이었다. 이 여인이 어떤 사람이었는지에 대해서는 성경에 구체적인 언급이 없다. 하지만 남편에 대한 언급도 없고 과부라는 언급도 없는 것을 보면 아마도 그녀가 결혼하지 않은 여인으로 추측되며, 아버지나 어머니 누이 형제에 대한 언급이 전혀 없는 것을 보아 아마도 혼자 살았던 것 같다. 그런 가운데서도 선행과 구제에 앞장섰다. 이러한 그녀의 모습은 여러 가지 점에서 전형적인 초대교회 여집사의 모습이다. 그녀가 예루살렘이 아닌 수리아에 살고 있었다는 사실은 복음이 수리아 지방에까지 확대되었음을 보여준다.

우리가 특별히 주목해야 할 부분은 다비다가 '그 때에 병들어 죽으매 시체를 씻어 다락에 누이니라'라는 기록이다. 그녀의 몸을 씻어 다락에 안치했다는 것은 아주 특별하다. 죽으면 무덤에 시체를 안치하는 것이 당시 일반적인 장례문화였기 때문이다. 다비다의 시체를 씻어 다락에 누였다는 것은 욥바의 성도들에게 모종의 기적을 기대하는 신앙이 있었음을 함축한다.

베드로는 사람들을 다 내어 보내고 무릎을 꿇고 기도하였다. 베드로가 이렇게 기도한 것은 물론 기도에 집중하기 위해서였다. 또한 이것은 '겸손에 대한 상징'으로서 그의 몸과 마음이 하나님을 온전히 예배하며 온전히 전능자를 의뢰한다는 의미를 담고 있다. 아무런 방해를 받지 않고 온전히 주의 능력을 힘입기 위해서였다.

우리는 여기서 주의 권능을 힘입는 비결 그것은 역시 기도라는 사실을 발견할 수 있다. 예수님은 기적에 앞서 하늘 아버지에게 기도했고, 바울도 자신의 사역을 준비할 때 기도했으며, 여기 베드로도 주님께 간절히 기도했다. 기도를 마친 베드로는 주님께서 '소녀야 일어나라'고 하신 것처럼 '다비다야 일어나라'고 명하였다. 그러자 다비다가 눈을 뜨고 베드로를 향하여 일어나 앉았다.

주님만이 하실 수 있는 죽은 자를 살리는 능력을 베드로가 행한 것이다. 이것은 주변의 많은 사람들을 주께로 돌이키시려는 하나님의 특별한 섭리였다. 실제로 베드로가 성도들과 과부들을 불러들여 다비다가 산 것을 보이자 온 욥바 사람들이 주께로 돌아왔다. 죽은 자를 살리는 기적을 통해 주변에 복음이 놀랍게 전파된 것이다. 그리하여 다비다 사건이 '온 욥바 사람들'을 주님께로 인도하는 계기가 된 것이다.

이 일 후 한 가지 흥미로운 사실이 등장한다. 애니아와 다비다를 일으키고 나서 베드로는 시몬이라는 무두장이의 집에 머물렀다는 사실이다. 무두장이란 죽은 동물의 가죽을 벗기거나 그것을 빨고 다듬는 일을 하는 사람이다. 따라서 유대인들이 가장 기피하는 직업 중 하나이다. 구약 레위기에 보면 죽은 동물을 만지는 것은 부정한 일이었다. 심지어 여자가 무두장이 남편과는 이혼해도 무방했다.

이런 무두장이의 집에 베드로가, 그것도 할례자의 사도인 베드로가 머물렀다는 것은 일대 혁명이었다. 이는 복음이 민족을 넘어설 뿐만 아니라 신분과 계층을 넘어선다는 사실을 보여준다. 베드로는 인간적인 편견을 신앙으로 잘 극복했다. 이런 훈련이 있었기 때문에 나중에 베드로는 이방인 로마 사람 고넬료를 진심으로 수용할 수 있었다. 오늘날에도 성령이 임하시면 복음이 닿는 곳마다 생명을 살리는 역사가 나타났고 나타날 것이다. 의심할 바 없이 기독교는 생명을 살리는 종교이다.

2. 가이사랴 고넬료와 베드로의 시각변화(10:1-16)

고넬료의 사건은 이방선교를 위한 또 하나의 결정적인 전환점이었다. 어드만은 '고넬료의 회심이 기독교 역사에서 전환점 가운데 하나였고 교회의 범세계적인 복음증거에 있어서 탁월한 특징'이라고 기록했다.

고넬료의 회심, 세계사의 위대한 전환점

누가가 이 고넬료의 사건을 상당한 지면을 할애하면서 상세하게 기술한 것도 이 때문이다. 고넬료가 '이달리아 부대의 백부장'이라는 누가의 기록은 사도행전의 진위성을 확인시켜 주는 또 하나의 결정적인 증거이다. 기독교의 역사에서 또 하나의 중요한 단계에 이른 것이다. 복음이 예루살렘, 온 유대, 사마리아로 전파되고 그 지역을 넘어 전파되고 있었지만 이 사건 이전에는 베드로와 다른 사도들은 기독교 언약의 약속과 특권이 모든 민족에게 적용되는 것이라는 사실을 잘 이해하지 못했다.

베드로의 가이사랴 방문의 의미

욥바에 머물던 베드로가 가이사랴를 방문해 고넬료를 만난 사건은 다음 몇 가지 점에서 매우 의미심장한 선교적 의미를 내포하고 있다.
첫째, 베드로에게 가이사랴는 이방선교를 위한 결정적인 관문이었다.

둘째, 룻다와 욥바의 방문과 애니아의 치료와 다비다의 부활은 이적을 통해 복음을 증거한 사건이었지만, 가이사랴 사건은 말씀선포를 통해 성령의 역사가 강하게 임한 사건이었다. 베드로가 말씀을 선포할 때 말씀을 듣는 자들 가운데 성령이 임했다.

셋째, 오순절 마가의 다락방에 나타났던 강력한 성령의 부으심의 역사가 계속해서 나타났다. 예루살렘이 120 문도의 유대인들 가운데 임한 성령의 부으심이었다면 가이사랴 오순절은 이방인들 가운데 임한 성령의 부으심이었다. 오순절 마가의 다락방에서 유대인들 가운데 임했던 것과 같은 성령의 부으심이 가아사랴 이방인들 가운데 임한 것이다.

누가는 사도행전에서 오순절 사건, 사마리아, 가이사랴, 에베소에 이르기까지 성령의 부으심의 사건을 상당히 많은 지면을 할애하여 기술하고 있다. 고넬료 사건도 마찬가지이다. 오순절 마가의 다락방에 임한 놀라운 성령의 역사가 고넬료 가정에도 임함으로 이방선교의 장이 열렸음을 드러내고 있다.

그런 의미에서 베드로의 가이사랴 방문은 사도행전 1장 8절의 약속이 구체적으로 실현되었음을 알리는 사건이다. 즉 성령이 임하면 '예루살렘과 온 유대와 사마리아와 땅 끝까지 이르러 내 증인'이 될 것이라는 약속이 성취된 것이다. 따라서 고넬료와 베드로의 만남은 이제 이방인의 복음화가 지역적인 한계를 넘어 제국적인 차원에서 전개되고 있음을 보여준다.

이달리야 군대 백부장 고넬료

누가는 10장 1절에서 고넬료가 가이사랴에 주둔하는 이탈리아 군대의 백부장이라고 담담하게 소개한다. 고넬료는 '경건하고,' '하나님을 경외하고,' '백성을 많이 구제하고,' '하나님께 항상 기도'하는 인물이었다. 사도행전 10장에는 고넬료의 신앙을 검증할 수 있는 네 가지의 진술들이 나타난다.

첫째, 성경을 기록한 누가의 증언이다. 역사적 안목과 예리한 관찰자 누가는 본문 10장 2절에서 '그가 경건하여 온 집안과 더불어 하나님을 경외하며 백성을 많이 구제하고 하나님께 항상 기도하더니'라고 증언했다.

둘째, 고넬료의 종들의 증언이다. 베드로를 찾아온 종들은 고넬료가 '의인이요,' '하나님을 경외하는 자'이며, '유대 온 족속이 칭찬'하는 사람이라고 증언했다.

셋째, 주의 사자의 증언이다. 주의 사자가 고넬료에게 나타나 '네 기도와 구제가 하나님 앞에 상달되어 기억하신 바가 되었으니'라고 말씀했다. 고넬료의 구제가 이미 주 앞에 상달되었다는 사실은 고넬료의 신앙이 탁월했음을 단적으로 말해준다.

넷째, 삶이 동반된 고넬료의 실천적 신앙이다. 고넬료는 주의 사자의 분부를 받았을 때 주저하지 않고 이를 실행에 옮겼다. 즉시 자신의 신실한 종을 베드로에게 보내 그를 초청했다. 주의 사자의 명령을 추호도 의심하지 않고 즉시 명령에 순종했다. 고넬료가 얼마나 실천적인 신앙의 소유자였는가를 보여준다. 이처럼 그의 삶이 그의 신앙을 검증한다.

누가는 이처럼 고넬료의 신앙과 경건한 삶의 실천이 고넬료의 종, 주의 사자, 고넬료의 삶을 통해 총체적으로 입증되고 있음을 증거해 나갔다. 아마도 누가는 사도행전의 수신자 데오빌로를 염두에 두고 이같이 치밀하게 한 인물의 변화 과정을 사실에 입각해서 제시한 것으로 보인다.

베드로의 환상과 시각전환

베드로는 고넬료가 환상을 본 그 다음날 유대인 시간으로 제 6시(우리 시간 낮 12시)에 지붕에 올라가 기도하던 중 비몽사몽간에 환상을 보았다. 유대인들의 지붕은 평평하여 거기서 조용히 명상하며 기도할 수 있기에 적합했다. 그곳에서 그가 기도할 때 갑자기 하늘이 열리면서 한 그릇이 하늘에서 내려왔다. 그것은 '큰 보자기 같고 네 귀를 매어' 있었고, 그 안에는 각색 네 발 가진 짐승과 기는 것과 공중에 나는 것들이 가득했다. 이것들은 레위기 11장과 신명기 14장 3-20절에 규정된 부정한 짐승들로 유대인들에게는 먹지 못하도록 금지되었다.

갑자기 '베드로야 일어나 잡아먹으라'는 주의 음성이 들렸다. 이에 베드로는 깜짝 놀라 '그럴 수 없습니다. 주님! 지금까지 '속되고 깨끗지 아니한' 음식은 잡아먹은 적이 없는 것을 주님이 더 잘 아시지 않습니까? 저는 먹을 수 없습니다'라고 말했다. 베드로가 먹을 수 없다고 대답하자 '하나님께서 깨끗게 하신 것을 네가 속되다 하지 말라'는 음성이 들렸다. 이것은 '모든 식물을 깨끗하다 하셨다'고 하신 주님의 말씀과 일치한다.

'잡아먹으라'는 말이 세 번이나 반복되었다. 유대인에게 셋이라는 숫자는 하늘의 숫자였다. 그렇다면 세 번이나 반복된 것은 하나님께서 뜻을 작정하셨다는 의미이다. 그런데도 베드로는 처음에 그것이 무슨 의미인지를 깨닫지 못했다.

3. 베드로의 고넬료 방문과 가이사랴 오순절(10:17-48)

베드로가 속으로 '이 일이 무슨 일일까' 의아해하는 바로 그때 고넬료가 보낸 사람들이 무두장이 시몬의 집에 도착했다. 가이사랴에서 욥바까지는 약 50km 의 거리로 하룻길에 해당하는 거리이다. 고넬료가 환상을 본 시간이 오후 3시였으므로 이 환상을 본 후 즉시 하속들을 보냈고, 그들은 도중에서 하루를 유숙하고 이튿날 정오경에 욥바에 도착한 것이다. 베드로가 제 6시(정오)에 기도하러 지붕에 올라간 시간과 고넬료의 하인들이 베드로를 찾아온 시간이 정확히 맞아떨어졌다.

그들이 왜 찾아왔는지 의아해하는 베드로에게 주님께서는 '일어나 내려가 의심하지 말고 함께 가라, 내가 그들을 보내었느니라'고 말씀하셨다. 존 크리소스톰의 말대로 "성령의 권위가 얼마나 대단한가! 하나님이 무엇을 하실지 성령께서 행할 일을 직접 명하신 것이다." 베드로는 그들로부터 고넬료가 자신을 청해 말씀 듣기를 원한다는 전갈을 받고 그들을 불러

들여 함께 유숙하고 그 다음날 바로 가이사랴로 떠났다.

베드로의 가이사랴 방문(10:17-33)

성령은 선교를 이끄시는 주체이며, 영적각성과 부흥의 주체이시다. 주님께서는 성령을 통해서 당신의 백성들에게 당신의 뜻을 알려주시고 깨닫게 하시며 하늘 아버지의 뜻을 계시해주신다. 성령은 아버지의 영이시며 아들의 영이시고, 말씀의 저자이시며, 당신의 백성들 가운데 임재하시는 영이시다. 성령은 말할 수 없는 탄식으로 우리를 위해 간구하신다. 때문에 때로는 기도할 때, 때로는 말씀을 읽을 때, 때로는 말씀을 들을 때, 때로는 찬양을 할 때 성령께서 감동을 주시고 깨닫게 해주신다.

베드로가 도착하자 고넬료는 하나님의 사자를 대하는 듯한 태도로 그의 발 앞에 엎드렸다. 경의와 간청의 태도를 표현한 것이다. 깜짝 놀란 베드로는 '일어서라 나도 사람에 불과하다'며 고넬료를 일으켜 세웠다. '무슨 일로 나를 불렀느냐'는 베드로의 질문에 고넬료는 그간에 일어난 일을 자세히 말해 주었다. 그리고는 '이제 우리는 주께서 당신에게 명하신 모든 것을 듣겠사오니 말씀해 달라'고 간청하면서 '우리는 … 다 하나님 앞에 있나이다'라는 말을 덧붙였다. 하나님께서 명하신 모든 말씀을 듣기 위해 하나님의 면전에 자신들이 있다는 고백이다. 성령께서 고넬료 가정에 놀랍게 임한 것은 우연이 아니다. 브루스는 '이보다 더 약속된 청중을 가진 복음 설교자가 어디 있을까?'라며 고넬료와 그 가정의 사람들의 자세를 극찬했다.

베드로의 설교와 가이사랴 오순절(10:34-48)

베드로는 이날 설교에서 예수 그리스도가 성령의 임재를 통해 그의 공생애를 시작하셨고, 복음의 기회가 유대인을 넘어 이방인들에게까지 확장되었음을 강조하였다. 여기서 그는 복음전파의 원동력은 바로 성령이라는 사실을 분명하게 드러냈다. 그리스도의 공생애와 성령의 관계를 이처럼 분명하게 드러낸 메시지도 찾아보기 힘들다.

베드로의 설교는 당대만 아니라 오늘날 강단의 메시지가 어떤 성격의 메시지여야 할 것인가를 보여준다. 사도행전에 나타난 부흥설교(revival preaching)의 전형적인 모델을 여기서 발견할 수 있다.

베드로 설교의 세 가지 핵심

그렇다면 베드로 설교의 핵심은 세 가지로 요약할 수 있다.

첫째, 하나님의 복음이 이방인에게까지 확대되었다.

둘째, 하나님께서 보내신 예수 그리스도가 성령의 능력을 힘입고 공생애 동안 '선한 일'을 행하시고 '마귀에게 눌린 모든 사람'을 고치시며 마침내 십자가에 달리시고 부활하셨다.

셋째, 따라서 그 예수 그리스도를 믿는 자들은 그 이름을 힘입어 죄 사함을 받고 성령의 권능을 받는다. 한 마디로 구원의 문이 차별 없이 이방인들에게도 열렸다는 것이 베드로의 메시지의 핵심 요지였다.

베드로의 편견이 깨졌다. 과거 베드로는 모든 민족들 가운데 유대인들만 선택받은 사람이기에 그들만 하나님의 사랑을 받아야 한다는 편견에 사로잡혀 있었다. 그런 편견은 단지 베드로만의 현상은 아니었다. 그것은 당시 모든 유대인들이 갖고 있던 잘못된 사고였다.

그런 면에서 베드로가 가이사랴에 와서 외친 복음의 메시지는 그 자신을 포함하여 유대인들이 오랫동안 견지해온 종족적 편견을 일소하는 설교였다. 주님은 국가를 초월하고 민족을 초월하여 하나님을 참으로 경외하고 의를 행하는 사람들을 다 받아주신다는 것이 그가 외친 메시지의 핵심이다. 누가는 고넬료 가정에서의 할례자의 사도 베드로의 설교를 통해서 유대인의 시각 변화를 매우 섬세하게 잘 드러내고 있다. 누가는 베드로의 메시지를 통해 사도행전 전체에서 유대인뿐 아니라 이제 이방인들에게도 사도행전 1장 8절의 약속대로 구속의 복음이 성령의 능력을 통해 확장되어 나가는 과정을 그려준 것이다.

가이사랴 오순절

　베드로의 설교는 놀라운 결과를 가져다주었다. 가이사랴의 고넬료의 집에 모인 사람들이 베드로의 설교를 듣고 있는 중, 설교를 듣는 사람들에게 성령께서 충만히 임하셨다. 누가는 이렇게 증언한다. '베드로가 이 말을 할 때에 성령이 말씀 듣는 모든 사람에게 내려오시니 베드로와 함께 온 할례 받은 신자들이 이방인들에게도 성령 부어 주심으로 말미암아 놀라니 이는 방언을 말하며 하나님 높임을 들음이러라.' 토마스 린세이가 지적한 대로 성령의 부으심의 역사에 있어서 "유대인들과 이방인들 사이에는 전혀 차이가 없었다."

　로마국적의 이방인 고넬료 가정의 모든 족속이 사도들이 마가의 다락방에서 받았던 동일한 성령의 부으심을 경험했다. 라이스가 지적한 대로 '오순절의 장면이 여기 이방인 청중 가운데 연속되었다.' 고넬료 가정에 임한 성령의 부으심을 '가이사랴의 오순절'이라고 부른다. 어드만은 이 사건을 '로마인 오순절'이라고 불렀고, 덴톤이나 하우슨과 스펜스는 이를 좀 더 정확히 '이방인의 오순절'이라고 불렀다. 클루마허 역시 '이방인들 가운데 임한 오순절'이라고 표현했다.

가이사랴 오순절의 의미

　그러므로 고넬료 가정에서의 베드로의 말씀 증거를 통해 그 말씀을 듣는 이들 가운데 성령이 부으시는 역사가 나타난 가이사랴 오순절 사건은 몇 가지 점에서 매우 중요한 의미를 지닌다.

　첫째, 오순절 마가의 다락방에 임한 성령의 부으심의 역사가 계속되었다는 사실이다. 누가는 아주 세밀하게 가이사랴에 임한 성령의 부으심을 120 문도에게 임한 성령의 부으심과 비견하면서 오순절 날 임한 성령의 부으심이 가이사랴 고넬료 가정에 연속해서 나타났다고 증언한다.

　둘째, 이 성령의 부으심은 사도행전 1장 8절과 요엘 선지자의 성령의 부으심에 대한 약속의 성취로, 가이사랴 오순절을 통해 이제 공식적으로 이방인들에게도 구원의 복음이 완전히 개방되었다는 사실을 선명하게 드러낸 것이다. 베드로가 '이 사람들이 우리와 같이 성령을 받았으니 누가 능히 물로 세례 베풂을 금하리요'라고 외친 것도 그 때문이다. 이렇게 해서 할례자의 사도 베드로에 의해 '이방인의 세례'가 베풀어진 것이다.

셋째, 고넬료 가정의 사람들이 베드로의 설교를 통해 하나님의 말씀을 듣는 동안에 성령의 부으심이 임했다. 말씀과 성령의 부으심이 여기서도 모종의 깊은 관계를 맺고 진행되었다. 그것도 이방인들이 하나님의 말씀을 듣는 중에 성령의 부으심을 경험한 것이다. 말씀의 능력이 유대인들과 이방인들을 차별하지 않고 동일하게 역사하셨고, 성령의 역사도 유대인과 이방인 모두에게 동일하게 역사하셨음을 증거해 준다.

사도행전에는 예루살렘 오순절, 사마리아, 가이사랴, 에베소에서 도합 네 번 성령강림의 기사가 나타난다. 마가의 다락방에서는 베드로의 설교와 한마음의 간절한 기도, 사마리아와 에베소에서는 성령을 구하는 (안수)기도, 가이사랴에서는 베드로의 설교가 성령 부으심, 성령 내리심의 채널이었다는 점에서 성령의 부으심이 있는 곳에는 언제나 기도와 말씀이 있었다. 성령의 놀라운 역사는 간절히 기도하는 곳에 말씀을 통해 말씀과 더불어 나타났다.

가이사랴 고넬료 가정에 성령의 부으심이 임한 후 그곳에서도 방언을 말하는 등 성령의 은사가 수반되었다. 오순절 날 마가의 다락방에서 120문도 가운데 성령이 임하셨을 때와 똑같은 현상이 일어난 것이다. 고넬료와 그 일행들은 놀라운 성령의 역사, 이방인들인 자기들에게도 성령의 부으심을 확인하고는 너무도 감격한 나머지 베드로에게 수일을 더 머물기를 간청했다.

4. 예루살렘교회의 이방선교 논쟁(11:1-18)

가이사랴 오순절을 통해 이방인들 가운데 놀라운 성령의 부으심이 임한 사건은 예루살렘교회가 이방선교를 인정하는 결정적인 전기가 되었다. 성령의 충만을 받았어도 여전히 이방인들이 주님께로 돌아오는 것을 죽기보다 싫어했던 유대 민족주의에 깊이 물든 할례자의 사도 베드로가 고넬료 가정에 임한 놀라운 성령의 부으심을 목도하고 더 이상 이방선교를 부정할 수 없었다. 베드로의 고백대로 성령께서 하시는 일을 인간이 막을 수 없었다. 그런 면에서 베드로가 고백한 대로 사도들이 이방인 선교를 이끌거나 주도한 것이 아니다. 성령께서 이방선교를 주권적으로 진행하셨다.

어떻게 보면 베드로는 그 자신이 고백한대로 '기도할 때에 황홀한 중에 환상을 보고,' 그에게 말씀하시는 '소리'를 듣고, 또다시 '하늘로서 두 번째 소리'를 듣고 그리고 성령께서 '아무 의심 말고 함께 가라'고 명하셔서 마지못해 순종했을 뿐이다. 성령께서 강권적으로 베드로의 시각을 바꿔주시고 이방선교에 마음을 열도록 인도하신 것이다. 누가는 성령의 부으심과 이방선교를 같은 선상에서 일관되게 연결시키고 있다. 누가는 '환상,' '소리,' '하늘,' '성령,' '주의 사자'라는 표현을 통해 성령의 초자연적인 개입을 반복적으로 진술하고 있다.

이방선교에 대한 베드로의 변증

이방인들에게 이미 복음이 증거되었다는 사실을 두고 의견 대립이 생긴 것이다. '왜 할례자가 무할례자의 집에 들어가 함께 먹었느냐?'는 질문에 베드로는 최근에 자기가 직접 체험했던 사건을 이야기하면서 세 가지 측면에서 설명해 주었다.

첫째, 베드로 자신이 욥바에서 경험했던 최근의 환상이다. 둘째, 고넬료의 환상이다. 셋째, 베드로 자신의 환상과 고넬료의 환상 그대로 나타난 결과이다. 넷째, 고넬료 가정에 임한 성령의 부으심이다.

이 모든 것은 별개의 사건이 아니라 다 하나로 연결되는 사건들이다. 결국 이 모두가 성령의 부으심을 통해 이방선교의 장이 본격적으로 열렸음을 증언한 것이다. 베드로가 볼 때 이것은 이방인의 선교가 하나님의 섭리였다. '그들에게 임하신 것'은 가이사랴 오순절사건을 말하고, '처음 우리에게 임하신 것'은 마가의 다락방의 예루살렘 오순절을 말한다. 유대인에게나 이방인에게나 성령의 역사가 차별이 없었다는 것이다.

베드로는 하나님이 자신들에게 주신 성령의 선물을 이방인들에게도 동일하게 주셨는데 '내가 누구이기에 하나님을 능히 막겠느냐'고 반문했다. 베드로는 예수님의 성령의 약속이 '그의 마음에 새롭게' 느껴졌고 이 약속이 '다시 한 번 성취'된 사실과 '하나님께서 믿는 이방인과 유대인 사이에 차별을 두지 않으신 사실'을 공개적으로 밝힌 것이다.

가이사랴 오순절을 설명하면서 누가가 결론적으로 '생명을 얻는 회개'를 언급한 것은 이제 성령의 부으심의 역사가 이방인들에게도 열려 그들도 성령의 부으심을 통해 구원의 문이 열렸다는 사실을 확증한 것이다. 베드로의 간증을 통해 상황이 완전히 반전되었다. 조금 전까지만 해도 베드로에게 '할례자의 사도라고 자처하던 네가 왜 할례 받지 않은 무할례자의 집에 들어가 함께 먹으며 기거했느냐'라며 무섭게 대들던 할례자들이 베드로의 설명 앞에서 그만 할 말을 잃어버리고 말았다. 언변이 없어서 '주여 나는 죄인이로소이다'라고 하며 어눌하게 자신의 한계를 인정하고 주님을 따랐던 갈릴리 어부 베드로에게 어디서 그런 말과 지혜와 용기가 나왔는지 놀라지 않을 수 없다.

지금까지 살펴본 것처럼 하나님께서는 세 가지 방향에서 이방인 선교를 진행하였다.

첫째, 사도들을 통한 이방인 선교이다. 하나님께서는 바울을 이방인의 사도로 부르시고, 또한 베드로를 이방인의 복음화를 위한 도구로 삼으셔서 이방인 선교를 공식화시키셨다.

둘째, 고넬료의 가정이 회심하고 주께 돌아옴으로 이방인의 전도가 새로운 전기를 맞았다. 이방인 고넬료와 그의 '온 집'에 성령이 임하신 것은 장차 이방인의 전도가 이방인들에 의해 진행될 것을 예견해 준다. 나아가 백부장 고넬료에 의한 동료 백부장들의 전도를 통해 이제는 그 복음이 로마 권력 최고의 상징인 군대에 조직적으로, 강하게 확산되어 나갈 것을 예견해 준다.

셋째, 이방인 선교에 대한 사도들의 시각이 예루살렘공의회를 통해 완전히 교정되었다. 이후 하나님께서 이방인의 선교를 일반 평신도들에게로 확대하셔서 이방인 교회가 새로 태동하였다.

제 10 장
이방선교의 센터, 안디옥교회의 태동과 발전
(11:19-30)

지금까지는 오순절 성령강림을 경험하고 세워진 유대인들로 구성된 예루살렘교회가 선교를 주도했다. 그러나 스데반 순교로 흩어진 이들에 의해 A.D. 41년 여름 안디옥교회가 설립되면서 그 교회가 이방선교의 센터가 되었다. 이후 사도행전의 선교역사는 안디옥교회가 모체가 되어 진행된 역사라 해도 과언이 아니다. 안디옥교회가 사도행전에서 차지하는 위치는 절대적이다. 안디옥교회가 없는 이방선교는 상상할 수 없다. 누가는 사도행전 전체에서 안디옥교회의 태동과정, 성장과정, 훈련과정, 지도자 그리고 선교사 파송에 이르기까지 일관성과 통일성을 가지고 기술하였다.

비록 아주 간단하지만 누가는 안디옥교회의 태동과 발전 과정을 세 단계로 설명하였다. 첫째, 구브로와 구레네 몇 사람이 안디옥에 와서 헬라인들에게 복음을 전해 수많은 이들이 믿고 주님께로 돌아오는 복음전파 단계, 둘째, 안디옥에 수많은 사람들이 믿고 주께 돌아오자 바나바가 예루살렘교회의 파송을 받고 안디옥에 와서 목양하는 단계, 셋째, 바나바가 바울을 데리고 와서 함께 제자훈련을 시키는 훈련의 단계가 그것이다.

1. 이방선교의 센터, 안디옥교회의 태동(11:19-21)

스데반의 박해로 인해 흩어진 사람들이 베니게와 구브로와 안디옥에 다니며 널리 복음을 전해 이방선교의 토대를 구축했다. 이것은 박해 가운데서도 복음이 얼마나 널리 확산되고 있었는가를 말해준다. 안디옥은 오늘날 터키의 남동쪽의 지중해 해안 근처에 위치하고 있다. 당시 인구 80만 명의 안디옥은 지중해 동쪽 27km 지점에 로론테스 산을 등지고 오론테스 강변에 위치했으며, 로마 행정구역상 수리아 주의 수도로 로마, 알렉산드리아에 이어 로마제국 안에서 세 번째로 큰 도시였다.

지금도 터키에서 매우 역동적인 도시 가운데 하나이다. 비록 대부분의 사람들이 시리아 사람들이었지만 도시의 성격과 문화는 헬라적인 색채가 매우 강했다. 안디옥은 '동방의 여왕' 또는 '동양의 로마' 등의 별명이 붙을 정도로 도시의 위용이 대단했다. 행정구역상으로는 로마의 직할시이며 지리적 요충지였다. 안디옥은 지중해 항구에 인접해 있는데다 당시 로마군 4개 여단이 주둔해 있어 경제적인 여유가 많아 다른 곳보다 활력 있는 도시였다. 비록 수적으로는 큰 규모는 아니었지만 이곳에는 강력한 헬라파 유대인들이 운집해 있어 이방세계와 접할 수 있는 가장 중요한 전략적 요충지였다.

이 같은 인종적, 지정학적 중요성을 지닌 안디옥이었지만 영적 수준은 말이 아니었다. 안디옥 시민들은 부유하고 사치와 향락에 빠져있었고, 도덕적 수준은 저급했으며 우상이 범람했다. 헬라의 아데미와 아폴로 신을 숭배하는 다프네 신전도 이곳에 있었다.

평신도들에 의해 세워진 교회

누가가 증언하는 대로 안디옥에 와서 복음을 전한 사람들은 평신도들이었다. 안디옥교회는 스데반의 일로 일어난 박해로 흩어진 사람들 중 '구브로와 구레네 몇 사람'에 의해 자생적으로 설립된 교회였다. 한 주석가는 이들을 '몇몇의 진보적인 평신도'라고 말했다. 당시 유대인들만을 대상으로 복음을 전하던 상황에서 이방인을 대상으로 혁신적으로 복음을 증거했기 때문이다. 사도행전에는 이들의 수가 몇 명이었는지 나오지 않고 이들의 이름도 등장하지 않는다. 다만 '흩어진 자들,' '구브로와 구레네 몇 사람'이라고 언급하고 있다. 특히 헬라인들에게도 복음을 전한 구브로와 구레네 몇 사람이 안디옥교회 설립의 초석이다. 이들은 분명히 12 사도는 아니었다. 예루살렘의 일곱 사람도 아니었다. 무명의 평신도들이었다.

지금까지 복음전파를 주도한 것은 사도들이나 일곱 사람이었으나 사도행전에서 처음으로 무명의 평신도들이 자발적으로 복음을 전파하여 교회를 설립하는 역사가 나타났다. 사도들이 주도하던 복음전파가 이제는 성령으로 충만한 무명의 그리스도인들이 역동적으로 동참하는 놀라운 변화를 읽을 수 있다. 안디옥교회가 자생력이 있고 놀라운 결실을 거둔 이유도 거기 있다.

주님의 명령을 따른 새로운 전도전략

안디옥교회의 역동성은 그들의 전도전략에서도 찾을 수 있다. 베니게와 구브로에서 온 몇 명의 헬라파 유대인들이 안디옥에서 헬라인들에게 복음을 전했다. '헬라인에게도 말하여 주 예수를 전파하니'라는 기록이 이를 말해준다. 이것은 앞서 안디옥에 도달한 이들이 유대인에게만 도를 전했던 이들과 대비를 이루고 있다. 칼빈이 말한 대로 "이방인들에게 말하지 않은 것은 박해 때문만이 아니라 그들의 어리석은 종교적 옹고집 때문이었다." 전자가 유대인들만을 복음전도의 대상으로 삼았던 것과 달리 후자는 헬라인들에게도 복음을 전했다.

처음으로 헬라인들을 대상으로 복음을 전한 것이다. 베드로가 이방인 로마 백부장에게 복음을 전했지만 그것은 주의 사자의 분부와 초청에 의한 것이었다. 그러나 여기 구브로와 구레네 출신들은 안디옥에 와서 헬라인들을 복음전도의 대상으로 삼았다. 그런 면에서 이들의 이방인 복음전도는 사도행전만 아니라 구속사에서 일대 혁명과 같은 사건이었다.

헬라인에게 복음을 전했다는 것은 특별한 의미를 지닌다. '유대인은 표적을 구하고 헬라인은 지혜를 찾으나 우리는 십자가에 못 박힌 그리스도를 전한다'고 바울이 고백한 것처럼 당시 세 종류의 사람들이 존재했다. 유대인, 헬라인, 그리스도인이 바로 그것이다. 당시 헬라인은 이방인을 총칭하는 이름이었다. 헬라인들에게 복음을 전했다는 것은 곧 이방인들에게 복음을 전했다는 의미다. 그래서 대부분의 영어성경은 헬라인을 '이방인'으로 번역했다.

전도의 태도와 전도 열정의 차별화

안디옥교회의 역동성은 그들의 전도 태도와 열정에서도 찾을 수 있다. 안디옥에 와서 복음을 전한 사람들 두 그룹 가운데 첫 번째 그룹의 사람들이 유대인들에게만 말씀을 '전하는 데'는 헬라어로 라룬테스(lalountes)다. 라룬테스는 일상적인 대화를 나눌 때 사용한다. 그런데 구브로와 구레네 출신 몇 사람이 '헬라인들에게도 말하여 주 예수를 전파하니'라고 할 때 여기 '전파하니'(proclaiming the gospel)의 헬라어 에완겔리조메노이(euanggelizomenoi)는 사도들이 확신을 가지고 전도할 때 사용하는 단어였다. 구브로와 구레네 출신 몇 사람이 안디옥에 와서 헬라인들에게 전한 복음은 베드로가 오순절 때나 고넬료 가정에 전한 바로 그 복음이었다.

주의 손이 함께하는 교회

이 모든 것보다 안디옥교회는 주의 손이 함께하는 교회였다. 누가는 '주의 손이 그들과 함께 하시매 수많은 사람들이 믿고 주께 돌아오더라'라고 증언한다. 누가는 수많은 사람들이 주께 돌아오는 결과가 생긴 것이 그리스도의 복음을 확신을 가지고 헬라인에게도 전했기 때문이라는 사실을 함축하고 있다. 그 결과 헬라인들에게 복음을 전하는 것은 대단한 성공을 거두었다.

박해를 통한 신앙의 연단, 자발적인 복음전파, 헬라인을 대상으로 한

파격적인 전도전략 그리고 선명한 복음이 있었지만 이 모든 것보다도 더 중요하고 의미 있는 것은 주의 손이 그들과 함께 했다는 사실이다. 주의 손이 그들과 함께하지 않았다면 안디옥선교의 기적은 불가능했다. 스데반의 박해를 통해 연단된 베니게와 구브로 출신 평신도들이 안디옥까지 와서 자발적으로, 헬라파 유대인인 자신들의 강점을 살려 헬라인들에게 선명한 메시지를 전했지만 그 모든 것보다도 전능하신 주의 손이 그들과 함께하셨다. 주께서 은혜를 베풀어주셨다는 의미이다.

교회는 인간의 힘만으로 되지 않는다. 주의 은혜가 있어야 한다. 누가는 안디옥교회 태동과정에서 정말 중요한 역할을 하신 분이 하나님이라는 사실을 반복적으로 드러냈다.

2. 안디옥교회의 목양과 훈련(11:22-26)

안디옥의 수많은 이방인들이 주께로 돌아왔다는 소문은 곧 예루살렘교회에 알려졌다. 예루살렘교회는 안디옥의 이방인들에게 복음이 전해졌다는 소식을 듣고 이 새로운 이방교회의 모습을 조사하기 위해 이전에 사마리아로 베드로와 요한을 보냈듯이 바나바를 파송했다. 바나바는 다음 몇 가지 점에서 그들을 돌볼 가장 적격자였다.

첫째, 바나바는 물질적인 욕심을 넘어선 온전히 헌신된 사람이었다. 초대교회에 놀랍게 성령이 임하고 복음이 확장되어 갈 때 결정적인 역할을 했던 사람이 바로 바나바였다. 자기 재산을 팔아 사도들 앞에 헌금하여 초대교회가 왕성할 수 있도록 뒷받침해준 사람이 바나바였다. 그는 물질적인 욕심을 챙기지 않는 헌신된 그리스도인이었다.

둘째, 바나바는 이방인 선교에 남다른 관심을 가지고 있었다. 사도행전 4장 36절에 보면 바나바는 구브로 출신 레위족이었다. 그렇다면 그는 헬라파 유대인이었다. 헬라파 유대인이었기 때문에 헬라문화에 익숙하고 헬라인에게 더 관용적이었을 것이다.

셋째, 바나바는 신앙과 인격이 겸비된 겸손한 사람이었다. 누가는 바나바가 '착한 사람이요 성령과 믿음이 충만한 사람'이라고 기술하고 있다.

넷째, 바나바는 검증된 지도자였다. 그는 바울을 사도들에게 연결해 주는 중재자로서, 일찍이 자신의 전 재산을 주님께 바친 물질적 헌신자로서 이미 예루살렘교회에서 인정을 받고 있었다.

바나바 부임과 안디옥교회의 안정

게다가 바나바는 '권위자'요 '격려의 아들'이었다. 그는 안디옥교회에 가서 '하나님의 은혜'를 목격하고 기뻤다. 바나바가 그렇게 기뻐한 것은 그들 가운데 하나님의 은혜를 어쩌다 한 번 본 것이 아니라 지속적으로 목도했기 때문이다. '그가 이르러 하나님의 은혜를 보고 기뻐하여'라는 누가의 증언은 바나바가 안디옥교회 안에 있는 은혜의 역사를 가장 먼저 인정했다는 의미이다. 이방교회가 설립되고 은혜가 넘치는 것을 직접 확인한 것이다. 진정한 목양을 위해서는 영적 분별력이 있어야 하고, 그것과 더불어 인정과 격려가 따라야 한다. 바나바는 이 일에 적격자였다.

복음전파가 살아 있고, 주의 손이 그들과 함께 하신데다 격려의 사람 바나바가 한 사람 한 사람을 섬기는 목양 사역을 감당하자 '큰 무리가 주께 더하여졌다.' 바나바가 와서 목양을 한 후 안디옥교회에 믿는 자들이 더욱 더 불어난 것을 보여준다. 그 결과 교세가 놀랍게 증가했다.

다소로 사울을 찾아간 바나바

교회가 급성장하자 바나바는 혼자 힘으로는 사역을 다 감당할 수 없었다. 그래서 바나바는 A.D. 43년 사울을 찾으러 다소로 갔다.

누가는 바나바가 사울을 만나러 갔다고 하지 않고 '찾으러' 갔다고 말한다. 여기 '찾았다'는 원문은 '매우 주의 깊게 찾았다'는 의미이다. 찾기가 매우 힘들었음을 암시한다. 예수님이 12살 때 절기의 관례를 따라 예루살렘에 올라가셨다가 돌아올 때 예수님이 보이지 않아 부모가 그를 '친족과 아는 자 중에서 찾되,' '만나지 못하매 찾으면서 예루살렘에 돌아갔다'고 할 때 동일한 단어가 사용되었다. 누가가 상세하게 기술하지 않고 단어를 통해 암시하는 정도지만 아마도 바나바는 사울을 만나기 위해 다소 전체를 샅샅이 찾았던 것 같다.

또 누가는 바나바가 사울을 '만나매 데리고 왔다'고 기술하고 있다. 데리고 온 것과 같이 온 것은 의미가 다르다. 주저하는 사울을 설득해서 그를 안디옥으로 데리고 온 것을 함축한다. 우리는 여기서 바나바의 훌륭한 성품을 발견할 수 있다.

바나바와 사울의 안디옥교회 동역

다소로 가서 물어물어 사울을 찾은 바나바가 그를 안디옥으로 데리고 와서 1년간 함께 말씀을 가르친 팀 사역은 시대를 초월한 귀한 모델이다. 바나바는 바울과 함께 세계적인 도시 안디옥에 있으면서 1년 동안 뜻을 모아서 교회에서 수많은 사람을 가르쳤다. 이들이 얼마나 많은 협력을 했는가에 대하여는 함께 모여 '큰 무리'를 가르쳤다는 구절이 설명해 준다. 안디옥교회가 초대교회 선교의 구심점이 될 수 있었던 이유도 바로 말씀 연구에 있었다. 바나바와 사울은 1년 동안 큰 무리를 가르쳤다. 가르침을 받은 '큰 무리'가 안디옥에서 진정한 제자들로 양육되었고, '제자들이 안디옥에서 비로소 그리스도인이라 일컬음을 받게 되었다.' 안디옥에서 그리스도인이란 말이 처음으로 생겨난 것은 대단한 '영예'였다. 누가는 구브로와 구레네 몇 사람의 헬라인 '전도,' 예루살렘교회가 파송한 바나바 '목양,' 그리고 사울과 바나바의 헌신적인 '훈련'의 과정을 거쳤을 때 비로소 제자들이 처음으로 '그리스도인'이라는 호칭을 받기 시작했다고 증언한다.

사울과 바나바의 안디옥에서의 가르침은 단순한 성경공부가 아니라 일종의 현대적 의미의 제자훈련과도 비교할 수 없는 높은 수준의 전인적인 신앙훈련이었다.

세 단계의 교육과정: 전도-목양-훈련

지금까지 살펴본 것처럼 안디옥교회는 전도, 목양, 훈련이라는 세 단계의 과정이 순차적으로 균형을 이루며 건강한 교회로 세워져 갔다.

첫째, 베니게와 구브로 출신 헬라파 유대인들에 의한 안디옥 선교는 현대적인 의미에서의 평신도들에 의한 자발적인 복음전파다. 은혜를 받은 이들은 박해에도 불구하고 흔들리지 않고 흩어져 복음을 전했다. 안디옥교회는 그런 의미에서 평신도들이 세운 교회다.

둘째, 평신도들의 복음전파에 의해 수많은 사람들이 믿고 주께로 돌아오자 예루살렘교회는 그 소문을 듣고 준비된 사람 바나바를 안디옥에 파송했다. 바나바가 가서 한 일은 한 마디로 현대적 의미의 목양이었다.

셋째, 바나바는 더 효율적인 사역을 감당하기 위해 다소로 가서 사울을 데리고 와서 안디옥교회에서 1년 동안 열심히 제자훈련을 실시했다. 바나바와 바울이 1년 동안 안디옥교회 교인들을 훈련시켜 이들을 주님의 제자로 만들었다.

전도, 목양, 훈련의 과정을 거치면서 '그리스도인'이라는 이름이 처음으로 안디옥에서 태동된 것이다. 이런 세 단계를 거쳤을 때 안디옥교회는 구체적인 결실을 맺는 온전한 교회로 거듭났다. 안디옥에서 처음으로 교인들이 그리스도인이라 불리는 역사가 나타났고, 기근으로 어려움을 당하는 모교회인 예루살렘교회를 헌신적으로 구제했고 그리고 바울과 바나바를 파송하여 '땅 끝 선교'를 완수하는 이방선교의 센터로 거듭났다. 그리하여 안디옥교회가 말씀을 통한 제자훈련과 그리스도의 사람으로 다듬어지는 인격적 변화, 대사회적 책임 그리고 해외선교라는 가장 이상적인 복음의 결실을 맺을 수 있었다.

하나님의 역사는 참으로 놀랍다. 구령의 열정에 불타는 베니게와 구브로 출신 몇몇 헬라파 유대인의 전도, 성령과 지혜가 충만한 바나바의 목양 그리고 다년간의 훈련과정을 거친 성숙한 바울과 바나바의 제자훈련이 그리스도인이라 불릴 정도의 성품의 변화, 모교회를 지원하는 구제활동 그리고 더 나아가 이방선교의 실천을 가능하게 만든 것이다.

3. 예루살렘의 기근과 안디옥교회의 구제 (11:27-30, A.D. 45-47)

누가는 성령께서 선지자 아가보를 통해 '천하에 큰 흉년'이 올 것을 예견했고, 실제로 글라우디오 황제 통치기간에 그런 일이 있어났다. 기근이 들었다는 소식을 듣고 A.D. 46년 안디옥교회는 '각각 그 힘대로' 바나바와 사울을 통해 예루살렘교회에 구호금을 보냈다.

이방인이 축을 이룬 안디옥교회가 유대인들로 구성된 예루살렘교회에 구제금을 보낸 것은 단순히 형제교회를 돕는 차원 그 이상의 의미를 담고 있다. 이것은 이제 선교의 주도권이 예루살렘교회에서 안디옥교회로 이전된 것을 의미한다. 이런 면에서 사울과 바나바의 예루살렘 방문은 특별한 의미를 지닌다. 예루살렘교회가 거부했던 이방인의 사도 사울의 지도력을 인정하지 않을 수 없게 되었다.

주목할 것은 사울에 대한 바나바의 깊은 배려이다. 바나바를 통해 예루살렘교회의 장로들에게 보냈을 때 바나바는 구제헌금을 전달하기 위해 1년 동안 동역한 사울을 데리고 예루살렘으로 올라갔다. 바나바가 사울을 동행시킨 것은 선한 일에 사울을 동참시켜 예루살렘 제자들로부터 사울의 사도성과 이방선교의 권위를 인정받도록 하려는 배려에서였다.

사울은 바나바 덕분에 예루살렘교회로부터는 이방인을 위한 사도로 인정을 받고 안디옥교회 안에서는 바나바와 더불어 가장 존경과 인정을 받는 지도자로 인정을 받게 되었다. 바나바는 종국에는 그와 함께 이방인 선교여행을 떠났다. 이렇게 해서 사울은 이방인의 사도로 선교적 소명을 감당할 수 있었다. 누가는 13장부터 바나바와 바울이 어떻게 선교사역을 감당했는가를 생생하게 보여준다.

제 11 장
헤롯의 박해와 복음의 확장
(12:1-25)

　헤롯 아그립바 1세가 세베대의 아들 야고보를 죽인 것은 A.D. 44년 봄이었다. 누가의 헤롯 왕의 박해와 교회의 반응 그리고 헤롯 왕의 심판은 당시의 역사기록과 정확히 일치한다. 이 사건은 사도행전 전체를 이해하는데 중요하다. 평신도들에 의해 설립된 안디옥교회가 빠르게 성장하고, 예루살렘교회가 극심한 박해 가운데서도 흔들리지 않고 성장하자 이를 제일 시기한 세력은 바로 사탄이었다. 사탄은 헤롯 왕을 통해 예루살렘교회에 대대적인 박해를 가하기 시작했다. 사도행전 12장에 나오는 야고보를 처형한 헤롯 왕의 박해가 바로 그것이다. 하지만 사탄의 의도와는 달리 박해는 오히려 하나님의 살아계심을 만천하에 선포하고 초대교회에 생명력을 가져다주었다.

1. 헤롯의 박해(12:1-5)

　예루살렘의 그리스도인들을 박해하기 시작한 장본인은 헤롯 왕이었다. 누가는 '그때에 헤롯 왕이 손을 들어 교회 중 몇 사람을 해하려 했다'고 증언한다. 그는 야고보를 처형하고 베드로를 투옥시켰다. 헤롯이 무차별적이고 냉혹하게 교회를 공격했음을 보여준다. 여기 야고보를 처형하고 베드로를 투옥시킨 헤롯은 헤롯 대왕의 손자 헤롯 아그립바 1세이다.

A.D. 41년에 유대왕의 자리에 오른 헤롯 아그립바 1세는 A.D. 44년까지 짧은 기간 동안 통치했다.

'그때에'라는 말과 '헤롯 왕'에 대한 바른 이해는 12장 전체를 해석하는 데 있어서 매우 중요하다. 누가가 사도행전에서 '카이로스'를 사용하는 경우는 구속사적 관점에서 하나님이 예정하신 시간을 언급할 때와 깊은 연관이 있다. 누가는 12장에 와서 헤롯 왕의 박해와 관련하여 1절 '그 때에'를 기술하면서 또 다시 카이로스를 사용했다. 여기 사용한 '그 때,' 카이로스의 시간은 지난해 혹은 올해와 같은 근시적 시간 개념보다는 하나님의 구속사적 역사, 구속의 섭리 속에서 진행되는 '하나님이 정하신 시간과 때'를 말한다.

누가는 헤롯의 박해를 하나님의 섭리 속에 진행된 사건으로 해석했다. 하나님의 구속사를 믿음의 눈, 역사적 혜안으로 바라볼 때, 헤롯 왕의 박해와 이어진 놀라운 복음의 확장은 하나님의 섭리 속에서 진행된 카이로스의 사건이었다. 누가는 그런 관점을 가지고 사도행전 12장에서 헤롯 왕의 박해와 그의 징벌을 동시적으로 그려가면서 박해 한 가운데서도 주님의 백성들이 하나님의 사자를 통해 보호를 받는다는 사실을 너무도 탁월하게 그려냈다.

야고보 순교와 베드로의 투옥

예루살렘과 안디옥에서 복음의 확장이 놀랍게 진행되자 헤롯이 박해를 가하기 시작했다. 제일 먼저 희생당한 사람은 세베대의 아들 요한의 형제 야고보였다. 야고보는 최초의 기독교 순교자였다.

제롬에 따르면 야고보는 목베임을 당해 순교했고, 바로 그날은 유대월력으로 주님이 십자가에 달리신 유월절 날이었다. 그렇다면 이 사건은 A.D. 44년 봄에 일어난 일이다. 아마도 베드로 역시 같은 시간에 체포되었던 것으로 보이지만 '유월절 후에 백성 앞에 끌어내고자 하더라'는 기록을 통해 살펴볼 때 재판과 처형을 일주일간 연기해 무교절이 끝나고 유월절 이후에 집행하려고 했던 것으로 보인다.

하지만 하나님께서는 박해 가운데서 역사를 이끌어 가시는 주관자가 되심을 선포하셨다. 무엇보다 박해 가운데서도 예루살렘 교회의 성도들이 단단히 결속했다. '이에 베드로는 옥에 갇혔고 교회는 그를 위하여 간절히 하나님께 기도했다.' 중요한 리더십을 발휘하던 사도 야고보가 순교를 당하고 사도 중의 사도라고 일컬었던 베드로가 붙잡히자 온 교회가 전심으로 하나님께 기도한 것이다.

천사가 베드로를 옥에서 구출하는 모습

남아 있는 성도들도 자신들의 임무를 결코 소홀히 하지 않았다. 칼빈의 표현을 빌린다면 "베드로는 사실 전투가 치열한 최전방에 홀로 서 있었지만 그러나 나머지 사람들도 모두 그 시각에 기도로 싸움으로써 할 수 있는 한 최대의 지원을 그에게 보내고 있었다." 교회를 말살하려는 박해가 오히려 교회 가운데 응집력과 생명력을 더해주었다.

2. 당신의 백성을 보호하시는 하나님(12:6-19)

유세비우스의 증언처럼 베드로의 기적적인 구원은 그에 대한 '하나님의 섭리'였다. 누가는 '그 전날 밤'이라는 표현을 통해 하나님의 개입을 극적으로 설명하고 있다. 여기 전날 밤은 베드로가 처형되기로 정해진 바로 '그 전날 밤'을 말한다. 하나님께서 처형 전날 밤 극적으로 베드로를 구원하신 것이다.

헤롯의 박해를 통해 하나님께서는 박해받는 당신의 백성들을 친히 지키시고 보호하신다는 사실을 확실하게 보여주셨다. 베드로가 두 군사 틈에서 두 쇠사슬에 매여 누워 자고 파수꾼이 문밖에서 옥을 지킬 때 '홀연히 주의 사자가 나타나매 옥중에 광채가 빛났다.' 주의 사자가 자고 있는 베드로 옆구리를 쳐 깨우며 '급히 일어나라'고 명령했다. 그 순간 쇠사슬이 베드로의 손에서 벗겨졌다. 천사가 베드로에게 '띠를 띠고 신을 신으라'고 명령했고 베드로는 천사가 시키는 대로 했다. 천사가 베드로에게 '겉옷을 입고 따라오라'고 명하자 베드로는 주의 사자가 시키는 대로 따라 나왔다. 베드로는 무슨 일이 일어나고 있는지도 모르고 천사가 시키는 대로 행했다. 그때까지 베드로는 '생시인 줄 알지 못하고 환상을 보는가' 착각했다.

베드로가 주의 사자가 인도하는 대로 따라 나와 첫째 파수꾼과 둘째 파수꾼을 지나자 그와 그의 신비스런 보호자가 문을 통과하려 할 때, 성으로 통하는 굳게 닫힌 쇠문이 놀랍게도 저절로 열렸다. 베드로가 옥문을 나와 거리를 지날 때 주의 사자가 떠났다. 그때에서야 베드로는 주님이 자신을 옥에서 구출해 주셨음을 알았다.

누가는 베드로의 탈출을 하나님의 초자연적 간섭으로 이해했고, 베드로 자신도 "하나님의 초자연적인 간섭"으로 받아들였다. 베드로를 옥에서 인도하고 구해준 천사는 분명히 하나님의 사자였다. 그러나 헤롯 왕은 내부 범죄로 결론을 내리고 해당 인물을 색출하려고 하였다.

여기서 우리가 잊어서는 안 될 사실이 있다. 베드로의 이와 같은 기적이 우연히 일어난 것이 아니라 그를 위해 성도들이 간절히 하나님께 기도한 결과였다는 사실이다. 베드로가 주의 사자의 인도로 옥에서 나와 마가 요한의 어머니 마리아 집에 갔을 때, '여러 사람이 거기에 모여 기도'하고 있었다. 누가는 베드로가 옥중에서 기적적으로 풀려난 것을 그를 위한 교회의 간절한 기도와 자연스럽게 연관시키고 있다. 하나님이 교회의 간절한 기도를 들으시고 응답하신 것이다. 기도와 기도의 응답은 성경과 기독교 역사에서 너무도 중요한 중심 주제이다.

베드로가 계속 문을 두드리자 그들이 문을 열어 주었다. 그들은 베드로인 것을 확인하고 매우 놀랐다. 베드로는 '주께서 자기를 이끌어 옥에서 나오게' 하신 일을 말해주고 '야고보와 형제들에게 이 말을 전하라'고 부탁하고는 그곳을 떠나 다른 곳으로 갔다. 베드로가 갑작스럽게 무대 뒤로 물러선 것이다. 베드로는 이방인의 선교를 위해 새로운 리더십에 자리를 내주어야 할 때가 되었다고 판단하고 다른 곳으로 떠난 것이다. 베드로가 '떠나 다른 곳으로 간 것'은 사도행전 전체의 흐름을 통해 다음 네 가지 해석이 가능하다.

첫째, 자신의 안전과 공동체의 안전을 위해서였다.
둘째, 지속적인 복음전도를 위해서였다.
셋째, 무대 뒤로 물러선 것은 하나님의 영광을 위해서였다.
넷째, 이방인의 사도 바울에게 이방선교의 리더십을 이양하기 위해서였다. 초대교회 교회사가 유세비우스에 따르면 베드로는 글라우디오(재위 A.D. 41-54) 황제 때 로마에 가서 복음을 증거하였다.

사도행전 12장에서 베드로가 역사의 무대 뒤로 사라짐과 동시에 바로 이어 '바나바와 사울이 부조를 마치고 예루살렘에서 안디옥으로 돌아왔다'는 사실을 누가가 언급한 것은 앞으로 안디옥교회와 바나바와 바울을 역사의 무대에 드러내려는 서막이라고 할 수 있다.

3. 박해자의 비참한 최후(12:20-23)

기독교 박해자들은 반드시 하나님의 심판을 받았다. 본문에 등장하는 헤롯 아그립바 1세(A.D. 41-44)가 전형적인 사례이다. A.D. 44년 봄에 대대적인 박해를 착수한 헤롯 아그립바 1세는 이후 채 1년도 되지 않아 그해 가을에 비참한 최후를 맞았다. 헤롯의 죽음은 '하나님의 복수'였음이 분명하다. 초대교회 교회사가 유세비우스는 '사도들을 박해했던 헤롯이라 또한 불리는 아그립바 왕을 하나님이 즉시 복수하셨다'고 증언한다.

누가는 헤롯 왕이 '왕복을 입고 단상에 올라 연설했다'고만 기록하고 있다. 그런데 흥미롭게도 고대 역사가 요세푸스는 헤롯이 반짝거리는 특수하게 만든 왕복을 입고 동이 막 트이는 새벽에 백성들을 모아놓고 특별히 만든 높은 단에 등단했다고 증언한다. 막 떠오르는 태양이 반짝이는 왕복에 비추면서 마치 오늘날 연예인들의 화려한 의상이 조명을 받아 반짝 거리는 것처럼 왕의 모습이 찬란하게 빛났다. 이때 아첨꾼들이 그를 신이라며 외치며 이렇게 말했다. '우리를 긍휼히 여기소서! 이제까지는 당신을 단지 한 인간으로 존경했으나 이제부터는 우리가 당신을 죽을 인간 존재 그 이상으로 여기겠나이다.'

헤롯은 하나님께 돌려야 할 영광을 자신이 취했고, 그 결과 하나님의 무서운 심판을 피할 수 없었다. '헤롯이 영광을 하나님께로 돌리지 아니하므로 주의 사자가 곧 치니 벌레에게 먹혀 죽으니라.' 요세푸스 또한 동일하게 증언한다. 사람들이 이는 사람의 소리가 아니라 신의 소리라고 외쳤을 때 '아그립바는 그들을 꾸짖지도 않았고, 그들의 불경건한 아첨을 거절하지도 않았다.' 누가의 기록과 요세푸스의 기록이 정확히 일치한다.

우리는 여기서 헤롯의 죽음을 통해 다음 몇 가지 사실을 확인할 수 있다.

첫째, 헤롯이 가장 치욕적인 죽음을 맞았다.

둘째, 헤롯의 죽음은 박해자에 대한 하나님의 무서운 심판이었다.
셋째, 박해 가운데서도 교회가 놀랍게 성장했다.

4. 안디옥으로 복음 확장 결론(12:24-25)

"하나님의 말씀은 흥왕하여 더하더라"는 사도행전 III 부 '안디옥으로 복음 확장'의 결론이다. 헤롯의 죽음을 마무리하면서 '하나님의 말씀은 흥왕하여' 더했다는 사실과 바울과 바나바가 '부조의 일을 마치'고 안디옥으로 돌아왔다는 사실을 부언하고 있다. 야고보 사도가 죽고 베드로가 투옥되는 극한의 박해 속에서도 하나님의 교회는 흔들리지 않고 여전히 성장을 계속한 것이다.

흥미로운 사실은 누가는 복음전파의 지리적 한계를 설정하지 않고 '하나님의 말씀이 흥왕했다'고만 기술했다. 예루살렘이나 온 유대와 사마리아에서의 복음전파 때 결론에서 지리적인 범위를 언급했던 것과는 달리 여기서는 지리적인 언급이 전혀 없다. 이제 복음은 사마리아를 넘어 땅끝으로 확산되어 나가기 때문이다.

그토록 극심한 박해 가운데서도 복음은 요원의 불길처럼 확산되었다. 스데반의 죽음과 그로 인한 환난도, 야고보를 죽이고 베드로 사도를 투옥하여 교회를 말살하려는 헤롯 아그립바 1세의 무서운 박해도 하나님 나라 확장을 중단시킬 수 없었다. 하나님께서 박해를 가한 아그립바 1세를 심판하시고 교회를 보호하셨다. 박해 가운데서도 복음이 놀랍게 확산되었다.

역사가 인간들만의 무대처럼 보이지만 크로노스와 카이로스를 주관하시는 하나님께서는 세상 역사 가운데 역사(works)하시며 역사(history)를 이끌어 가신다. 우리가 '하나님이 역사의 주'라고 고백하는 이유가 바로 여기 있다.

제 IV 부
안디옥에서 로마로 복음 확장
(13:1-28:31)

12장
바울의 1차 선교여행과 소아시아선교(13:1-14:28)

13장
예루살렘공의회와 이방선교의 공인(15:1-35)

14장
바울의 2차 선교여행과 소아시아선교 확장(15:36-16:5)

15장
바울의 마게도냐 빌립보 선교(16:6-40)

16장
바울의 데살로니가, 베뢰아, 아덴 선교(17:1-34)

17장
바울의 3차 선교여행과 고린도·에베소 선교(18:1-19:20)

18장
바울의 예루살렘 행 여정과 로마 행 준비(19:21-21:14)

19장
예루살렘에서의 바울(21:15-23:35)

20장
총독과 왕 앞에서 바울의 재판(24:1-26:32)

21장
로마로 향하는 바울의 여정(27:1-28:10)

22장
바울의 로마 입성과 전도(28:11-31)

바울의 선교여행을 통해 이방인 선교가 본격적으로 착수되었다. 복음은 예루살렘, 온 유대와 사마리아를 넘어 안디옥으로, 다시 안디옥을 넘어 소아시아 전역으로 확산되었다. 사도행전 13장 1절부터 28장 31절까지는 안디옥에서 로마로의 복음 전파 이야기를 소개하고 있다. 제 4부는 본격적인 이방선교의 스토리가 담겨 있다.

복음은 마치 요원의 불길처럼 안디옥에서 소아시아를 넘어 유럽으로 확산되기 시작했다. 13장부터 15장까지는 1차 선교여행을 통해 소아시아 지역에 복음이 확산되었고, 사도행전 16장 6절부터 19장 20절까지는 2,3차 선교여행을 통해 마게도냐 에게해 지역으로 복음이 확장되는 과정을 기술하였다. 복음이 예루살렘-온 유대-사마리아-안디옥-소아시아를 넘어 마게도냐 에게해로 확장되어 나간 것이다. 성령께서 땅 끝까지 복음을 전하시기 위하여 바울의 선교방향을 바꾸셨다. 이렇게 해서 하나님의 복음은 소아시아를 넘어 유럽으로 확산되었다. 복음의 확장과정을 주도하신 분은 성령 하나님이셨다. 성령께서는 말씀을 통해서 강하게 역사하셨다. 그래서 누가는 이를 "주의 말씀이 힘이 있어 흥왕하여 세력을 얻으니라"는 문장으로 표현했다.

복음의 확장은 마게도냐 에게해에서 그치지 않았다. 복음은 당시 '땅 끝,' '천하'였던 로마제국의 수도 로마로까지 놀랍고 급속하게 확산되어 나갔다. 19장 21절부터 28장 31절까지는 로마까지의 복음의 확장과정이 생생하게 서술되었다. 로마까지 복음이 전해지므로 사도행전 1장 8절의 '땅 끝까지 이르러 내 증인이 되리라'는 약속의 말씀이 구체적으로 성취된 것이다. 사도행전은 진행형으로 종결되었다. 하나님의 복음전파는 주님이 오실 때까지 계속될 것이기 때문이다.

제 12 장
바울의 1차 선교여행과 소아시아선교
(13:1-14:28, A.D. 47-49)

　안디옥교회가 바나바와 사울을 선교사로 파송한 것은 A.D. 47년이다. 안디옥교회를 중심으로 진행되는 이방선교의 새로운 역사가 시작되었다. 성령의 충만을 받은 바울의 1차, 2차, 3차 선교여행을 통해서 사도행전 1장 8절의 약속대로 하나님의 복음이 놀랍게 확장되어 나갔다. 누가는 그 과정에서 여전히 성령께서 선교를 주도해 나가셨다는 사실을 선명하게 드러냈다.

　팔레스타인에서의 예루살렘 중심의 지역교회사는 끝나고 이제는 안디옥을 중심으로 한 세계교회사가 전개된다. 교회가 이방인에게 복음을 증거하기 위해서는 교회의 성격과 주도권이 이방인 전도에 맞게 수정되어야 했다. 로마제국을 무대로 복음을 전하기 위해 사울이라는 히브리식 이름에서 로마식 이름 바울로 바뀐 것이 그 대표적인 예이다.

　이러한 변화는 저자 누가의 의도나 그의 사건 묘사와도 잘 맞아떨어진다. 그가 사도행전에서 집중하고 있는 것은 '땅 끝' 로마로의 복음의 확장이기 때문이다.

1. 바울과 바나바 파송(13:1-3)

누가는 안디옥교회를 대표하는 인물로 '바나바와 니게르라 하는 시므온과 구레네 사람 루기오와 분봉 왕 헤롯의 젖동생 마나엔과 및 사울' 등 다섯 사람을 언급했다. 1-3절에서 우리가 특별히 주목해야 할 몇 가지가 있다.

첫째, 안디옥교회는 처음부터 세계성을 지닌 교회였다. 이는 안디옥교회를 대표하는 구성원들의 다양성에서 그대로 나타난다. 바나바는 구브로 출신의 헬라파 유대인이었고, '니게르라 하는 시므온'은 아프리카 출신의 개종자였다. 루기오는 구레네 출신의 헬라파 유대인이었다. 마나엔은 헤롯과 함께 성장한 사람으로 헤롯의 오랜 친구이자 어떤 귀족 출신이었음에 틀림없다. 이처럼 바울과 바나바를 파송하기 이전부터 안디옥교회는 각 지역의 성도들이 한데 어우러진 세계화된 교회였다.

둘째, 안디옥교회의 선교는 성령께서 주도하셨다. 성령이 바울과 바나바를 따로 세워 파송할 것을 말씀하셨고, 안디옥교회는 그대로 순종했다. 여기서 우리가 주목할 것은 안디옥교회가 바울과 바나바 파송을 앞두고 금식하며 기도했다는 사실이다. 안디옥교회는 모두가 금식하며 기도에 동참하여 성령의 인도하심을 구했다.

셋째, 서열을 파괴한 하나님의 일꾼 선정이다. 성령께서 다섯 명 중에서 첫 번째 바나바와 마지막의 사울을 세우셨다. 이처럼 안디옥교회 가운데 선교를 위해 필요한 사람을 세우시는 성령의 방식은 인간의 생각과 전혀 달랐다.

2. 구브로에서 바나바와 바울의 첫 선교사역(13:4-12)

A.D. 47년 봄 유월절이 지나고 바나바와 바울이 같이 파송을 받았다. 1차 선교여행은 47-49년 사이에 이루어졌다. 이 기간 바나바와 바울은 구브로를 비롯하여 갈라디아 남부 지방을 거쳐 비시디아 안디옥, 이고니온, 루스드라, 더베에서 복음을 전했다.

바나바와 사울 일행이 성령의 파송을 받아 제일 먼저 간 곳은 구브로였다. 주전 1세기부터 로마의 지배를 받게 된 구브로는 지중해 동부에 있는 거대한 섬이다. 그곳에서 성령충만한 바울과 바나바는 담대하게 복음을 전파했다. 바나바와 바울은 바나바의 사촌 마가요한을 선교여행에 동행시켰다.

바나바와 바울이 첫 선교지로 구브로를 택한 데는 몇 가지 이유가 있다.

첫째, 구브로는 안디옥에서 매우 가까이에 위치해 있어 서로 끊임없는 교류가 있었다.

둘째, 구브로는 바나바가 태어나고 살았던 고향이었다.

셋째, 섬 주민의 반이 유대인이라고 할 만큼 큰 규모의 유대인들이 구브로에 거주했다.

넷째, 구브로는 기독교에 대해 이미 상당한 준비가 되어 있는 곳이었다. 그곳에는 많은 회당이 있었다. 바나바와 사울은 회당을 중심으로 섬 전체를 샅샅이 뒤지며 선교여행을 감당했다.

사울이 바보라는 곳에 갔을 때 그는 그곳에서 마술사 엘루마를 만났다. 그는 '바예수라 하는 유대인 거짓 선지자인 마술사'였다. 그가 바나바와 사울을 대적하고 이들을 불러 말씀을 듣고자 하는 총독 서기오 바울이 예수를 믿으려는 것을 방해하였다. 이에 사울이 그를 향하여 저주를 내리자 '즉시 안개와 어두움이 그를 덮어 인도할 사람을 두루' 구했고 총독은 '그렇게 된 것을 보고 믿으며 주의 가르치심을 놀랍게 여겼다.'

복음전파 과정에서 사탄이 배후에서 역사하여 영적전투가 끊임없이 일어나지만 하나님이 신앙을 방해하는 행위를 그냥 내버려 두시지 않으시며, 결국 영적으로 승리한다는 사실을 선명하게 보여준다. 그 승리는 성령충만한 사람과 성령충만한 교회를 통해 실현된다.

3. 비시디아 안디옥: 바울의 첫 설교와 반응(13:13-52)

바울과 바나바는 바나바의 고향 구브로에서 선교여행을 마치고 바보에서 배를 타고 바울의 고향인 소아시아 남부 해안으로 항해했다. 일행은 바보에서 280km 의 항해 끝에 앗달리아에 상륙하고 거기서 약 20km 거리를 육로로 가서 '바보에서 배 타고 밤빌리아에 있는 버가에' 도착했다.

밤빌리아는 소아시아의 남쪽 타우루스 산맥 이남의 지중해 해안 지방을 말한다. 그곳은 로마의 한 주로 버가가 그 수도였다. 버가에는 아데미 여신을 숭배하는 거대한 전각이 있었고 그 외 거대한 야외극장과 목욕탕이 있었다. 바로 여기서 동행자 중에 한 사람인 마가요한이 이탈하여 예루살렘으로 돌아갔다. 바울은 그의 이탈을 '탈영'으로 간주했다.

마가가 돌아간 후에도 바나바와 사울은 실망하지 않고 선교사역을 계속했다. 비시디아 안디옥에 이르러 안식일에 그곳 '회당에 들어가 앉았다.' 오늘날 터키 서부 중앙에 위치한 비시디아는 밤빌리아의 북부 지역으로 역시 로마의 한 주였다. 아우구스투스 황제가 25 B.C.년에 이곳을 로마의 식민지로 만들었다. A.D. 1세기 중엽까지 수명의 황제의 친족들이 이곳을 다스렸다. 아시아의 많은 도시들처럼 이곳에도 유대회당이 있었다. 바나바와 바울은 그곳에 도착해 첫 번째 안식일에 회당에 들어갔다.

회당장들은 바울 일행을 향해 '형제들아 만일 백성을 권할 말이 있거든 말하라'고 부탁했다. 회당에서는 참석한 회중들 가운데서 적절한 어떤 사람이 설교하도록 되어있다. 설교할 사람을 지정하는 것은 회당장들의 의무였다. 그들은 자신들의 도시를 방문한 두 방문자들에게 권면의 메시지를 요청했다. 바울이 나선 것을 보면 그가 가장 적합한 설교자로 인정받았던 것으로 보인다.

바울의 첫 설교(13:17-41)

안식일에 비시디아 안디옥의 회당에 들어간 바울은 기회를 얻어 설교했다. 짧지 않은 설교로 이것은 사도행전에 기록된 바울의 첫 설교이다. 그의 설교는 기독교의 핵심진리가 잘 드러나 있다. 그것은 한마디로 예수 그리스도가 구약의 예언과 세례요한의 증거대로 인류를 구원하기 위해 오신 참 하나님의 아들, 구주라는 사실이다.

바울은 이 사실을 출애굽 이후 구약의 이스라엘 역사를 개관하며 설명하였다. 그는 먼저 그리스도를 위한 준비로서 구약의 역사를 제시한 후 예수가 약속의 메시야임을 밝히고, 예수가 십자가와 부활을 통해 구속의 대업을 완성한 것을 전해주었다. 그는 믿음을 권하고 불신을 경계하는 것으로 설교를 끝맺었다. 바울의 설교에서 우리가 주목해야 할 두 가지가 있다.

첫째, 바울의 설교는 전형적인 구속사적 설교이다. 바울은 족장시대부터 다윗의 출현까지의 이스라엘 역사를 개괄하면서 메시야에 대한 구약의 약속과 예수 그리스도를 통한 약속의 성취라는 관점에서 역사를 해석하였다. 너무도 탁월한 구속사적 설교다.

둘째, 바울의 설교에는 구원의 교리가 강하게 표현되었다. 인간의 구원이 하나님의 역사이며 믿음으로 의롭다 함을 받는다는 칭의의 가르침이 저변에 깔려있다. 모세의 율법으로는 결코 의롭다 함을 얻지 못하고 오직 예수 그리스도를 힘입어 죄 사함을 얻는다는 것이 핵심이다.

믿음으로 의롭다 함을 받는다는 것은 주님의 가르침의 핵심이고, 바울의 가르침의 근간이었으며, 위대한 스승 어거스틴이 외친 칭의론의 근간이고 그리고 종교개혁자 마틴 루터가 외쳤던 복음의 핵심이었다.

사도행전에 나와 있는 베드로의 설교, 스데반의 설교 그리고 여기 바울의 설교 역시 그리스도가 구약에 예언된 메시야이며, 그의 죽으심과 부활이 메시야이심의 증거이며, 그를 통해 인류의 구원의 약속이 성취되었다는 사실을 공통적으로 증언한다.

바울의 설교에 대한 반응과 결과(13:42-52)

복음을 접한 청중들의 반응은 두 종류였다. 복음에 호의적인 이들과 반대하는 자들이다. 바울의 설교에 대한 반응이 상당히 호의적이었다는 사실은 다음 안식일에도 그에게 이 말씀을 다시 전해달라고 부탁했다는 사실, '유대인과 유대교에 입교한 경건한 사람들이 많이 바울과 바나바를 따랐다'는 사실 그리고 '그 다음 안식일에는 온 시민이 거의 다 하나님 말씀을 듣고자 하여' 모였다는 사실에서 알 수 있다. 바울의 설교에 대한 반응이 대단했던 것을 알 수 있다. 하지만 이와 같은 놀라운 호응을 보고 반대하는 세력도 있었다. 바울과 바나바의 첫 선교지에서 복음전파를 방해한 이들은 다름 아닌 바로 동족 유대인들이었다. 유대인들은 일치하여 복음을 거절하였고, 이방인들은 큰 무리가 복음을 받아들였다.

누가는 바울의 설교 마지막 부분 중에 유대인들의 복음 거부가 이방인에게 복음의 문을 여는 전기가 되었음을 밝혔다. 특별히 하나님께서 바울 자신을 이방의 빛으로 삼으셨다는 사실은 그 자리에 있는 수많은 이방인들에게 큰 용기와 희망을 주었을 것이다. 그 소식을 '이방인들이 듣고 기뻐하여' '하나님의 말씀을 찬송하며 영생을 주시기로 작정된 자는 다 믿더라'는 말씀이 이를 뒷받침한다. 우리는 여기서 몇 가지 사실을 주목할 필요가 있다.

첫째, '주의 말씀이 그 지방에 두루 퍼지니라'는 말씀이다. 주의 말씀이 전 지역에 전달되었다는 의미이다.

둘째, 유대인들이 바울과 바나바가 복음을 전하지 못하도록 선동하는 일에 앞장섰다. '유대인들이 경건한 귀부인들과 그 시내 유력자들을 선동하여 바울과 바나바를 박해하게 하여 그 지역에서 쫓아냈다.' 바울과 바나바의 전도를 막은 사람은 자칭 하나님을 잘 믿는 자들이었다.

셋째, 바울과 바나바는 비록 그곳에서 쫓겨나 이고니온으로 향하고 있었지만 제자들은 '기쁨과 성령이 충만'했다.

여기서 우리가 간과해서는 안 될 사실은 '제자들'이라는 표현이다. 여기 제자들은 바울과 바나바를 지칭하는 것이 아니라 바울과 바나바가 비시디아 안디옥 회당에서 복음을 전해 그 복음을 받아들이고 믿게 된 사람들을 가리킨다. 그토록 짧은 동안에 복음을 받아들인 자들이 제자로 세워진 것이다. 여기서 복음의 역동성을 그대로 읽을 수 있다.

이와 관련해서 우리가 주목해야 할 또 한 가지는 이들이 '기쁨과 성령'이 충만했다는 사실이다. 여기서 성령과 기쁨을 동시에 병행한 것은 이 둘이 상호 밀접한 연관성을 지니고 있기 때문이다. 역경 중에서 기뻐하는 것은 진실된 신앙의 외적 표지이다. 역경 가운데 얻는 기쁨은 성령을 통한 은혜의 체험, 구원의 체험 없이는 불가능하다.

마지막으로 우리가 주목해야 할 사실은 바울과 바나바의 전도를 받고 복음을 받아들인 사람들 가운데 일부가 성령의 충만을 받은 것이 아니라 '다' 성령의 충만을 받았다는 사실이다. 여기서 누가는 다시 성령을 강조하고 있다. 성령께서 선교사역을 이끌어 가셨고, 바울과 바나바를 사용하셨으며, 놀라운 능력으로 선교현장 가운데 나타나셨다는 사실을 증언하기를 원한 것이다. 그래서 누가는 의도적으로 사도행전 13장을 마치기 전에 성령충만한 바나바와 바울을 통해 제자들이 성령이 충만하였다는 사실을 밝힌 것이다.

4. 이고니온, 루스드라, 더베 선교(14:1-19)

비시디아 안디옥에서 당한 박해에도 불구하고 바울과 바나바는 '기쁨과 성령이 충만'한 가운데 이고니온으로 향했다. 이고니온은 비시디아 안디옥에서 남동쪽으로 약 160km 떨어진 곳에 위치한 오래된 고도이다. 소아시아 남부의 가장 높은 곳에 위치한 이곳은 비옥한 평원으로 둘러싸여 있다. 오늘날 터키에서 네 번째로 큰 도시 고냐(Konya)가 바로 이고니온이다. 바울의 1차 선교여행 당시 이고니온은 헬라도시로 농업과 상업의 중심지였다. 우상숭배가 성행했던 이곳에는 디아스포라 유대인들이 상당수 거주하고 있어 유대인 회당이 있었다.

이고니온 선교(14:1-7)

이고니온에 도착한 바울과 바나바는 그곳 회당에 가서 복음을 전하기 시작했다. 그러자 '유대와 헬라의 허다한 무리가' 예수 그리스도를 믿는 역사가 나타났다. 이는 말 그대로 허다한 유대인들과 허다한 이방인이 믿었다는 것이다. 당시 헬라인은 이방인의 총칭이었다.

허다한 유대인들과 헬라 이방인들이 믿기 시작하자 '순종하지 아니하는 유대인들'이 이방인들의 마음을 선동하여 악감을 품게 만들었다. 그들이 복음전파를 방해하기 위해 온갖 수단과 방법을 가리지 않았음을 함축한다. 누가는 이고니온에서의 박해가 유대인들에게서 시작된 것을 분명히 밝히고 있다. 그럼에도 불구하고 두 사도는 이고니온에서 오래 있으면서 '주를 힘입어 담대히' 복음을 전했다. 오래 머문 것은 복음전파 사역이 순조로웠기 때문이 아니라 오히려 난관에 부딪혔기 때문이다. 난관이 복음전도를 방해한 것이 아니라 오히려 더욱 자극을 준 것이다.

이고니온에서도 복음의 반대세력은 똘똘 뭉쳐 '이방인과 유대인과 그 관리들이 두 사도를 모욕하며 돌로 치려고 달려'드는 일이 발생했다. 유대인들만 반대한 것이 아니라 이방인들과 관원들도 그들과 합류했다. 반대세력이 얼마나 응집력을 가지고 방해했는가를 말해준다. 하지만 바울과 바나바의 복음의 열정을 막을 수는 없었다.

박해 가운데서도 두 사도는 담대히 복음을 증거했고, 놀라운 표적과 기사가 나타났다. 누가는 이와 같은 복음증거와 표적과 관련하여 두 가지 사실을 분명히 드러내고 있다. 첫째는 '주를 힘입어'이고, 둘째는 '주께서 그들의 손으로'이다. 한마디로 사도들이 복음을 담대히 증거할 수 있었던 것 자체가 주님의 은혜요, 놀라운 표적도 주께서 사도들의 손으로 행하신 역사라는 고백이다. 사실, 인간적으로 사도들 자신은 나약한 존재들이었지만 주를 힘입고 성령의 능력으로 선교사역을 힘 있게 감당할 수 있었다.

루스드라와 더베에서의 선교(14:8-19)

이고니온에서 이방인과 유대인과 관원들이 뭉쳐 자신들을 돌로 치려는 음모를 미리 알게 된 바울과 바나바는 루가오니아의 두 성 루스드라와 더베 및 그 근방으로 피했다. 바울의 선교여행지 대부분이 대도시였던 반면 루스드라는 상대적으로 작은 도시였다.

주전 6세기에 세워진 루스드라는 헬라도시였다. 비시디아 안디옥과 마찬가지로 루스드라는 6 B.C.년에 아우구스투스 황제에 의해 로마의 식민지로 편입되었다. 디모데의 고향으로 여겨지는 루스드라는 오늘날 터키의 남부 중앙 라코오니아의 상업도시이다.

이곳 루스드라에서 못 걷는 사람이 고침을 받았다. 이것은 베드로와 요한 성전 미문에 앉은 못 걷는 사람을 일으킨 사건과 매우 유사하다. 여기 못 걷는 사람이 '나면서 걷지 못하게 되어 걸어 본 적이 없는' 사람이었다는 사실, 바울이 '주목하여 구원받을 만한 믿음이 그에게 있는 것'을 보았다는 사실에서 확인할 수 있다.

베드로 요한 성전 미문 못 걷는 사람과 바울 루스드라 치유

	사도행전 3장	사도행전 14장
상 태	나면서 못 걷게 된 이	나면서 못 걷는 사람
믿 음	무엇을 얻을까 바라보거늘	구원 받을만한 믿음
명 령	일어나 걸어라	네 발로 바로 일어서라
결 과	걷기도 하고 뛰기도 하며	그 사람이 일어나 걷는지라

지금까지 그와 같은 기적의 역사를 목도한 적이 없었던 루스드라 사람들은 바울이 행한 표적을 보고는 자신들이 사용하는 루가오니아 말로 '신들이 사람의 형상으로 우리 가운데 내려오셨다'고 소리쳤다. 날 때부터 못 걷는 사람을 일으킨 사건은 지금까지 없었던 그들이 볼 때는 신만이 행할 수 있는 일이었다.

무리들은 바나바를 '제우스' 신으로, 바울을 '헤르메스' 신으로 불렀다. 성 밖에 있는 제우스 신당의 제사장들이 바울과 바나바가 기적을 베푼 그 집 대문에 소와 화관들을 가지고 와서 '무리와 함께' 제사를 드리려고 했다. 제사장들도 바울과 바나바를 신으로 생각했고 무리들도 당연히 그렇게 여겼던 것이다. 당시 루스드라 사람들은 제우스와 헤르메스를 그 지역의 수호신으로 숭배하였다. 이들이 이야기하는 바울을 헤르메스로, 바나바를 제우스로 이해한 것은 당시 헬라에서 제우스를 최고의 신으로, 헤르메스를 신들의 사신으로 믿었기 때문이다.

자신들이 아닌 그리스도를 드러냄(14:14-18)

처음에는 이와 같은 루스드라 사람들의 행동을 이해하지 못하다가 자신들에게 제사를 드리려는 모습을 보고서야 그 진의를 파악한 바울과 바나바는 오래 전 베드로와 요한이 했던 것처럼 그들을 향해 '왜 우리를 주목하느냐'며 그 기적의 역사로 인한 영광을 십자가의 주님께로 돌렸다. 우리는 여기서 두 가지 사실을 주목할 필요가 있다.

첫째, 바울이 베드로와 요한이 그랬던 것처럼 자기를 주목하는 이들에게 못 걷는 사람을 일으킨 기적의 주체가 자신들이 아니라는 사실을 분명히 밝혔다.

둘째, 바울의 선교적 접근방법이다. 루스드라에서 행한 바울의 설교는 이교도들에게 행한 첫 설교였다. 바울은 루스드라 사람들도 이해할 수 있는 개념으로 신에 대한 설명을 시작한 후 기독교의 신관을 분명히 천명하였다. 우리는 복음의 본질을 변화시키지 않으면서 복음의 전달의 접근방법을 적절하게 사용하는 바울에게서 우리가 어떻게 다양한 계층의 다양한 사람들에게 복음을 전할 것인가를 배울 수 있다. 그런 의미에서 존 스타트의 말대로 "우리는 바울의 융통성을 배울 필요가 있다."

그러나 이런 놀라운 성령의 역사와 그로 인하여 바울과 바나바에 대한 신격화에도 불구하고, 루스드라 사람들은 너무도 쉽게 유대인들의 선동에 넘어갔다. 유대인들이 안디옥과 이고니온에서 와서 무리를 충동하자 '돌로 바울을 쳐서 죽은' 상태로 만들었다. 루스드라와 비시디아 안디옥은 160km 나 떨어져 있었지만 그 먼 길을 마다하지 않고 달려 온 것이다. 우리는 여기서 바울과 바나바의 복음전파를 방해하는 세력이 얼마나 집요한지 알 수 있다.

브루스가 지적한 대로 "두 사도들에 대한 루스드라 지방의 태도가 이렇게 급변하다니 이 얼마나 암울한 아이러니인가!" 표적과 기적이 꼭 완전한 신앙을 보장해주는 것은 아니다. 14장의 루스드라 사람들은 표적을 따라다니는 자들이 보여주는 전형적인 모습이다. 예수님께서 베푸신 여러 표적을 보고도 그를 십자가에 못 박으라고 외치고, 스데반의 기사와 표적을 보고도 그를 돌로 쳐 죽인 무리들처럼 루스드라의 '무리'들은 너무도 쉽게 유대인들의 선동에 넘어가 복음을 대적하는 무리들에 동조하였다. 이들은 돌로 바울을 쳐서 '죽은 줄로 알고 바울을 시외로 끌어 내쳤다.'

5. 수리아 안디옥으로 귀환(14:20-28)

그러나 놀라운 것은 바울이 죽음 직전에서 깨어난 후 보여준 모습이다. 제자들이 둘러섰을 때에 바울은 일어나 그 성에 들어갔다가 이튿날 바나바와 함께 더베로 가서 복음을 전했다.

더베는 루스드라에서 96km 떨어진 갈라디아 리카니안 남동부의 국경도시다. 죽음 직전에 깨어난 바울이 상처 난 몸으로 무려 96km 되는 그 먼 거리를 도보로 걸어갔다는 사실에 놀라지 않을 수 없다. 이 거리는 건

강한 사람에게도 대단히 부담스러운 거리다.

그만큼 자신의 생명보다 복음을 증거하는 것을 더 귀하게 여긴 것이다. 바울은 자신의 생명이 존재하는 한 복음을 전해야 할 사명을 깊이 인식하고 있었고, 그 일을 주저하지 않고 실행에 옮겼다. 그 결과 그가 가는 곳마다 복음의 역사가 예외 없이 나타났다.

그러나 이보다 우리가 더 주목할 부분이 있다. 그것은 바울이 얼마 전 복음을 전하고 교회를 설립한 더베로 달려갔다는 사실이다. 더베에서의 바울의 사역에 대해 누가는 '많은 사람을 제자로 삼고'라는 말로 간단히 집약했다. 바울은 더베에서 복음을 다시 전해 많은 사람을 제자로 삼은 후에 바로 이어 '루스드라와 이고니온과 안디옥'을 다시 방문했다.

자신들을 그토록 잔인하게 박해했던 루스드라와 이고니온과 비시디아 안디옥으로 그렇게 속히 다시 돌아간 것이다. 그것은 이제 막 신앙생활을 시작한 사람들에게 앞으로 있을 박해를 예견하고 그들을 신앙으로 무장시키기 위해서였다. 우리는 여기서 두 사도의 용기와 헌신이 얼마나 대단했는가를 알 수 있다. 이런 용기와 결단 배후에는 하나님의 깊으신 은혜의 섭리가 함께 있었다. 램지에 따르면 바나바와 바울이 더베로 되돌아갈 수 있었던 것은 그들을 추방했던 '모든 도시의 행정장관들이 새로운 사람들로 교체'되었기 때문이다.

바울과 바나바의 첫 선교지에서 3가지 사역(14:22-23)

바울과 바나바는 새로 세워진 교회에서 세 가지 사역을 수행하였다.

첫째, '마음을 굳게 하여 이 믿음에 머물러 있으라'고 권고했다. 이것은 과거 바나바가 예루살렘교회의 파송을 받아 안디옥에 처음 와서 한 일이다.

둘째, '하나님의 나라에 들어가려면 많은 환난을 겪어야 할 것이라'고 알려주었다. 영광을 받기 위해서는 고난도 함께 받는 것이 성경의 진리이다. 또 끝까지 견디는 자들에게 그 나라와 영광의 면류관을 주시는 것이다.

셋째, 각 교회에 '장로들'을 택하여 세웠다. 이들을 통해 제자들의 신앙을 굳게 세우고, 환난 가운데서도 흔들리지 않도록 교우들을 돕기 위해서다. 23절을 보면 바울과 교회는 기도와 금식 중에 각 교회의 장로들을 택한 후 그들을 주님께 부탁하였다.

신앙의 공동체인 교회에는 복음에 대한 가르침, 그들을 돌볼 지도자, 하나님에 대한 굳건한 신뢰가 절대적으로 필요하다. 비록 첫 선교지였고, 신앙의 연륜도 짧았지만 이들에게는 사도들의 가르침이 있었고, 그들을 돌볼 교회 지도자들이 있었으며 그리고 성령 하나님이 그들 가운데 함께 계셨다. 바나바와 바울이 첫 선교지를 떠나오면서 주저하지 않고 주께 맡길 수 있었던 이유도 거기 있었다. 어드만의 지적처럼 바울은 처음부터 '자치,' '자립,' '자전'의 선교현장을 세워나갔다.

안디옥 귀환 도상의 전도와 귀환(14:24-29)

바울과 바나바는 선교여행 동안 복음을 전하고 교회를 세웠던 갈라디아 지방의 여러 도시를 방문한 후 안디옥으로 향했다. A.D. 49년 안디옥에 돌아온 바나바와 바울은 안디옥교회 교우들을 모아놓고 두 가지 사실, '하나님이 함께 행하신 모든 일과 이방인들에게 믿음의 문을 여신 것'을 보고했다.

크리소스톰의 말대로 바울과 바나바는 그들이 무엇을 행했는지를 보고하지 않고 '하나님께서 그들과 함께 행하신 것'을 보고했다. 바울과 바나바가 1차 선교여행 동안 경험했던 사건들이 얼마나 많으며, 그 과정에서 자신들이 당한 수모와 박해가 얼마나 많았던가! 그런데도 이런 부분들을 전혀 언급하지 않고 그들의 선교여행 가운데 하나님께서 함께 행하신 일들과 이방인 선교 두 가지로 집약해서 보고했다.

제 13 장

예루살렘공의회와 이방선교의 공인
(15:1-35, A.D. 49)

A.D. 49년 예루살렘공의회가 열리기 전 10년 동안 이방선교는 놀랍게 진행되었다. A.D. 40년 봄 성령께서 고넬료 가정에 성령을 부어주심으로 더 이상 이방선교를 막을 수 없었고, 그 이듬해 A.D. 41년 여름 안디옥교회가 세워진 후 이방선교가 놀라운 속도로 진행되었다. 특별히 A.D. 43년 바나바가 사울을 안디옥으로 데려온 후 두 사람의 제자훈련과 이어 A.D. 47년 시작된 바울과 바나바의 1차 선교여행을 통해 길리기아, 구브로, 비시디아, 밤빌리아의 유대인들과 이방인들 모두가 주님께로 돌아왔다.

그런데 바울과 바나바가 처음으로 모험을 걸었던 A.D. 47-49년 2년 간의 1차 선교여행이 성공적으로 끝나자마자 그 후속처리로 문제가 생겼다. 유대에서 내려온 어떤 이들이 할례를 받지 않으면 구원을 받을 수 없다고 가르친 것이다. 이 문제를 다루기 위해 A.D. 49년 봄 예루살렘공의회가 열렸다. 예수 그리스도가 부활 승천하신지 20년 만에 열리는 예루살렘공의회는 아주 중요한 이방선교의 분기점이었다.

1. 바울과 바나바의 이방인 회심 보고(15:1-5)

우리는 예루살렘에서 온 어떤 이들이 이방인 회심자들에게 할례를 받아야 한다고 말하지 않고 '모세의 법대로 할례를 받지 아니하면 능히 구원을 받지 못한다'고 주장한 사실을 주목할 필요가 있다. 구약의 할례를 구원의 필수 조건으로 제시한 것이다. 구약시대에도 모든 민족에게 일률적으로 엄격하게 적용할 수 없는 기준을 은혜의 시대에 적용하려 한 것이다.

이들이 바나바와 바울이 가르친 것과 전혀 다른 내용을 가르치면서 교회 안에 문제가 발생했다. 아마도 유대에서 온 어떤 형제들은 할례냐 믿음이냐 둘 중의 택일을 제시하지 않고 믿는 자들이라도 할례를 받아야 구원을 받을 수 있다고 가르쳤을 것이 분명하다. 믿음과 할례를 다 구원의 전제조건으로 제시한 것이다. 안디옥교회는 이 문제해결을 위해 바나바와 바울을 예루살렘교회에 보내기로 결정했다.

2. 베드로의 이방선교 변호(15:6-11)

사도들과 장로들이 이 문제를 의논하기 위해 함께 모였다. 이것은 기독교회사에 나타난 최초의 공의회였다. '믿는 사람들' 중에는 '이방인에게 할례를 행하고 모세의 율법을 지키라 명하는 것이 마땅하다'고 공개적으로 주장한 이들도 있었다.

누가는 이렇게 문제를 제기한 사람들이 '바리새파 중 어떤 믿는 사람들'이었다고 구체적으로 언급하였다. 이들 바리새파 출신 그리스도인들이 이방인들이 교회 안에 들어오면 할례와 모세의 율법을 비롯한 유대교 전통과 의식을 준수하도록 가르쳐야 한다고 주장한 것이다. 누가는 이 문제로 '많은 변론이 있었다'고 증언한다.

이때 베드로가 일어나 발언했다. 베드로의 고백 속에는 중요한 네 가지 사실이 그대로 담겨 있다.

첫째, 하나님께서 자신을 부르신 목적이 이방인들에게 복음을 전하여 그들로 하여금 믿고 구원을 받을 수 있도록 하시기 위함이었다.

둘째, 하나님께서 유대인들과 마찬가지로 이방인들에게도 성령을 주시고 믿음으로 죄 용서함을 주셔서 우리와 차별이 없게 하셨다.

셋째, 우리도 감당하지 못한 구약의 율법의 멍에를 이방인들에게 매달아 둘 수 없다.

넷째, 우리 유대인들과 동일하게 복음을 받아들인 이방인들도 오직 주 예수의 은혜로 구원받을 수 있다.

할례자의 사도가 복음의 자유를 강력하게 옹호한 것이다. 베드로는 여기서 이방인의 구원의 역사가 성령께서 하시는 역사라는 사실을 분명히 하였다. 성령의 역사가 배제된 믿음은 존재할 수 없다. 믿게 하시는 분은 성령 하나님이시기 때문이다.

이러한 베드로의 변론은 매우 설득력이 있었고, '하나님의 공인된 행위에 대한 호소이므로 반박하기 어려웠다.' 베드로는 성령충만했고 그의 변론은 매우 논리정연하고 설득력이 있었다. 어느 누구도 베드로의 증언을 반박할 수 없었다. 얼마 전까지만 해도 이방인들에게 율법의 준수를 강요하는 것이 정당하다고 외쳤던 분위기가 완전히 반전된 것이다.

3. 야고보의 중재(15:12-21)

베드로는 바울과 바나바에게 큰 힘을 실어주었다. 바로 이어 바울과 바나바가 일어나 '하나님께서 자기들로 말미암아 이방인 중에서 행하신 표적과 기사'를 자세히 사례를 들어 설명했다. 누가는 '온 무리가 가만히 있어 바나바와 바울이 하나님께서 자기들로 말미암아 이방인 중에서 행하신 표적과 기사에 관하여 말하는 것을 들었다'고 증언한다.

성경에서 지금까지 단 한 번도 표면에 나타나지 않던 예수님의 동생 야고보가 바울과 바나바의 말이 끝나고 자신의 견해를 피력했다. 그는 이방인 선교가 이미 성경에 약속된 예언이라는 사실을 강하게 환기시켰다. 그가 언급한 '시므온,' '선지자들의 말씀,' '주의 말'이 이를 단적으로 말해준다. 베드로가 예수 그리스도의 오순절의 약속과 성취에 호소했다면 야

안디옥에서의 베드로와 바울

고보는 성령의 감동으로 말씀하신 구약의 선지자들의 약속에 호소하였다.

'다만 우상의 더러운 것과 음행과 목매어 죽인 것과 피를 멀리하라'는 야고보의 적절한 제안은 예루살렘 지도자들의 마음에 들었고, 예루살렘교회 전체도 동의했다. 야고보의 말이 끝나자 회의장의 분위기는 많은 다툼과 변론이 있었던 처음과 완전히 달랐다. 절대다수가 이방인들에게 할례를 강요하지 않는 쪽으로 의견을 모았다.

4. 바울과 바나바 귀환과 안디옥교회의 환대(15:22-35)

그리고 사도와 장로와 온 교회는 자신들의 견해를 담은 편지와 함께 몇 사람을 택하여 바울과 바나바와 함께 안디옥으로 보내기로 가결했다. 간략하지만 편지에는 심오한 신학이 담겨 있었다. 예루살렘공의회 결정도 신중하고 권위 있는 결정이었지만 그 결정을 알리는 대표를 파송하는 일에 있어서도 예루살렘교회는 매우 신중했다. 자신들이 신뢰하는 '바사바라 하는 유다와 실라'를 택한 것도 그런 이유다.

우리는 예루살렘교회가 안디옥교회에 대표를 파송하는 모습에서 특별히 주목할 두 가지가 있다. 그것은 '만장일치'와 '성령과 우리'라는 표현이다. 이방선교에 대한 예루살렘공의회의 결정은 교회공동체 구성원 모두가 찬성하고 성령께서 하나 되게 하셔서 도출한 결정이었다. 교회는 성령과 자신들을 분리시키지 않았다. 이 말은 교회가 성령이 이끄시는 공동체, 성령의 인도를 받고 성령이 주관하시고 성령의 역사가 충만한 곳이어야 한다는 사실을 의미한다. 예루살렘교회 구성원 모두는 성령을 높이고 성령을 영예롭게 하고 성령의 지도를 받고 성령을 간절히 사모하였다.

이들의 우선순위가 너무도 분명했다. '우리와 성령'이라고 하지 않고 '성령과 우리'라고 표현했다. '우리'보다 '성령'을 앞세운 것이다. 칼빈이 말한 대로 실추된 교회의 명예를 다시 회복할 수 있는 길은 성령의 역사 외에는 달리 길이 없다. 누가는 사도행전에서 성령충만을 반복해서 기술하며 성령충만한 공동체가 어떤 모습인가를 끊임없이 설명하고 기술하고 있다. 이처럼 '성령과 우리'는 과거 성령을 전혀 의식하지 않고 살았던 그들이 이제는 성령을 의식하고 성령의 인도를 받고 성령의 뜻을 구하는 사람들로 바뀌었음을 보여준다. 이 같은 예루살렘교회의 결정은 우리에게 다음의 몇 가지 중요한 교훈을 준다.

첫째, 온 교회는 예루살렘교회의 결정을 인간적인 결정이 아닌 성령께서 하신 결정으로 받아들였다.

둘째, 이들은 이기적인 목적이 아닌 순수하게 신앙적인 차원에서 결정했다.

셋째, 율법보다는 성령의 법에 순종하였다. 예루살렘교회는 단순한 율법적인 차원에서가 아닌 성령의 인도하심과 주장하심에 따라 결정했다.

넷째, 예루살렘교회는 결정 내용을 전하면서 명령의 형식을 취하지 않았다. 이들은 안디옥교회의 독립성을 존중하면서도 그들이 모교회인 예루살렘교회, 사도들 그리고 교회의 단일성을 무시하지 않도록 세심하게 배려했다.

안디옥교회 귀환과 유다와 실라의 동역(15:30-35)

유다와 실라 그리고 바울과 바나바는 예루살렘교회의 장로와 사도들과 작별인사하고 안디옥으로 향했다. 안디옥에 도착한 바울과 바나바 그리고 유다와 실라는 먼저 안디옥교회의 교우들을 한 자리에 모았다. 다 모이자 예루살렘교회의 '편지를 전하여 주고,' 그 중의 한 사람을 통해 그 편지를 처음부터 끝까지 다 읽어 내려갔다. 그들 모두는 '읽고 그 위로한 말을' 인하여 무척 기뻐하였다. 그 현장에 있던 안디옥교회 교우들 중에는 한 사람도 그 편지의 내용에 불만을 갖는 사람이 없었다. 이것은 얼마 전까지만 해도 적지 않은 다툼과 변론이 있었던 것을 고려할 때 참으로 놀라운 변화이다.

유다와 실라는 '여러 말로 형제를 권면하고 굳게 하여' 안디옥교회를 더욱 안정되게 만들었다. 누가는 바나바가 처음 안디옥에 와서 새로 믿은 신자들을 '권면'할 때와 동일한 단어를 사용함으로 바나바가 처음 했던 동일한 역할을 이들도 행했음을 보여준다. 바나바가 한 목양사역을 유다와 실라가 안디옥에 와서 한 것이다. 전도-목양-훈련을 통해 이방선교의 센터로 거듭난 안디옥교회 안에 이 같은 과정이 지속되었음을 보여준다.

우리가 한 가지 더 주목할 것이 있다. '바울과 바나바는 안디옥에서 유하며 수다한 다른 사람들과 함께 주의 말씀을 가르치며 전파하니라'는 구절이다. 바울과 바나바가 안디옥에 머물면서 '주의 말씀을 가르치며 전파하는' 일에 전념한 것이다. 여기서 몇 가지 생각해 볼 부분이 있다.

첫째, 바울과 바나바는 주님이 하셨고, 예루살렘교회가 했고, 과거 안디옥교회를 태동시킨 이들과 자신들이 몸소 실천했던 '가르치고 전파하고 치료하는' 사역을 지속적으로 감당했다.

둘째, 주의 일꾼을 세우는 일을 계속 감당했다. 처음 바울과 바나바 둘이서 1년 동안 가르치는 일을 계속 감당했으나 이제는 '수다한 다른 사람들과 함께' 이 사역을 실천했다. 안디옥에서 바울과 바나바에게 여러 동역자가 생겨난 것이다. 안디옥교회가 가르치시고, 전파하시고, 치료하셨던 주님이 하셨던 사역을 그대로 계승하면서 안디옥교회 안에는 인재들이 세워진 것이다.

셋째, 이들의 가르침의 핵심은 하나님의 말씀이었다. 우리는 '주의 말씀을 가르치며 전파하니라'를 주목해야 한다. 안디옥교회는 가르치고 전파하는 일에 최우선을 두었다. 안디옥교회가 극심한 갈등을 극복하고 선교적 교회로 온전히 회복할 수 있었던 원동력은 바로 거기에 있었다. 안디옥교회에서 가르치고 전파하는 사역을 통해 충실하고 견고하게 다져졌기 때문에 어려운 사건의 충격을 큰 무리 없이 흡수할 수 있었다.

오늘날 교회 안에 작은 어려움이 있어도 크게 동요되고 흔들리는 이유가 무엇일까? 영적 기초체력이 너무 약하기 때문이다. 성령의 권능을 체험하는 것만 아니라 주님이 하신 대로 가르치고 전파하고 치료하는 일을 지속해야 한다. 교회가 가르치고 전파하고 치료하는 주님께서 하셨던 사역을 지속적으로 감당하는 것이 얼마나 중요한지 안디옥교회가 보여준다.

제 14장
바울의 2차 선교여행과 소아시아선교 확장
(15:36-16:5)

　A.D. 49년 1차 선교여행을 성공적으로 끝낸 바나바와 바울은 할례문제로 예루살렘에 올라갔다가 예루살렘공의회를 마치고 안디옥으로 돌아왔다. 바울과 바나바는 잠시 안디옥교회에서 목양사역을 담당한 후 충분한 휴식도 취하지 못하고 A.D. 50년 다시 2차 선교여행을 떠났다. 2차 선교여행은 물론 성령께서 강권하신 일이었다. 사도 바울의 첫 번째 유럽 선교여행이 이 때 이루어졌다. 2차 선교여행의 목적은 새로운 복음의 확장과 더불어 1차 선교여행 기간 세운 교회들을 방문하여 그들을 신앙으로 독려하기 위해서였다.

1. 실라와 2차 선교여행 출발(15:36-41, A.D. 50)

　바나바와 바울은 2차 선교여행을 떠나기에 앞서 마가요한을 동행시키는 문제로 '서로 심히' 다투었다. 여기 사도행전 전체에서 기독교 공동체가 만난 가장 마음 아프고 안타까운 장면이 등장한다. 성경은 인간의 약점이나 죄악을 숨기지 않는다.
　위 누가의 기록에서 우리는 몇 가지 사실을 확인할 수 있다. 첫째는 1차 선교여행에서 돌아온 후 교회문제를 해결하고 안정을 시킨 후 다시 2차 선교여행을 떠나게 되었다는 사실이다. 둘째는 2차 선교여행을 먼저

사도 바울과 마가 요한

제의한 것이 바울이었다는 사실이다. 셋째는 선교여행이 이미 복음을 전해 받은 이들이 신앙 가운데 잘 성장하고 있는가를 돌아보기 위한 목적이라는 사실이다. 누가는 이 세 가지를 '며칠 후에 바울이 바나바더러 말하되 우리가 주의 말씀을 전한 각 성으로 다시 가서 형제들이 어떠한가 방문하자 하고'로 집약한다.

바울과 바나바가 함께 선교여행을 가는 것은 문제가 없었다. 문제는 선교여행의 동행자를 두고 바울과 바나바 사이에 견해가 달랐다는 사실이다. 바나바는 자신의 4촌 마가를 동행시키기를 원했고, 바울은 여기에 반대했다. 1차 선교여행 때 밤빌리아에서 자신들을 떠나 끝까지 선교여행에 동행하지 않고 돌아간 그 사람을 다시 동행시키는 것이 '옳지 않다'는 이유다. 이 문제로 바울과 바나바는 심하게 다투고 결국에는 '피차 갈라' 서고 말았다.

필자가 볼 때 누가는 한편으로 이 땅의 교회가 완벽할 수 없다는 사실, 믿음을 가진 이들도 다툴 수 있다는 사실을 진술하게 드러내고 다른 한편으로는 성령께서는 인간적 갈등을 통해서도 합력해서 선을 이루셨다는 사실을 전해주길 원했다. 바울과 실라가 안디옥교회의 축복 속에 선교여행을 떠났고, '바나바 역시 마가를 데리고 배타고 구브로'로 갔다.

또 한 명의 검증된 지도자 실라와 바울의 2차 선교여행

바울은 실라를 동행하고 수리아와 길리기아로 2차 선교여행을 떠났다. 여기서 우리가 두 가지 사실을 눈여겨 볼 필요가 있다. 하나는 바울이 실라를 동역자로 선택한 사실과 다른 하나는 파송과정이다. 바울이 볼 때 실라는 여러 가지 면에서 선교여행에 동참시킬 적격자였다.

첫째, 예루살렘교회와의 관계이다. 실라는 예루살렘교회 선지자요, 지도자 가운데 한 명이었다.

둘째, 실라는 예루살렘공의회를 마치고 안디옥에 왔을 때 여러 말로 형제들을 권면하여 신앙을 굳게 세우면서 안디옥교회 교우들로부터도 검증을 받은 인물이었다.

셋째, 실라는 바울과 마찬가지로 로마의 시민권자였다.

바울이 실라를 동행하고 2차 선교여행을 떠난 것은 A.D. 50년 초여름이었다. 바울은 그해 여름과 가을을 갈라디아 남쪽에서 보내면서 북쪽으로 비두니아를 그리고 서쪽으로는 드로아로 선교여행을 다녔다. A.D. 51년 겨울과 여름을 빌립보, 데살로니가, 베뢰아 그리고 아덴에서 보냈다.

1차 선교여행의 코스는 아니지만 누가는 바울 일행이 루스드라와 이고니온의 형제들을 만난 것을 기록하고 있다. 바울은 1차 선교여행 동안 가장 큰 결실이 있었던 비시디아 안디옥과 루스드라 그리고 이고니온을 염두에 두고 바나바에게 돌아보자고 제의했던 것을 알 수 있다. 그리고 누가는 '교회들을 견고하게 하니라'는 말을 통해 이 선교여행을 통해 본래의 목적을 달성하였음을 말해준다.

2. 디모데를 택한 바울(16:1-4, A.D. 50)

바나바가 마가를 동행하고 배 타고 구브로로 간 후 바울은 더베와 루스드라에 이르러 '디모데'를 만났다. 바울의 사역에 있어서 결정적인 전환점이 여기서 이루어진다. 바울이 놀라운 선교사역을 성공적으로 이룰 수 있었던 것은 디모데가 있었기 때문이다. 하나님의 원리를 따르려고 했을 때 하나님께 그 일을 추진할 수 있도록 여건을 만들어 주신다는 사실을 보여준다.

바울과 디모데의 관계는 각별했다. 바울은 디모데를 가리켜 '믿음 안에서 참 아들 된 디모데,' '사랑하는 아들' 그리고 '거짓이 없는 믿음'의 소유자라고 극찬했다. 디모데의 부친은 헬라인이었지만 그의 모친은 독실한 유대 여인 '유니게'였다. 그래서 디모데는 어릴 때부터 신앙교육을 철저하게 받았다. 디모데는 바울과 함께, 또 바울의 뒤를 이어 이방인 선교사역을 감당할 적격자였다. 크리소스톰의 표현을 빌린다면 디모데를 택한 것은 '바울의 놀라운 지혜였다!' 우리는 여기서 디모데를 철저하게 신뢰하는 바울의 모습을 볼 수 있다.

돌이켜 볼 때 바울이 디모데를 동역자로 선택한 것은 하나님의 특별한 섭리였다. 디모데가 없는 바울은 상상할 수 없다. 디모데는 '이방인의 사도'로 부름 받은 바울이 그 본래의 사명을 충실하게 감당할 수 있도록 일생동안 바울의 비전을 공유하며 그의 신실한 동역자와 협력자가 되었다. 헬라인 아버지와 유대인 어머니 사이에 태어난 디모데는 이방선교의 최고의 적격자였다. 아버지를 통해 체득한 헬라세계와 어머니를 통해 체득한 유대세계는 디모데에게 이방선교를 위한 복음의 접촉점이 무엇인지를 일깨워 주었을 것이다.

디모데의 할례와 선교여행 합류

실라를 택한 후에 선교여행을 다니던 바울이 디모데를 만난 것은 대단한 축복이었다. 바울은 얼마 전 할례문제로 헬라파 유대인들과 히브리파 유대인들 사이에 큰 논란이 일어났던 사실을 기억하고 미연에 불씨를 차단하였다. 바울은 은혜로 말미암아 구원을 얻기 때문에 예수를 믿는 사람들이 할례를 받을 필요가 없다고 생각했다. 그럼에도 바울이 디모데를 데려다가 할례를 행한 것은 자신의 칭의론을 타협하려는 목적에서가 아니라 유대인들에게 복음을 전하는 과정에서 행여 할례문제가 장애물로 작용해서는 안 된다는 확신 때문이다. 디모데의 부친이 헬라인이라는 사실이 널리 알려져 그것이 복음전파에 장애가 되지 않도록 배려한 것이다.

여기서 바나바와 헤어질 때와 다른 유연성을 바울에게서 발견한다. 이미 이방인의 선교를 공인받은 바울, 이 문제로 1차 선교여행 중 예루살렘에서 사도들과 이 문제를 숙의하여 이방인 선교를 위해 사도로 부름 받은 사실을 인정받은 바울은 복음의 본질을 왜곡하지 않는 범위에서 거룩한 목적을 위해 과감하게 양보한 것이다.

3. 소아시아로 복음의 확장 결론(16:5)

사도행전 16장 5절은 소아시아 복음전파의 결론이다. 이 간단한 기록 가운데 우리는 '여러 교회,' '믿음이 굳건해지고,' '날마다' 그리고 '수가 늘어가니라'는 말을 주목할 필요가 있다.

첫째, 누가는 소아시아에서 복음이 전해지고 나타난 결과를 언급하면서 교회를 '여러 교회'라고 복수로 기록하고 있다. 누가는 안디옥교회를 이방교회의 공식적인 출발로 보고 있으며, 이후 설립되는 교회들은 복음이 전해진 지역의 이름을 따라 지역교회 명칭을 붙였다.

둘째, 결론에 지금까지 언급되지 않은 '믿음이 더 굳건해졌다'는 표현을 여기서 처음 사용하였다. 복음전도를 통해 여러 교회들이 세워지고 복음의 결실이 강하게 일어나 믿음 안에서 더 강해진 소아시아 교회들을 염두고 두고 그 같이 표현한 것이다.

셋째, 이방교회 가운데 나타난 놀라운 구원의 역사이다. 지금까지 누가가 자주 사용하던 '수많은,' '허다한'이라는 말은 등장하지 않는다. 대신 여기에 수가 '날마다' 증가했다고 말한다. 이 단어는 사도행전 2장 47절 '구원받는 사람을 날마다 더하게 하시니라'에서 사용된 단어와 동일하다. 오순절 성령강림을 통해 예루살렘교회 가운데 나타난 성령의 강력한 역사가 이제 이방인들 교회 가운데서도 동일하게 임했다는 사실을 증거한다.

성령은 지역과 민족을 초월하여 동일한 역사, 동일한 결실을 맺게 하신다. 이를 통해 복음의 세계성을 드러내신 것이다. 동일한 성령의 결실이 예루살렘교회, 안디옥교회, 이방인 교회들 가운데서도 나타났다는 것은 의심할 바 없이 사도행전 1장 8절의 약속의 성취라고 할 수 있다.

제 15 장
바울의 마게도냐 빌립보 선교
(16:6-40)

　우리는 성령께서 주체가 되어서 선교를 끊임없이 이끌어 가시는 것을 발견한다. 하나님의 복음이 예루살렘, 온 유대와 사마리아, 안디옥에 이르기까지 복음이 확장되는 과정 가운데 성령 하나님께서 복음이 소아시아를 넘어 마게도냐로 전파되도록 역사하셨다. 복음이 유럽으로 확산되기 시작했다.
　당시 로마 제국은 복음이 확산되기 적합한 시대적 환경이 조성되었다. 로마는 제국 전역을 연결하는 탁월한 도로망, 내적 평화와 안정 그리고 유럽과 아시아의 각 지방 정부가 유기적으로 연결된 평화시대(Pax Romana)를 맞았다. 복음이 확산되기 가장 최적의 시대에 하나님께서 때가 차매 여인에게서 예수 그리스도를 보내주신 것이다.

1. 바울의 마게도냐 선교 착수(16:6-15)

　2차 선교여행 기간 중 실라와 디모데가 합류한 후 바울은 자신이 복음을 전했던 아시아에 가서 교회와 교우들을 독려하기를 원했다. 전에 복음을 전했던 지역을 다시 순회 방문한 것은 그동안 그가 해온 선교전략이었다. 바울은 아시아 지역을 첫 번째 선교여행에서 한 번 돌고, 돌아오면서 돌고, 두 번째 선교여행에서 다시 방문하여 돌았으니 세 번 순회한 셈이다. 이제 바울에게는 새로운 지역을 개척하여 선교여행을 떠나야 할 순간이었다. 바울은 아시아에서 계속 복음을 전하길 원했다. 그는 원래 매안데르 강 계곡에 위치한 에베소에 이르기까지 복음을 전하려는 계획을 세웠던 것으로 추론된다.

그런데 여기서 바울은 하나님의 개입으로 자신의 선교 목적지에 대한 수정이 불가피하게 되었다. 그가 무시아를 지나 드로아에 이르렀을 때 그곳에서 환상을 보았다. 환상 중에 마게도냐 사람 하나가 바울에게 '마게도냐로 건너와서 우리를 도우라'고 간청하였다. 바울이 무시아 앞에 이르러 비두니아로 가고자 애쓰되 '예수의 영이 허락하지' 아니하였다. '성령이 아시아에 복음을 전하지 못하게' 하신 것이다. 그리고 마게도냐로 선교 방향을 돌리셨다. 물론 마게도냐 선교로 방향을 돌리신 분은 성령 하나님이셨다. 누가는 성령을 통해서 예수께서 선교사역을 주도하셨다는 사실, 성령께서 그리스도를 증거하신다는 사실, 성령이 이끄시는, 성령에 의한 그리스도의 선교사역을 여기서도 자연스럽게 강조하고 드러낸다.

바울은 드로아에서의 환상을 통해 마게도냐 선교를 하나님의 뜻으로 받아들였다. 그래서 그는 즉시 마게도냐로 향했다. 자신의 생각과 뜻을 성령의 뜻 앞에 주저하지 않고 복종시킨 것이다. 마게도냐 선교 환상과 바울의 순종에서 우리는 분명한 교훈을 얻는다.

첫째, 주의 사역이나 믿음의 삶에서 하나님의 뜻과 자신의 뜻이 다를 수 있다.

둘째, 하나님께서는 특별한 환상을 통해 바울에게 선교방향을 일깨워 주셨다.

셋째, 성령께서 선교를 주도권을 가지고 진행하셨다.

넷째, 바울은 자신이 바라는 바가 있었지만 주께서 다른 것을 원하시자 주저하지 않고 즉시 자기의 뜻을 주님의 뜻에 복종시켰다.

누가는 지금까지 역사를 서술하면서 바울과 바나바 그 외의 선교사역을 '그들'을 주체로 하여 전개해 나가다가 16장에 이르러 주체가 '그들'에서 '우리'라는 일인칭 복수로 바꾸었다. 이것은 사도행전을 저술한 누가가 바울의 선교여행의 목격자요, 동행자라는 사실을 보여준다. 누가는 바울의 선교여행에 합류하여 바울, 실라, 디모데와 함께 선교사역을 감당했다.

빌립보 선교와 첫 결실 루디아(16:11-15)

바울은 아시아선교를 접어두고 드로아에서 배를 타고 사모드라게로 직행하여 이튿날 네압볼리로 향했다. 바울은 네압볼리에서 이그나티안 도로를 따라 로마의 식민지이며 마게도냐의 큰 도시인 빌립보에 도착했다. 당시 빌립보는 마게도냐를 가로지르는 1차 도로인 이그나티안 도로상에 위치하고 있었다.

대도시인 빌립보 성은 헬라와 라틴전통이 혼합된 곳이다. 이 빌립보 도시는 마게도냐의 수도였고, 당시 로마의 식민지로 규모가 매우 컸다. 빌립보 성은 거대한 신전들이 들어섰고, 원형경기장이 있었으며, 넓은 광장이 있는 상당히 큰 도시였다. 모든 헬라도시가 그렇듯이 신을 섬기는 산, 산 밑의 원형경기장 그리고 그 아래 신전 이 세 가지가 빌립보에도 있었다.

빌립보 성에서 수일을 체류한 바울은 안식일이 되자 '기도할 곳이 있을까'하고 성문 밖 강가에 갔다. 바울은 빌립보에서는 회당에서 복음을 전했다는 기록이 없다. 그 이유에 대해 유대인들이 이 지역에 거의 살지 않았기 때문에 회당이 없었다고 보는 견해가 있다. 당시 유대인 성인남성 열 명만 있어도 충분히 회당을 건축할 수 있었기 때문이다.

빌립보에 회당이 왜 없었는지 또 다른 견해에 따르면 당시 빌립보는 로마의 식민지였기 때문에 회당이 없어 유대인들이나 유대교로 돌아온 이들이 정기적인 회당 모임을 가질 수 없었다. 대신 유대 여인이나 경건한 이방 여인들이 안식일에 지정된 장소에서 기도 모임을 가졌다. 바울은 강가의 기도처에 모여 있는 여자들을 복음의 접촉점으로 삼았다. 두아디라 성의 '자색 옷감 장사'인 '루디아라 하는 한 여자'도 그곳에서 바울의 설교를 들었다.

두아디라는 오늘날 애키사로 불리는 곳이다. 이곳은 고대 리디아 왕국의 영토의 한 지방이었다. 이 지방 주민들은 직조와 자색 염료 사용 기술로 명성이 높았으며, 루디아도 이곳 출신의 염료상인으로 빌립보에 거주하고 있었다. 당시 두아디라에는 유대인 자치구가 있어 루디아는 고향에서부터 하나님을 경외한 것으로 보인다.

루디아가 바울의 메시지를 듣고 있을 때 '주께서 그 마음을 열어 바울의 말을 따르게 하셨다.' 그녀가 바울의 설교에 귀를 기울인 것은 주님이 그녀의 마음을 열어주셨기 때문이다. 루디아와 그녀의 온 집이 세례를 받고 사도들에게 간청하여 자신의 집에 유하게 하였다. 이렇게 해서 '유럽의 첫 교회'가 시작되었다.

우리는 자주장사 루디아의 회심을 통해 세 가지 사실을 확인할 수 있다. 첫째, 전도사역에서 복음전파와 성령의 역사는 별개가 아니다. 이것은 우리가 최선을 다해 복음을 전하지만 결실로 이어지게 하시는 분은 성령 하나님이시기 때문이다. 성령은 말씀을 통해 말씀과 더불어 역사하신다는 종교개혁의 원리를 복음전파의 현장, 선교의 현장에 있는 이들은 늘 기억해야 한다.

둘째, 믿음은 들음에서 난다. 더 중요한 것은 바울처럼 복음에 대한 담대한 외침이 필요하지만, 성령의 역사가 함께하지 않으면 아무 의미가 없다.

셋째, 복음전파에는 반드시 결실이 따른다. 복음의 결실은 참으로 놀라웠다. 자주장사는 바울의 설교를 듣고 주를 믿은 후 자신만 세례를 받은 것이 아니라 '그와 그 집이 다' 세례를 받았다. 복음이 닿는 곳마다 개인의 영적각성이 일어나고 다시 개인의 영적각성은 가정복음화로 이어져 한 개인을 통해 그 가정 전체가 주님을 영접하게 되었다.

2. 빌립보 성에서의 복음전파(16:16-34)

바울과 실라는 빌립보에서 복음을 증거하다가 '점치는 귀신 들린 여종'한

명을 만났다. 그 당시 헬라세계에는 오늘날의 무당과 유사한 점쟁이들이 많았다. 누가는 이 여인이 어느 귀신에 들렸는지 귀신의 종류도 분명하게 명시하였다. 이 여종을 괴롭힌 귀신은 파이톤 귀신이었다.

점치는 귀신 들린 여종의 치료(16:16-18)

누가의 표현을 빌린다면 이 파이톤 귀신 들린 여인은 '점으로 그 주인들에게 큰 이익을 주는 자'였다. 점쟁이가 돈을 많이 벌어들였기 때문에 여러 사람들이 그녀를 공유했다. 이 여인은 그 많은 돈을 벌면서도 정작 자신의 몫은 챙기지 못하고 주인들에게 착취를 당했다.

칼빈은 '점' 행위를 거짓 예언이라고 불렀다. 이 귀신 들린 점쟁이는 귀신에게 사로잡혔을 뿐만 아니라 사람들에게도 사로잡히고 말았으니 이 얼마나 불행한 여인인가! 이것이 세상을 사랑하는 자들에게 찾을 수 있는 공통된 모습이다. 돈에 취하면 돈의 지배를 받고, 쾌락에 취하는 자는 쾌락의 지배를 받으며, 명예에 사로잡힌 자는 그 명예의 노예가 되는 법이다. 그 결과 자신이 추구하는 것에 전 인격이 예속당하고 만다.

여종이 여러 날 동안 계속 외쳐대자 바울은 여종의 귀신에게 '예수 그리스도의 이름으로 내가 네게 명하노니 그에게서 나오라'고 명령했다. 귀신이 그녀에게서 즉시 나왔다.

주인들의 거짓참소와 바울과 실라의 투옥(16:19-24)

하지만 돈벌이에만 관심이 있던 주인들의 관심사는 전혀 달랐다. 이들은 자기들 이익의 소망이 끊어진 것으로 인해 바울과 실라를 관원들에게 끌고 갔다. 여기서 이방신을 섬기는 자들과 하나님을 섬기는 바울과 실라의 모습이 너무도 대조를 이룬다. 돈벌이보다 귀신에게 사로잡혀 신음하는 한 영혼을 더 불쌍히 여기는 마음과 그녀를 단지 돈벌이 수단으로만 삼은 점쟁이의 주인들과는 아주 현격한 차이가 있다.

자기들의 돈벌이가 없어진 것에 분개한 이 점쟁이의 주인들은 바울과 실라를 잡아 장터(아고라)로 끌고 갔다가 다시 로마 식민지 치안 판사인 '상관들'에게 데리고 갔다. '이 사람들이 유대인인데 우리 성을 심히 요란하게 하여 로마 사람인 우리가 받지도 못하고 행하지도 못할 풍속을 전한다'고 거짓으로 고소했다. 그러자 군중들이 일제히 일어나 동조했다.

당시 폭동을 일으키고 외래 종교를 전래시킨다는 것은 로마 정부에 대한 일대 도전이었다. 우리는 여기서 로마법을 꿰뚫고 있는 점쟁이의 주인들이 얼마나 간교하게 참소하였는가를 발견한다. 군중이 동요하자 상관들은 옷을 찢어 벗기고 매로 치라고 명령했다. 바울과 실라는 베드로처럼 매를 맞았다. 치안관들이 간수들에게 그들을 단단히 지키라고 명령하였다. 간수들은 '이들을 깊은 옥에 가두고 그 발에 차꼬를 든든히 채웠다.'

당시 로마식 감옥에는 외옥과 내옥의 두 형태가 있었다. 외옥은 높은 건물로 햇빛이 들어왔으나 내옥은 보다 깊은 곳에 있어서 어둡고 불결하여 죄수가 병들어 죽는 경우가 많았다. 바울과 실라를 투옥시킨 감옥은 바로 내옥이었다. 그만큼 바울과 실라는 중죄인 중의 중죄인으로 취급을 받았다. 복음을 전하다가 내옥에 갇히는 큰 시련을 만난 것이다.

위기, 그 순간의 기도와 찬송(16:25-26)

바울과 실라에게 희망이라고는 아무것도 없었다. 감옥은 깊었고, 발은 차꼬에 든든하게 채워져 있었고, 파수꾼들이 겹겹이 감옥 문을 지키고 있었다. 도저히 헤어 나올 구멍이라고는 하나도 없었다.

그러나 극심한 고통 가운데서도 바울과 실라는 발의 차꼬를 보지 않고 하나님의 영광을 바라보았다. 위기 가운데서 그들은 좌절하지도 동요하지도 않았다. 한밤중에 바울과 실라가 기도하고 하나님을 찬송하였다. 바깥 감옥에 있는 죄수들이 그 찬양소리를 들었다. 빌립보서에서 바울이 '아무 것도 염려하지 말고 다만 모든 일에 기도와 간구로, 너희 구할 것을 감사함으로 하나님께 아뢰라 그리하면 모든 지각에 뛰어난 하나님의 평강이 그리스도 예수 안에서 너희 마음과 생각을 지키시리라'라고 한 말은 그의 경험론적인 고백이었다.

바울과 실라가 기도하고 찬송할 때 하나님께서는 즉각적으로 들으시고 응답하셨다. 갑자기 큰 지진이 일어났고 감옥의 기초가 흔들렸고, 모든 옥문들이 다 열렸으며, 각 사람을 묶고 있던 쇠사슬이 다 풀어졌다. 하나님께서 바울과 실라의 고난에 직접 개입하시고 간섭하신 것이다.

빌립보 감옥 간수와 그 가정의 복음화(16:27-34)

바울과 실라가 직면한 그 심각한 위기가 오히려 복음을 증거하는 최적의 기회가 되었다. 위기는 기회라는 사실이 여기서 그대로 증명되었다. 유럽의 선교를 위해 하나님께서 특별히 간섭하셨다.

당시 로마의 법률에 의하면 죄수가 도주하면 간수가 대신 형벌을 받도록 되어 있었다. 간수가 자다가 깨어나 옥문이 열린 것을 보고 죄수들이 도망간 줄 알고 형벌을 받기 전에 '칼을 빼어 자결'하려 했다. 간수가 단도를 들고 자결하려는 순간 옥중 어둠 속에서 '네 몸을 상하지 말라. 우리가 다 여기 있노라'는 음성이 들려왔다. 바로 바울과 실라의 음성이었다.

바울과 실라는 옥문이 열렸음에도 도망가지 않았다. 문이 열려져 있는 상태에서 옥 안에 그대로 태연히 앉아 있는 그들을 보고 간수는 일종의 경외감을 느꼈다. 그는 도망갈 수 있는데 도망가지 않은 죄수를 지금까지 한 번도 목도하지 못했고 들어보지도 못했다. 더구나 그 심한 상처를 안고 차꼬에 단단히 채워진 죄수들이 옥중에서 찬송 부르는 모습을 한 번도 본 적이 없었다.

한편으로는 일어난 초자연적 기적 앞에, 다른 한편으로는 일반적인 죄수들과 다른 침착하고 거룩한 그들의 모습에 간수는 그만 압도를 당하고 말았다. '간수는 등불을 달라고 하며 뛰어 들어가 무서워 떨며 바울과 실라 앞에' 엎드렸다.

섬뜩한 신비를 느낀 간수는 바울과 실라를 밖으로 데리고 나가 이렇게 진지하게 물었다. '선생들이여 내가 어떻게 하여야 구원을 받으리이까?' 너무도 진지하게 '그는 구원의 길을 물었다.' 죄수들을 향해 선생이라고 부르는 그 자체가 일대 변화를 의미한다. 간수의 입장이 이들을 처음 인계받으면서 가졌던 태도와는 180도로 달라졌다.

간수의 질문에 바울과 실라는 '주 예수를 믿으라 그리하면 너와 네 집이 구원을 얻으리라'고 그와 그의 가족을 위한 구원의 길을 제시했다. 그리고 실제로 바울과 실라는 '주의 말씀을 그 사람과 그 집에 있는 모든 사람에게' 전하였고 간수와 그의 온 집안이 믿고 세례를 받았다. 바로 그날 밤에 간수는 바울과 실라를 자신의 집에 초대하여 바울과 실라의 '그 맞은 자리'를 씻어 주고 그들에게 음식을 차려주었다.

3. 바울의 교회와 정부관계 이해(16:35-40)

아침이 되었을 때 상관들이 사람을 보내 바울과 실라를 옥에서 풀어주라고 전갈을 보냈다. 간수가 이 모든 사실들을 보고하자 상관들이 '부하를 보내어' 바울과 실라를 옥에서 내보내도록 명했다. 상관들의 마음이 왠지 밤새 바뀐 것이다. 아마도 지진과 옥문이 열린 사건에 대해서 이야기를 들었을 수 있고, 바울과 실라를 매로 심하게 친 것이 잘못되었다는 생각이 들었을 수도 있다. 그들이 '이 사람들을 놓으라'라고 전갈한 것은 바울과 실라를 존중해서 그렇게 행동한 것은 아니었다. 피해자들을 가만히 내보내는 것이 자신들이 궁지에서 벗어나는 길이라고 여겼기 때문이다.

이에 바울과 실라는 로마 시민권자인 자신들을 옥에 가두고 이제 가만히 내보내려는 것이 잘못되었다며 '친히 와서 우리를 데리고 나가라'며 이의를 제기했다. 이 말은 자신들에 대한 부당한 행동에 대한 정중한 사과 없이 조용히 출옥시키는 행위를 용납할 수 없다는 의미이다. 당시 로마시민은 치안관이나 다른 어떤 사람에 의해서도 어떤 상황에서도 재판도 받지 않고 판결도 받지 않아야 하는 것은 물론이고 매를 맞거나 구속되어서는 안 되었다. 로마의 시민권자들은 자신들이 구속되거나 문초를 받기 전에 자신이 '나는 로마시민이다'(Ciuis Romanus sum)라고 말하면 처벌이 면제되었다. 만약 로마의 시민권자의 이와 같은 권리를 누구라도 침해한다면 당시 그 사람은 중벌을 받도록 명문화되었다. 바울과 실라가 로마시민임을 밝히고 부당한 대우를 받은 것에 대해 강하게 문제를 제기한 것도 그 때문이다.

브루스나 램지에 따르면 이 사건은 그리스도인들에게 부당하게 대하는 권세자들에게 다시는 그렇게 하지 못하도록 하는 결정적인 계기가 되었다. 부하들이 바울과 실라의 말을 상관들에게 전하자 그들은 바울과 실라가 '로마 사람이라 하는 말을 듣고 두려워하여 와서 권하여 데리고 나가 그 성에서 떠나기를 청'했다. 이들에게 간곡하게 부탁한 것은 로마시민은 유죄선고를 받지 않는 한 로마의 어떤 도시에서도 강제로 추방될 수 없었기 때문이다. 와서 간곡하게 간청했다는 사실은 바울과 실라의 요구가 상당히 수용되었음을 보여준다.

바울과 실라는 '옥에서 나와 루디아의 집에 들어가서 형제들을 만나 보고' 위로했다. 바울은 출옥 후 루디아의 가정을 제일 먼저 찾아갔다. 그녀의 가족들이 마음에 상처를 입지 않고 신앙에 굳게 서도록 권면하기 위해서였다. 우리는 여기서 하나님의 선교를 이루어 가시는 하나님의 손길을 발견한다. 두 인물 빌립보 지방의 자주장사 루디아와 이름이 밝혀지지 않은 무명의 빌립보 감옥의 간수가 빌립보 지방의 복음화를 위한 훌륭한 일꾼이 되어 빌립보교회가 태동되었고 또 여기서 유럽선교의 초석이 놓였다.

제 16 장

바울의 데살로니가, 베뢰아, 아덴 선교
(17:1-34)

사도행전 17장부터 18장 17절까지는 그리스에서의 바울의 선교과정의 이야기이다. 그 출발은 데살로니가였다. 데살로니가는 바울 일행이 장기간 체류하며 복음을 전한 곳이다. 이곳은 빌립보 다음으로 바울 일행이 집중적으로 전도한 선교지였다. 17장은 그리스 중에서도 데살로니가와 베뢰아와 아덴에서 있었던 사건들을 중심으로 바울이 계속해서 어떻게 하나님의 복음을 증거하고 있는가를 기술하였다.

바울은 빌립보에서 52.8km 떨어진 군사 주둔지인 암비볼리와 그 후 48km를 더 여행하여 아볼로니아를 지났고, 또다시 59.2km를 더 여행하여 데살로니가에 도착했다. 바울은 암비볼리와 아볼로니아에서는 오래 머물지 않았다. 작은 도시들인 암비볼리와 아볼로니아를 그냥 지나친 것은 바울이 대도시에 선교를 집중하기 위해서였다.

1. 바울의 데살로니가 선교(17:1-9)

데살로니가는 오늘날 그리스에 있는 마게도냐의 중요한 항구도시였다. 에게해를 횡단하는 배들이 잠시 정박하는 곳이다. 이그나티안 도로를 통해 내륙 도시들에서 운반된 상품들이 이곳 데살로니가 항을 통해 그밖에 다른 지역의 상권으로 운송되었다.

암비볼리와 아볼로니아를 거쳐 데살로니가에 도착한 바울은 그곳에 있는 유대인의 회당에 들어가 세 안식일 동안 성경을 강해했다. 안식일에 바울이 회당에 들어가 성경을 가지고 증거한 핵심 내용은 '예수가 곧 그리스도'라는 사실이었다. 이어 예수 그리스도의 대속과 부활을 증거했다. 이곳에서의 바울의 복음증거를 통해서 우리는 몇 가지 사실을 발견할 수 있다.

첫째, 바울은 성경을 복음증거의 가장 중요한 표준으로 삼았다. 여기서 성경은 신약이 아니고 구약의 말씀이다.

둘째, 바울이 성경을 열어 증거한 내용은 그리스도의 죽으심과 부활과 그의 메시야 되심이었다.

셋째, 바울은 '강론하며,' '뜻을 풀어' '증언'하였다. 여기 '열다'의 헬라어는 누가복음 24장 32절에 부활하신 예수님께서 엠마오로 가는 두 제자에게 나타나셔서 성경을 '풀어주셨다'라는 말과 같은 말이다.

복음전도로 경건한 헬라인의 큰 무리와 적지 않은 귀부인도 바울과 실라를 쫓았다. 많은 사람들이 복음을 받아들인 것이다. 이렇게 데살로니가 교회가 태동되었다. 데살로니가전후서에는 이 교회에 대한 바울의 깊은 사랑이 그대로 담겨져 있다.

데살로니가에서는 늘 승리만 있었던 것이 아니다. 복음전파를 방해하는 일도 발생했다. 유대인들이 바울과 실라를 '시기하여' 시장에서 어떤 불량한 사람들을 데리고 무리를 형성해서는 폭동을 일으킨 것이다. 그들은 바울과 실라를 찾아내서 군중에게로 이끌고 가려고 '야손의 집'을 침입했다. 무리와 읍장들이 같은 편이 되어 행동했다.

2. 바울의 베뢰아 선교(17:10-15)

유대인들과 읍장들이 바울과 실라를 계속해서 찾자 예수 믿는 형제들이 한밤중에 바울과 실라를 데살로니가에서 100km 떨어진 '베뢰아로' 보냈다. 베뢰아는 마게도냐의 남쪽 코너에 위치했다. 그곳의 수도는 펠라였다. 그곳에 도착한 바울과 실라는 그곳에 있는 '유대인의 회당에' 들어갔다. 이들을 베뢰아로 보낸 이유는 아마도 베뢰아가 산골에 있는 외진 곳이어서 바울과 실라에게 그곳이 더 안전할 것이라고 여겼기 때문이다.

베뢰아 인들의 남다른 성경사랑(17:10-15)

베뢰아에 거주하는 유대인들은 데살로니가에 거주하는 유대인들과 성격이 달랐고 지리적인 위치도 달랐다. 암비볼리와 아볼로니아는 빌립보에서 데살로니가에 이르는 대로변에 위치해 있었으나 베뢰아는 대로가 아닌 샛길에 위치했다. 베뢰아는 데살로니가에서 떨어진 대로에서 벗어난 벽촌이었다. 이곳에서 바울은 성경을 가지고 복음을 전했다. 바울은 성경을 풀어주고 그리스도에 관한 성경의 가르침을 증거로 제시하고 이 모든 예언들이 그대로 성취되었음을 알려주었다.

베뢰아 사람들은 복음을 듣는 태도도 달랐다. 베뢰아 사람들은 데살로니가 사람들보다 더 너그러워서 간절한 마음으로 말씀을 받고 이것이 그러한가 하여 '날마다 성경을 상고'했다. 복음에 대하여 간절한 마음이 있는 베뢰아 사람들은 데살로니가 사람들보다 더 복음에 대한 열정이 있었다. 바울과 실라의 전도로 그곳 베뢰아에서 '헬라의 귀부인'과 적지 않은 '남자'가 예수를 믿었다. 성경은 '그중에 믿는 사람이 많았다'고 증언한다.

하지만 이곳에서도 복음전파를 방해하는 일이 일어났다. 데살로니가 유대인들이 베뢰아에 와서 '무리를 움직여' 소동을 일으키며 바울과 실라의 전도를 막은 것이다. 유대인들에 의해 방해가 강하게 일어나자 예수를 믿는 형제들이 바울을 베뢰아 밖으로 내보냈다.

바울은 실라와 디모데를 베뢰아에 남겨두고 계속 복음을 전하기 위해 아덴으로 장소를 옮겼다. 그리고 사람을 급히 보내 실라와 디모데가 자신에게 속히 오도록 부탁했다.

3. 바울의 아덴 선교(17:16-34)

바울 일행이 아덴에 도착한 것은 A.D. 51년 여름이었다. 램지는 정확히 A.D. 51년 8월이었다고 말한다. 아덴에서의 바울의 활동을 다룬 본문 기사보다 더 흥미 있는 이야기는 없다. 아덴은 우리에게 '아테네'로 알려진 도시로 헬라의 수도이며 헬라문화의 중심지였다. 아덴은 당시 로마와 알렉산드리아와 더불어 세계에 가장 널리 알려진 3대 도시 가운데 하나였다.

아덴은 유럽 문화의 출발지였다. 아덴은 '헬라의 눈,' '예술과 웅변의 어머니,' '모든 지혜의 본 고장'으로 불릴 만큼 철학과 문학과 예술의 중심지였다. 헬라문명의 발생지이자 서양 문명의 발생지, 더 나아가서 세계문명의 발생지가 바로 아덴이었다. 이곳은 유명한 철학자들의 출생지이자 활동무대이기도 했다. 고대 철학의 혁명자로 불리는 소크라테스, 기독교에 가장 큰 영향을 미쳤던 헬라 철학자 플라톤이 아덴에서 태어났으며, 아리스토텔레스, 에피큐리안, 스토아 철학의 제노가 활동했던 곳이었다.

아덴의 시대적 상황(17:16-21)

하지만 아덴은 동시에 우상숭배가 범람한 곳이기도 했다. 얼마나 아덴에 우상이 많았던지 네로 시대에 아덴의 광장에 서 있던 공중 우상들만 300개나 되었고, 기타 신상은 모두 3만 개를 헤아렸다. 아덴이라는 이름 자체가 헬라 여신의 이름을 따서 붙여졌다. 바울이 아덴에서 실라와 디모데를 기다리면서 둘러보니 온 성이 우상으로 가득했다. 이것을 본 그는 격분했다.

아덴에 도착한 후 바울은 회당에서뿐만 아니라 날마다 시장에서 그곳에 모인 사람들과 변론하기 시작했다. 회당에서는 유대인과 이방인 중에

바울 시대의 아덴의 아레오바고와 아크로폴리스 모습

서 유대교로 개종한 '경건한 사람들'을 대상으로 전도하였고 사람들이 많이 모이는 장터에서는 '날마다' 그곳에서 만나는 헬라인들과 변론했다.

또한 헬라 사람들의 생활 중심지이자 헬레니즘의 발생장소였던 아고라에서 '에피쿠로스'와 '스토아' 철학을 따르는 추종자들과 변론하기 시작했다. 바울은 다소에서부터 율법과 철학을 풍부하게 습득해 온 터였기 때문에 이들과 철학적으로 변론하는 것이 조금도 어색하지 않았다. 그러나 바울은 단순히 철학을 가지고 그들과 논쟁을 벌이는 어리석은 짓은 하지 않았다. 그는 어떤 철학자를 특별하게 인용하여 언급하지도 않았고, 아덴의 미술에 대해 언급하지도 않았다. 바울이 전한 것은 그리스도와 부활이었다.

여기서 에피쿠로스와 스토아란 에피큐리안주의 철학과 스토아주의 철학을 말한다. 에피큐리안 학파는 사모스의 에피큐로스(342-270 B.C.)가 창설한 학파로 아덴의 아고라에서 가르쳤기 때문에 아고라파라고 불리기도 한다. 이들은 모든 만물이 물질로 만들어졌다는 일종의 유물론을 가르쳤다. 심지어 영혼도 물질로 구성되었다고 가르쳤다.

바울의 아덴의 아레오바고 설교 장면

에피큐리안들이 최고의 선은 쾌락이라고 가르친 반면 스토아 철학자들은 최고의 선이 덕이라고 가르쳤다. 스토아 철학은 키프로스의 키티움의 제노(340-265 B.C.)에 의해 시작된 철학 학파로 에피큐리안 철학과는 사상적으로 대조적이었다. 스토아라는 이름은 제노가 아고라 서편의 장식 회랑(Stoa)에서 제자들에게 강의했기 때문에 붙여진 이름이었다. 이들은 범신론적으로 신을 세계의 영이라고 이해했다. 이들은 모든 것이 운명에 의해 결정된다고 보았다.

이 사상은 로마제국에서 기독교와 쌍벽을 이룰 만큼 큰 세력을 확보했으며, 수많은 로마 고관들이 이 사상을 추종했다. 네로의 고문이었던 세네카, 명상록의 저자로 우리에게 널리 알려졌으며 폴리갑과 저스틴을 순교하게 만들었던 마르쿠스 아우렐리우스 황제도 스토아 철학의 지도자였다. 따라서 바울이 활동하던 당대에 에피큐리안 학파와 스토아학파는 소크라테스, 플라톤, 아리스토텔레스 이후 가장 영향력 있는 철학 사조였다.

에피큐리안과 스토아 철학의 추종자들은 바울이 복음을 전하자 관심을 기울였다. 가장 큰 이유는 예수 그리스도와 부활을 증거했기 때문이다. 바울은 아덴에서 그들의 문화와 철학과 사상을 이해하고 그들에게 맞는 선교 방식을 택했지만 결코 복음의 내용을 타협하지 않았다.

바울은 아덴에서 기독교의 핵심진리인 '예수와 부활'을 담대히 선포했다. 성경에 보면 그들은 바울이 전하는 새로운 가르침을 '듣는 것 이외에' 다른 것은 전혀 하지 않았다. 그만큼 그곳 아덴 사람들이 바울이 전하는 가르침에 깊은 관심을 가지고 귀를 기울인 것이다.

아덴 아레오바고에서의 바울의 설교(17:22-31)

바울은 아레오바고 '가운데 서서' 복음을 증거했다. 아덴에서 행한 바울의 설교는 대단히 변증적이다. 바울은 아덴 사람들의 종교성을 인정하면서 그들에게 진정한 신전의식이 무엇인가를 가르쳐 주었다. '범사에 종교심이 많다'는 사실, 바울이 아덴에서 목도한 '알지 못하는 신에게라고 새긴 단'을 들어 아덴 사람들이 알지 못하는 신이 누구인가를 알려주었다. 그가 바로 이 세상을 창조하신 하나님이심을 일깨워 주었다.

바울은 이들 범신론자들과 무신론자들에게 하나님에 대해 네 가지 사실을 분명하게 증거했다.

첫째, 하나님은 만물의 창조주이시고 우주의 주관자이시다.

둘째, 그 창조주는 비인격적이고 추상적인 존재가 아니라 만물을 다스리시는 인격적인 하나님이시다.

셋째, 우리는 '그를 힘입어 살며 기동하며 존재'하는 것이다.

넷째, 우리가 그를 힘입어 살며 기동하기 위해서는 회개해야 한다.

바울의 설교에 대한 아덴 사람들의 반응(17:32-34)

바울의 복음전파에 대해 두 가지 반응이 나타났다. 어떤 사람들은 조롱했고, 어떤 사람들은 복음을 더 듣고 싶어 했으며, 또 다른 사람들은 믿고 따랐다. 이처럼 복음에 대한 양면적 반응이 나타나는 것은 전혀 이상한 일이 아니다. 성경과 기독교가 역사가 증언하듯이 복음이 전해지는 곳에는 항상 그것을 수용하거나 거부하는 둘 중 하나의 현상이 나타나기 때문이다.

사도행전에는 아덴에서 개종자를 많이 얻었다는 기록이 없다. 교회를 세웠다는 기록도 없다. 하지만 초대교회사는 또 다른 기록을 남기고 있다. 초대교회 복음전도에 매우 중요한 역할을 했던 푸블리우스, 콰드라투스, 아리스티데스, 아테나고라스 등 헬라 감독과 순교자들이 아덴 출신이다. 3세기 기독교가 한창 박해를 받던 그 시기에도 아덴 교회는 평안을 누리며 복음의 확장과 진보를 이루었다. 4세기에 아덴의 기독교 학파들은 바실과 그레고리를 배출할 만큼 영광을 누렸다. 이처럼 교회사적으로 아덴에서의 선교는 훗날 이처럼 놀라운 결실로 이어졌다. 따라서 바울의 아덴 선교가 실패였다고 쉽게 단정해서는 안 된다.

제 17 장

바울의 3차 선교여행과 고린도·에베소 선교
(18:1-19:20, A.D. 51-53)

A.D. 51년 여름 5-6주 많아도 2개월이 채 안되는 기간 동안 아덴에서 복음을 전한 바울 일행은 아덴을 떠나 계속 남서쪽으로 선교여행을 계속했다. 그들은 헬라의 또 다른 대도시인 고린도에 도착했다. 바울이 고린도에 도착한 것은 같은 해 51년 8월이었다. 그는 고린도를 복음전파의 중요한 중심지로 인식하고 그해 8월부터 53년 2월까지 1년 6개월 동안 그곳에 체류하며 복음을 전했다.

고린도에서는 상업과 무역이 매우 활발했다. 아덴이 학문과 예술의 도시였다면, 고린도는 상업과 무역의 도시였으며 이를 통해 축적한 부를 자랑하는 신흥도시였다. 당시 고린도는 그리스의 정치적 수도였고 로마 총독이 거주하는 곳이기도 했다. 이처럼 지리, 정치, 행정적으로 상당히 중요한 도시였다. 바울 당시 고린도의 인구는 60만 명을 헤아렸고, 그중 40만 명이 노예였다. 주민들은 헬라인들이 주를 이루었으나 세계인들이 다 모여들었고, 유대인들도 상당수가 거주하고 있어 유대인 회당도 자리 잡고 있었다.

1. 바울의 고린도 선교(18:1-11)

바울은 고린도에 도착한 지 얼마 되지 않아 로마로부터 이곳으로 최근에 이주한 아굴라와 브리스길라 부부를 만났다. 아굴라는 소아시아 북부 본도 출신이고 브리스길라는 교양이 높은 로마 명문 출신으로 여겨진다. 이들 부부는 로마에 살다가 A.D. 50년 말 글라우디오(재위 A.D. 41-54) 황제가 모든 유대인들이 '로마에서 떠나라'는 명령이 내려지자 그 이듬해 로마를 떠나 고린도로 옮겨 왔다.

이들 부부의 직업은 천막 만드는 일이었다. 바울은 동일 직업에 종사했기 때문에 이들과 자연스럽게 교류할 수 있었다. 바울은 이들과 함께 살면서 복음을 전했다. 이들 부부는 곧 신앙이 깊어졌고 바울을 헌신적으로 지원했다. 디모데와 실라가 마게도냐에서 성도들이 정성스럽게 모은 헌금을 가지고 오자 바울은 하나님의 말씀을 전하는 일에만 전념했다.

바울은 고린도에 도착한 후 제일 먼저 회당을 찾아가 안식일마다 성경을 강론하고 유대인과 헬라인에게 복음을 전했다. 바울은 고린도에 머무는 동안 데살로니가전후서를 썼다.

바울은 실라와 데모데가 마게도냐로부터 내려오자 하나님의 말씀에 사로잡혀 유대인들에게 예수가 그리스도라고 담대하고 증거하자 그들이 바울을 비방하기 시작했다. 바울은 '옷을 털면서 이르되 너희 피가 너희 머리로 돌아갈 것이요 나는 깨끗하니라 이 후에는 이방인에게로 가리라'고 선언했다. 유대인들은 바울이 가는 곳마다 복음전도를 방해했다.

유대인들의 방해로 더 이상 회당에서 복음을 전하는 것이 불가능해지자 마침 하나님을 진실로 경외하는 디도 유스도라는 사람이 자신의 집을 모임 장소로 빌려주어 그 집에서 모였다. 이때 회당장 그리스보를 비롯하여 수많은 고린도 사람들이 믿고 세례를 받았다.

주님은 거듭되는 유대인들의 핍박으로 힘들어 하는 바울에게 나타나셔서 크게 격려해주셨다. '두려워하지 말며 침묵하지 말고 말하라. 내가 너와 함께 있으매 어떤 사람도 너를 대적하여 해롭게 할 자가 없을 것이니 이는 이 성중에 내 백성이 많음이라.' 그 힘든 위기의 순간에 주님께서는 침묵하시지 않으시고 바울에게 나타나셔서 놀라운 위로와 격려를 주신 것이다.

이에 힘입어 바울은 1년 6개월 동안 고린도에 체류하며 '그들 가운데 하나님의 말씀을' 전하고 가르쳤다. 고린도에서 머문 1년 6개월은 그가 3년간 머문 에베소 다음으로 긴 기간이었다. 바울이 고린도에 장기간 체류하며 선교에 집중한 것은 주님께서 '환상 가운데' 나타나셔서 격려와 용기를 주셨고, 장차 많은 결실이 있을 것이라고 약속하셨기 때문이다.

2. 갈리오 총독의 기독교 인준과 의미(18:12-17)

바울이 고린도에서 복음을 전하여 많은 결실이 있자 유대인들이 바울을 갈리오 총독에게 고소하는 일이 발생했다. 갈리오가 아가야 총독으로 임명을 받고 그곳에 도착한 것은 A.D. 52년 여름이었다. 지금까지 유대인들로부터 박해와 핍박을 받아온 바울로서는 이번 일이 처음 있는 것도 생소한 사건도 아니었다. 그러나 이번 사건은 유대인들이 바울을 로마 황제가 임명한 지방 총독에게 참소했다는 의미에서 이전의 박해와 달랐다.

갈리오(3 B.C.-A.D. 65)는 유명한 스토아 철학자이자 네로의 스승이었던 세네카와 형제 사이였다. 갈리오는 교양이 높고 온후한 정치가였으며, 매우 신사적인 인물이었다. 유대인들이 갈리오에게 바울을 데리고 와서 송사한 내용은 '율법을 어기면서 하나님을 경외하라고 사람들을 권한다'는 것이다. 즉 바울이 가르치는 종교가 자신들의 유대교와는 다른 종교이기에 처벌해 달라는 부탁이었다.

갈리오 총독의 판결과 로마 종교정책(18:14-17)

당시 로마제국은 식민지의 종교에 대해 관용적인 정책을 썼다. 제국내의 모든 종교를 소위 합법적인 종교(religio licita)와 불법적인 종교(religio illicita)로 구분했다. 유대교는 합법적인 종교여서 종교적 관습과 예배를 인정받았다. 그런데 유대인들은 기독교에 대해 자신들이 믿는 유대교와 다르다는 사실을 지속적으로 부각시키려고 하였다. 기독교가 새로 발흥한 '렐리기오 일리키타' 즉 불법종교라는 사실을 강조하면서 로마법으로 금지시켜야 할 종교라고 지방행정관들에게 끊임없이 호소했다.

유대인들은 바울이 율법을 어겼다는 것이 충분한 송사 내용이라고 생각했지만, 갈리오의 견해는 달랐다. 그는 기대에 찬 유대인들의 송사를 일언지하에 거절했다. 갈리오는 유대인들을 향해 '너희 유대인들아 만일 이것이 무슨 부정한 일이나 불량한 행동이었으면 내가 너희 말을 들어주는 것이 옳거니와 만일 문제가 언어(words)와 명칭(names)과 너희 법(law)에 관한 것이면 너희가 스스로 처리하라 나는 이러한 일에 재판장 되기를 원하지 아니하노라'며 그들의 송사를 기각시켰다.

우리가 주목해야 할 것은 갈리오가 바울의 선교를 '언어와 명칭과 유대 율법의 해석'에 관한 문제로 이해했다는 사실이다. 기독교를 유대교와 독립된 종교로 이해하기보다 유대교 안에 있는 일종의 분파로서 해석상의 차이가 존재하는 정도로 이해한 것이다. 총독이 바울을 고소한 문제를 유대인들의 민족적, 종교적 문제로 판결함으로 기독교가 로마제국 안에서 합법적으로 보호를 받는 선례가 되었다. 누가는 이처럼 하나님께서 하시는 역사가 얼마나 섬세한가를 하나하나의 사건 기록을 통해 드러냈다.

3. 3차 선교여행 준비(18:18-23)

누가는 이후 바울의 선교여행에 대해서는 자세한 묘사가 없고 단순히 행선지를 중심으로 설명한다. 고린도에서 자기의 임무를 다한 것으로 생각한 바울은 그곳을 떠나 수리아로 방향을 돌려 계속 선교사역을 진행했다. 고린도 전도를 끝낸 바울은 에베소를 거쳐 배로 가이사랴를 통해 자신을 파송한 '안디옥으로' 돌아갔다. 이것으로 3년에 걸쳐 약 3,000km에 달하는 2차 선교여행 대장정이 성공적으로 끝났다.

브리스길라와 아굴라가 고린도에서 1년 반 동안 머무는 동안 이들은 바울의 신실한 동역자가 되었고, 다시 에베소로 와서는 그곳 교회의 중심 인물이 되었다. 이들은 이후에도 바울의 신실한 동역자가 되어 바울이 3차 선교여행을 거의 끝낼 즈음에는 로마로 갔다가 다시 에베소로 돌아왔다.

겐그레아에 도착한 바울은 머리를 깎았다. 바울은 한편으로 고린도의 선교사역 동안 받은 하나님의 보호하심과 인도하심에 대한 감사의 마음으로 다른 한편으로 3차 선교여행에 앞서 새로운 각오를 다지는 마음으로 서원하였다.

바울의 3차 선교여행 이야기는 사도행전 18장 23절부터 19장 41절까지에 걸쳐 나온다. 여기서 한 가지 주목해야 할 만한 사실은 '갈라디아와 브루기아 땅을 차례로 다니며 모든 제자를 굳건하게 하니라'는 말씀이다. 3차 선교여행은 '갈라디아와 브루기아'를 중심으로 2차 선교여행의 경로를 재차 방문하면서 앞서 뿌려 놓은 복음의 씨앗들이 잘 자라고 있는지 확인하고 결실을 잘 맺도록 독려하는 데 초점이 맞추어져 있었다.

누가는 한 구절로 압축했지만, 바울이 3차 선교여행 중에 두루 다닌 '갈라디아와 브루기아 땅'은 실제 거리가 2,400km나 되는 장거리였다. 3차 선교여행은 사도행전에 기록된 바울의 마지막 선교여행이었다. 이것은 바울에게는 가장 힘든 여행이었다.

에베소-마게도냐와 아가야-드로아-밀레도-귀로로 대별할 수 있는 3차 선교여행은 몇 가지 부분에서 귀한 결실이 있었다. 2차 선교여행까지 허락되지 않았던 아시아 전도가 이 기간에 결실을 맺었고, 그 결과 아시아는 3차 선교여행 전체의 핵심으로 자리 잡게 되었다. 또한 바울은 3차 선교여행 도중에 선교지를 독려하는 일을 게을리하지 않으면서도 그 바쁜 일정 속에서 고린도전후서, 로마서 등을 기록했다.

바울의 사역이 가장 절정에 이르는 시기가 바로 이 기간이었다. 3차 선교여행 동안 바울은 선교지를 다니며 자신이 뿌려 놓은 씨앗이 열매를 맺도록 독려했다. 그는 단순히 복음만 전한 것이 아니라 그 복음이 온전히 결실을 맺을 수 있도록 선교지를 돌아보는 일을 게을리하지 않았다.

이러한 바울의 순회 격려는 단순한 격려나 형식적인 격려가 아니었다. '갈라디아와 브루기아 땅을 차례로 다니며'라는 말이 이를 입증해 준다. 이것은 바울이 한 지역에서 다른 지역으로 옮겨 다니면서 갈라디아와 브루기아 땅 전체에 흩어진 제자들을 돌보았음을 보여준다.

4. 아볼로의 회심과 그 중요성(18:24-28)

바울의 3차 선교여행에서 가장 인상 깊은 사건은 아볼로와 에베소의 12제자에게 임한 에베소 오순절이었다. 아볼로는 디모데와 실라 외에 이 기간 중 바울의 동역자로 새로 등장한 인물이었다. 그는 '성경에 능통한 자'였다. 성경에 능통했다는 것은 성경지식에 통달했다는 의미이다.

알렉산드리아 사람들이 구약에 대해 새로운 해석을 하고 있었듯이 아볼로도 알렉산드리아 출신으로 예수 그리스도의 도를 배워 열심히 가르쳤다. 그러나 그것은 온전한 가르침이 아니었다. 누가는 아볼로가 대단한 성경지식을 구비하고 있었을 뿐만 아니라 '주의 도'를 배워 열심으로 예수에 관한 것을 말하였다고 증언한다. 그러나 동시에 그가 요한의 세례만 받았고 예수 그리스도의 이름으로 받는 세례를 알지 못했다고 밝혔다. 이는 아볼로가 아직 복음에 대한 진정한 이해가 없었음을 의미한다.

그런 아볼로를 참 신앙의 세계로 인도해준 사람이 바로 브리스길라와 아굴라 부부였다. 이들은 고린도에 있는 동안 바울로부터 성경의 진리를 깨닫고 여러 가지 면에서 바울을 돕고 있었다.

그러던 중 브리스길라와 아굴라는 에베소에 있던 회당에서 아볼로가 구약성경을 해석하는 것을 들으면서 복음의 핵심을 잘 파악하고 있지 못한 것을 발견했다. 그래서 이들 부부는 아볼로를 자신들의 집에 초대하여 신중하고 조심스럽게 그러면서도 확신을 가지고 하나님의 도를 더 정확히 풀어주었다. 이를 통해 성령의 역사로 아볼로가 진리를 바르게 깨닫게 된 아볼로는 완전히 새로워졌다.

이처럼 성령께서는 직책의 구분 없이 하나님 나라 확장과정에서 많은 평신도들을 사용하셨다. 브리스길라와 아굴라 부부가 보여준 모습도 인상적이다. 그들은 아볼로의 결점을 공개적으로 지적하거나 비난하지 않고 은밀하게 그를 찾아가 성경의 바른 진리를 일깨워 주었다.

아볼로의 모습 역시 대단한 귀감이다. 아볼로는 성경에 정통하고 훌륭한 품위를 갖추고 회중 가운데서도 존경받는 인물이었다. 그럼에도 불구하고 아볼로가 브리스길라와 아굴라 부부에게 겸손히 배웠다.

아볼로의 고린도 사역과 놀라운 결실(18:27-28)

이후 아볼로는 타고난 재능과 성령의 은사가 아름다운 연합을 이룬 훌륭한 교사의 모델이 되었다. 아볼로가 얼마나 주의 사역을 진실되게 감당했는지 누가는 이렇게 증언한다. 아볼로가 아가야로 건너가 '은혜로 말미암아 믿은 자들에게 많은 유익을 주니 이는 성경으로써 예수는 그리스도라고 증언하여 공중 앞에서 힘 있게 유대인의 말을 이김이라.' 아볼로는 구약성경을 가지고 나사렛 예수가 구약에 예언된 약속의 메시야라는 사실 증거한 것이다.

아볼로는 바울의 신실한 동역자였다. 후에 바울이 고린도교회에 보낸 서신을 통해 알 수 있듯이 고린도 교인들이 아볼로파, 게바파, 그리스도파로 나뉠 정도로 고린도교회에서 아볼로의 위치는 대단했다. 아볼로는 한 인간이 얼마나 영적으로 성장할 수 있는가를 보여주는 단적인 예다. 머리로만의 지식을 가졌던 아볼로가 성령을 통해 바른 진리를 깨달은 후 현대적 의미의 표현을 빌린다면 지성과 영성을 겸비한 인물이 되었다.

5. 바울의 에베소 선교(19:1-19, A.D. 52-55)

당시 진정한 복음을 깨닫지 못하고 하나님에 대한 단편적인 지식, 즉

머리로 그리스도를 이해한 이들은 아볼로만이 아니었다. 그 대표적인 예가 사도행전 19장 1절부터 7절까지에 나온다. 바울이 에베소에 돌아왔을 때 12명의 어떤 제자들을 만났다.

에베소, 무역과 예술의 도시

에베소는 아시아 주의 수도로 에게해 해안에서 5km 들어간 카이스터 항구에 위치해 있으며, 로마에서 동방에 이르는 교통의 요충지이자 중심지였다. 에베소는 소아시아 서부 해안에 위치한 중요한 항구도시였다. 해상무역의 센터이자 항해의 허브였기 때문에 에베소는 매우 활기차고 역동적이었다. 이런 전략적 이유 때문에 로마 당국은 에베소를 소아시아 지방의 행정 중심지로 삼았다.

에베소에는 당시 널리 알려진 이방종교 사원, 상당히 넓은 원형극장, 경기장 그리고 우아한 건물들이 가득 찼으며, 당시 문화생활의 구심점 역할을 하였다. 아덴이 예술과 문학의 도시였고, 고린도가 상업과 무역의 도시였다면 에베소는 무역과 예술의 도시였다. 하지만 당시 에베소는 성적 타락이 만연한 방탕한 문화의 집합소였다.

이곳에서 바울은 3년 동안 혼신을 다해 복음을 전했다. 예루살렘을 거쳐 로마로 떠나기 전 에베소 장로들을 모아놓고, 특별하게 부탁했을 정도로 에베소는 바울의 사역에서 중요한 위치를 차지하고 있었다. 에베소는 전략적으로 요충지 가운데 요충지였고, 이곳의 복음화는 곧 유럽의 복음화를 위한 첩경이었다. 바울이 선교여행 중 무려 3년이나 그곳에서 목회를 했던 이유가 거기 있다.

에베소 오순절(19:1-7)

바울이 에베소에 도착하였을 때는 아볼로가 에게해를 건너 고린도에 있었다. 누가는 바울의 선교를 성령에 초점을 맞추어 기술하면서 믿는 자들을 하나로 묶어주는 끈이 성령이라는 사실을 강조한다. 이는 19장에 바울이 에베소에 도착해서 복음을 온전히 깨닫지 못한 '어떤 제자들'을 만나 나눈 대화를 통해서 확인할 수 있다.

바울: "너희는 믿을 때에 성령을 받았느냐?"
에베소 제자들: "아니라. 우리는 성령이 계심도 듣지 못하였노라."
바울: "그러면 너희가 무슨 세례를 받았느냐?"
에베소 제자들: "요한의 세례니라."

이들은 요한의 세례를 받았을 뿐이고 성령이 계신다는 말조차 들어보지 못했다. 누가는 이들을 '어떤 제자들'이라고 분명히 언급하였다. 요한의 세례만 받고 성령을 모르는 사람, 그리스도를 믿고 주님의 이름으로 세례를 받지도 않은 사람을 진정한 예수 그리스도의 제자라고 말할 수 있는가? 그렇다면 이들은 누구의 '제자들'이라는 것인가?

바울은 그들에게 요한의 가르침으로부터 시작해 그리스도를 소개했다. 특별히 요한의 세례만 받은 그들에게 세례요한이 증거한 분이 구약에 예언된 메시야 예수 그리스도였음을 알려주었다. 에베소의 12제자는 바울로부터 예수 그리스도가 성령으로 세례를 주시는 이라는 사실을 전해 듣고 예수를 믿고 세례를 받았다.

바울이 성령세례를 알지 못하는 12명에게 안수하자 '성령이 그들에게 임하심으로 방언도 하고 예언하는' 역사가 나타났다. '성령이 그들에게 임하시므로'라고 누가는 증언한다. 누가는 에베소 제자들이 성령을 받았다고 하지 않고 성령이 그들에게 임했다고 말한다. 오순절 마가의 다락방에 임하신 성령께서 사마리아 개종자들에게, 고넬료의 가정에 그리고 여기 에베소 제자들에게 임하셨다.

또한 에베소 오순절 사건에서도 방언과 예언 등 마가의 다락방에 임한 성령의 부으심, 가이사랴 고넬료 가정에서 임한 성령의 부으심과 유사한 현상이 나타났다. 이로써 '에베소의 오순절'이 탄생했다. 구원의 문호가 유대인들에게만 아니라 이방인들에게도 활짝 열렸음을 보여준다.

마치 오순절 성령강림을 체험하고 제자들이 진정으로 그리스도의 제자들로 거듭난 것처럼 이들 에베소의 12제자들도 주님의 진정한 제자가 되어 성령을 받고 '아시아의 교회의 씨앗'이 되었다.

바울의 에베소 선교와 두란노 훈련(19:8-19)

누가는 에베소에서의 바울의 사역을 '석 달'과 '두 해'로 나누어 설명한다. 첫 3개월은 회당에서 강론하고 권면했고 그리고 나머지 두 해는 두란노서원에서 강론했다. 바울은 12명의 진정한 회심자들이 생기자 대단한 용기를 얻고 회당에 들어가 '석 달 동안' 담대히 강론하였다. 바울은 회당에서 '하나님 나라에 관한 것'을 담대히 가르쳤다. 우리는 하나님 나라가 복음서만 아니라 사도행전에서도 매우 일관되게 강조되고 있는 것을 주목해야 한다. 예수 그리스도는 승천하시기 전 하나님 나라의 일을 말씀하셨고, 바울은 에베소에서 하나님 나라를 증거하였으며, 다시 로마에서 하나님 나라를 전파하였다.

복음에 대한 반응은 역시 두 가지로 나타났다. 어떤 사람들은 믿고 따랐고 어떤 사람들은 마음을 굳게 닫고 바울의 가르침을 비방하기 시작했다. 복음전도를 방해하는 세력이 생기자 바울은 제자들을 따로 세우고 두란노에서 훈련을 시켰다. 바울이 두란노에서 복음을 가르쳤던 시간은 우리 시간으로 오전 11시부터 오후 4시까지였다. 그 시간에는 두란노를 사람들이 사용하지 않아 바울이 두란노에서 그 시간을 이용하여 훈련을 시킨 것이다. 회당에서 3개월과 두란노에서 2년 합쳐 바울의 에베소 체류기간은 3년이다.

바울이 두란노에서 무엇을 가르쳤는지는 훗날 에베소 교인들에게 보낸 서신을 통해 추론할 수 있다. 바울은 그들에게 '약속의 성령'으로 인치심을 받아 믿음으로 구원을 얻는 빛의 자녀들이 되었으므로 성령 안에서 하나님이 거하실 처소로 지어져 가야 한다는 사실을 가르쳤다. '하나님의 아들을 믿는 것과 아는 일에 하나가 되어 온전한 사람을 이루어 그리스도의 장성한 분량이 충만한 데까지' 자라가야 한다고 알려주었다. 그리고 옛 사람'을 벗어버리고 '음행'과 '우상숭배'를 멀리하고 술 취하지 말고 '오직 성령으로 충만함을 받아야 함'을 일깨워주었다.

바울의 가르침의 결과는 참으로 대단했다. 바울이 2년 동안 두란노에서 훈련을 시키자 아시아에 사는 유대인이나 헬라인이나 다 주의 말씀을 들었다. 바울은 에베소에 머무는 동안 주변의 도시들에도 복음을 전했다. 사도행전에는 바울이 직접 이들 도시를 방문한 것으로는 나타나지 않는다. 그러나 바울이 에베소에서 거점을 삼고 복음을 증거하던 그 기간에 루커스 계곡에 골로새, 히에라볼리 그리고 라오디게아 교회들이 세워졌다. 이것은 바울이 에베소에 머물렀지만, 직접 혹은 그의 동역자들을 통해 그 주변에 적극적으로 복음이 전파되었음을 말해준다. 이때 바울의 전도로 요한계시록에 소개되어 있는 아시아의 일곱 교회가 태동되었다.

마지막으로 우리가 주목할 것 또 하나가 있다. 그것은 '제자들을 따로 세우고' 훈련시켰다는 사실이다. 어떤 사람들이 마음을 굳게 닫고 순종하지 않고 바울이 전하는 가르침을 비방하자 바울은 그들을 떠나서 '제자들을 따로 세우고' 두란노에서 훈련을 새로 시작했다. 이들을 집중적으로 훈련시켜 에베소교회의 일군들로 세우는 작업을 2년 동안 혼신을 다해 감당한 것이다.

아시아에 사는 유대인들과 헬라인들이 말씀을 들은 것은 바울의 훈련을 통해서 안디옥교회처럼 양육을 받고 다시 그들을 통해 훈련이 이루어지는 순환적인 교육이 진행되었기 때문이다. 이처럼 두란노에서의 놀라운 복음의 진보의 원동력은 안디옥교회에서부터 실천한 바울의 제자훈련전략을 통한 성령님의 역사하심이었다.

강력한 성령의 임재와 표적(19:11-20)

에베소에서는 성령의 역사가 이전의 어떤 곳보다도 더 강하게 나타났다. 특히 두란노에서 성령의 역사와 표적은 다른 제자들이 행했던 능력과도 차이가 있었다. 심지어 사람들이 바울의 몸에서 손수건이나 앞치마를 가져다가 병든 사람에게 얹자 '그 병이 떠나고 악귀도 나가'는 역사가 나타났다. 바울이 친히 인격적으로 명령하지도 않았는데, 그가 사용하던 옷과 손수건을 통해 놀라운 기적이 나타난 것이다. 그만큼 성령의 역사가 강하게 나타났다.

놀라운 회개의 역사

이처럼 놀라운 성령의 역사가 나타나자 마술을 하는 어떤 유대인이 자기도 따라 시험했다. 그래서 시험 삼아 귀신 들린 자에게 '예수의 이름으로 내가 네게 명하노니 나오라'고 명했다. 마술사들이 자신들도 그리스도의 이름을 빌어 귀신을 쫓아낼 수 있는지를 시험한 것이다. '대제사장 스게와(Sceva)의 일곱 아들도' 똑같이 따라 했다.

이들은 자신들에게도 바울과 같은 역사가 나타나기를 은근히 기대했다. 그런데 귀신이 대답하기를 '내가 예수도 알고 바울도 알거니와 너희는 누구냐'며 마술을 행하는 유대인들 두 사람에게 뛰어올라 그들을 쓰러트리고 상처를 입혀 꼼짝 못하게 했다. 그러자 이들이 '벌거벗은 몸으로 그 집에서' 도망쳤다. 귀신을 쫓아내려다 귀신에게 쫓겨나는 황당한 일이 발생한 것이다. 이 사건에 대한 소문은 삽시간에 에베소 전역에 퍼져 '에베소에 사는 유대인과 헬라인들이 다 이 일을 알고 두려워하였다.'

에베소에서 복음의 놀라운 반응이 나타났다. 에베소에 있는 믿지 않는 유대인들과 헬라인들은 두려움 속에서 주 예수의 이름을 높였다. 많은 믿는 사람들이 와서 자신들의 죄를 자복하고 회개하는 역사가 나타났다. 믿는 사람들이 공개적으로 자신들의 죄를 고백하는 현상이 나타난 것이다. 마술을 행하는 사람들이 마술 책을 가지고 와서 불살라버렸다. 성령이 임하자 마술을 행하던 많은 사람들이 여러 사람들이 보는 가운데 공개적으로 책을 불살랐다. 무려 그 불사른 책들이 값으로 환산하면 '은 5만' 드라크마나 되었다. 오순절성령강림을 통해 예루살렘의 유대인들 가운데 나타난 놀라운 변혁의 역사가 이곳 에베소의 이방인들 가운데서도 나타난 것이다.

6. 마게도냐 에게해로 복음 확장 결론
(19:20, A.D. 52-55)

매우 간단하지만 19장 20절은 '마게도냐와 에게해로 복음 확장'의 결론이다. 누가는 3가지 사실을 분명하게 증언한다. 첫째, 놀라운 성령의 역사가 나타났고, 둘째, 이 같은 변화의 동력은 말씀이었으며, 셋째, 말씀이 힘이 있고, 흥왕하여 세력을 얻었다. 말씀이 살아 역사한 것이다.

성령이 강하게 역사하는 곳에는 언제나 하나님의 말씀이 존중을 받으며, 말씀의 권위가 높아진다. 여기서도 말씀과 성령과의 관계를 그대로 읽을 수 있다. 누가는 에베소 지역, 아시아 전역에 놀랍게 복음이 전파된 것을 말씀이 확산되고 능력 가운데 성장한 것으로 표현하고 있다. 바울이 두란노에서 말씀을 가르친 결과 그 말씀이 마게도냐와 안디옥교회를 살린 것이다.

그리스도인들이 세상에서 승리할 수 있는 비결은 다른 길이 아니고 오직 성령의 충만함을 받는 길이다. 바로 이것이 3년간 에베소에 머물면서 바울이 체험한 확신이었다. 그가 에베소교회에 '오직 성령의 충만을 받으라'고 간곡히 부탁한 것도 그 때문이다.

제 18 장
바울의 예루살렘 행 여정과 로마 행 준비
(19:21-21:14)

'내가 … 로마도 보아야 하리라.' 이것은 바울이 오랫동안 가슴에 깊이 간직했던 오랜 숙원이었다. 바울은 로마행을 구체적으로 실천에 옮기기 시작했다. 이제 바울의 선교사역이 새로운 전환점으로 접어든 것이다.

바울은 마게도냐와 아가야를 거쳐 예루살렘에 올라가기로 작정했다. 그리고 예루살렘에서 다시 로마로 갈 계획을 세웠다. 바울은 예루살렘으로 가기로 그냥 작정한 것이 아니라 '성령 안에서' 작정했다. 바울로 하여금 예루살렘을 거쳐 로마로 가겠다는 비전을 가슴에 품도록 인도하신 분은 바로 성령 하나님이셨다.

1. 바울의 오랜 숙원: 로마도 보아야 하리라(19:21-22)

바울이 예루살렘으로 올라가려고 한 이유는 다음 사실을 통해 너무도 분명했다. '내가 거기 갔다가 후에 로마도 보아야 하리라.' 예루살렘에 올라갔다가 그곳에서 다시 로마로 가겠다는 말이다. 그런데 이 말의 뜻을 원문으로 살펴보면 '내가 그곳에 있은 후에 나로 하여금 로마도 보게 해야 할 것이다'이다. 하나님께서 바울로 하여금 반드시 로마를 보게 하실 것이라는 선언이나 마찬가지이다.

로마를 보는 것은 바울이지만 그렇게 하게 하시는 분은 전능자 성령 하나님이시다. 바울 자신이 자의적으로 단순히 소망을 해서 로마를 보려는 것이 아니라 성령이 바울 안에 소망을 주시고 그로 하여금 강권하셔서 반드시 로마를 보게 하실 것이라는 의미다. 성령의 뜻과 바울의 뜻이 여기서 한 소망으로 연결된 것이다.

2. 에베소에서 데메드리오의 선동(19:23-41)

바울의 이와 같은 로마 행 여행은 예기치 않은 일로 미루어졌다. 아데미 상을 만들어 파는 데메드리오의 선동으로 발생한 소요가 원인이었다. 에베소는 라틴어로는 다이아나, 헬라어로는 아데미라는 여신을 널리 숭배하는 센터였다. 에베소의 아데미 숭배는 아시아 지방 전역에 보편적 현상이었다. 하지만 그것이 아시아에 국한된 현상은 아니다. 아데미를 숭배하는 신전이 고린도와 많은 다른 지역에서도 성행했다.

데메드리오의 선동(19:23-34)

복음이 에베소에 전해지자 기독교 신앙 곧 진리의 '도'(道)로 말미암아 '적지 않은 소동'이 발생했다. 바울의 에베소 선교 결실이 절정에 달하던 때였다. 큰 소동을 일으킨 장본인은 아데미의 은감실을 만들어 여러 직공들로 하여금 상당한 수입을 올리고 있던 데메드리오라는 은장색이었다. 바울의 에베소 선교로 예수 믿는 사람들이 놀랍게 증가하면서 아데미를 섬기는 사람들의 수가 급속하게 감소하여 매출과 이윤이 현격히 줄어들기 시작했다.

당시 에베소 사람들은 아데미 신전을 모형으로 만들고 그 속에 여신의 신상을 만들어 이를 집집마다 보관하고 섬기고 있었다. 바울의 전도로 아데미 신전에 종사하는 이들의 수입과 아데미 은장색으로 떼돈을 벌어들이던 업자들의 수입이 줄어들자 불만이 가득했다. 수입이 줄어들자 데메

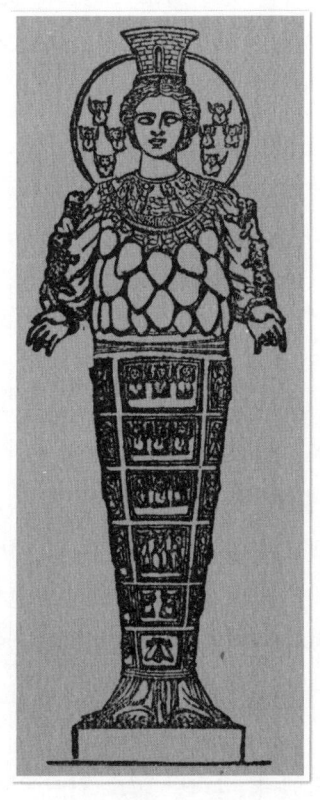

에베소의 아데미

드리오는 직공들과 같은 업종의 사업자들을 모아놓고 바울의 선교가 아데미 신상을 만들어 파는 사람들에게 치명적인 손실을 가져다 줄 것이라며 무리를 선동했다.

데메드리오의 말이 끝나자 그곳에 모인 사람들이 분개하여 '크다 에베소 사람의 아데미여'라고 외쳐댔다. 서방 사본에 의하면 이들이 아데미 여신의 이름을 외치며 큰 길거리로 쏟아져 나왔다. 성이 소동으로 휩싸이기 시작한 것이다.

여기 '외쳐'라는 말은 미완료 과거형으로 쓰였다. 이들이 한 번만 외친 것이 아니라 계속해서 외쳐댄 것이다. 은장색 직공과 업주들이 군중들을 선동해 소요를 일으킬 수 있었던 것은 이 소요가 발생한 5월에는 다이아나 여신 즉 아데미를 숭배하는 자들이 로마 지방 총독 치하인 아시아의 도처에서 에베소로 모이는 시기였다.

데메드리오의 말이 끝나기 무섭게 성난 무리들이 바울과 같이 다니는 마게도냐 사람 가이오와 아리스다고를 잡아가지고 연극장으로 끌고 갔다. 모인 무리들 가운데 소요가 일어났지만 정작 문제가 무엇인지 파악하기 힘들었다. 서로 의견이 분분하고 다른 말을 했기 때문이다. 연극장에 모인 사람들 중에는 왜 그곳에 모였는지 이유를 모르는 이들이 반 이상이나 되었다.

원인도 모르는 가운데 분요와 소동이 계속 일어나자 유대인들이 알렉산더를 앞으로 내보냈다. 그가 앞으로 나와 손짓을 하면서 백성들에게 말하려 하자 그곳에 모인 헬라인들이 그가 유대인 것을 알고 '크다 에베소 사람의 아데미여'라고 두 시간 동안이나 외쳐댔다. 유대인들이 소요를 진정시키려고 한 이유는 이들의 분노가 반기독교적일 뿐만 아니라 반유대적이었기 때문이다.

서기장의 소요진정과 바울 변호(19:35-41)

무리들의 반대에도 불구하고 아시아의 관원이 바울의 친구가 되어 그를 지원하는 일을 아끼지 않았다. 민중 편을 들어야 할 관원이 민중이 아닌 바울 편에 선 것이다. 또한 서기장이 무리 가운데 나타나 분개한 무리들을 진정시키는 데 앞장섰다.

서기장은 아시아의 의회의 서기장으로 에베소에서는 가장 힘 있는 권력을 소유한 인물이었다. 그는 법령을 기안하고 시 예산을 집행했고, 에베소가 로마의 권력 하에 있을 때는 총독과 가장 밀접한 위치에 있으면서 에베소의 통치에 깊숙이 개입하는 실력자였다. 서기장은 데메드리오로 인한 집회를 불법집회로 간주했는데 이것은 불법집회가 '소요'라는 의미였다.

서기장은 아데미의 존재와 중요성을 인정했다. 그러나 고소 건이 있으면 재판의 날도 있고 재판관도 있으니 합법적으로 고소할 일이지 이렇게 무리를 충동시켜 소요를 일으켜서는 안 된다는 입장을 피력했다. 서기장의 말은 매우 설득력이 있었다. 그가 소요가 일어나면 법적으로 책임을 져야하기 때문에 소요를 진정시키려는 정치적인 동기에서 민중을 설득한 것이지만 그것은 바울에게 결정적인 도움이 되었다. 정치적인 목적으로 시작한 것을 하나님께서 종교적인 목적으로 선용하신 것이다.

3. 마게도냐, 헬라, 드로아 사역(20:1-12, A.D. 55-57)

서기장이 데메드리오의 선동으로 야기된 소위 불법집회를 해산시킨 후 소요가 진정되었다. 소요가 진정되자 바울은 에베소를 떠나 마게도냐와 고린도로 향했다. 바울이 에베소를 떠난 것은 A.D. 56년 오순절을 며칠 앞둔 때였다. 그는 마게도냐와 고린도에서 1년을 보내면서 A.D. 56년 여름 고린도후서를 쓰고 A.D. 57년 초에 로마서를 기록했다. 바울은 에베소 제자들과 헤어지는 것을 상당히 주저했지만 도처에서 자신을 부르는 현실을 외면할 수 없었다.

바울의 에베소 제자들과의 작별과 드로아까지(20:1-5)

바울은 에베소에서 드로아로 향하는 연안 무역선을 탄 것으로 보인다. 그는 드로아를 거쳐 마게도냐와 아가야에 이르고 거기서 다시 드로아로 돌아왔다. 바울이 마게도냐로 간 것은 고린도교회에 가서 예루살렘 성도를 위한 구제헌금을 모금하고, 고린도교회에 문제가 있다는 소식을 듣고 제자들을 격려하기 위해서였다.

마게도냐는 바울에게 특별한 곳이었다. 바울은 자신이 원하는 곳이 있었음에도 불구하고 성령께서 환상을 통해 마게도냐 사람이 그에게 와서 복음을 전해달라고 요청하자 주저하지 않고 선교의 방향을 마게도냐로 수정했었다. 바울은 그곳을 다시 방문해 마게도냐 지방을 다니며 여러 말로 제자들을 격려했다. 바울은 A.D. 56년부터 57년 겨울 3개월 동안 고린도 머물렀다. 그곳에 3개월을 머문 이유는 로마서를 저술하고 그곳 성도들을 양육하기 위해서였다.

바울은 3개월 동안 가이오집에 머물면서 로마서를 기록했다. 로마서는 바울이 로마를 향하기 위해 예루살렘에 올라가기 얼마 전에 작성한 것으로 보인다. 로마서를 기록한 것은 그가 스페인을 향하여 가는 도중에 로마에 들리고 싶다는 사실을 전달해서 로마교회로 하여금 그의 스페인 방문을 준비시키려고 했기 때문이다. 바울 사도는 로마를 방문하기 전 미리 로마서를 저술하여 후에 있을 복음전도의 초석을 다지기를 원했다.

예루살렘으로 향하는 여행에 베뢰아 출신 부로의 아들 소바더, 데살로니가 출신 아리스다고와 세군도, 더베 출신 가이오 및 디모데 그리고 아시아 출신 두기고와 드로비모가 동행했다. 누가는 빌립보에서 바울 일행과 합류했다. 이들 모두 복음을 받아들인 이방인이었으며, 바울의 신실한 동역자들이었다. 이들 중 여러 명이 예루살렘의 기독교인들의 궁핍을 위해 구제 연보를 낸 각 지역교회의 대표자들이었다.

드로아에서의 일주일과 유두고를 살리는 표적(20:6-12)

동행자들과 드로아에서 일주일을 머물면서 복음을 전한 바울은 '그 주간의 첫날' 떡을 떼기 위해 모인 자리에서 강론을 시작해 밤중까지 계속되었다. 바울이 드로아에서 밤을 새우면서 강론할 때 강론을 듣던 유두고라는 청년이 강론이 길어지자 '졸음을 이기지 못하여 삼 층'에서 떨어지는 사건이 일어났다. 바울은 즉시 강의를 중단하고 내려가 떨어져 죽은 그 청년을 살렸다. 이날은 A.D. 57년 4월 24일 안식 후 첫날' 저녁이었다.
이 사건은 다음 몇 가지 면에서 우리에게 중요한 교훈을 제시한다. 첫째, 한 영혼에 대한 사랑이다. 바울은 한 생명을 살리는 일에 최선을 다했다. 둘째, 죽은 자를 살리는 주님의 능력이 바울 사도를 통해서 나타났다. 셋째, 유두고 이야기는 영적 느슨함에 대한 일종의 경종일 수 있다. 넷째, 그렇지만 기적을 통해 백성들이 적지 않게 위로를 얻었다. 하나님께서는 한 젊은이가 실수로 떨어져 죽는 이 불행한 사건을 통해 오히려 주의 복음이 증거되고 주의 역사가 나타났다. 합력하여 선을 이루신 것이다.

4. 밀레도에서 에베소 장로들과 작별인사
   (20:13-38, A.D. 57-58)

드로아에서 일주일을 보낸 바울은 A.D. 57년 4월 25일 월요일 그들과 작별인사를 나누었다. 그런 후 그는 제자 일행을 앞서 해로로 보내고 자신은 걸어서 앗소로 향했다. 바울은 드로아에서 앗소까지 32km 가량 되는 길을 도보로 갔다. 드로아에서 앗소까지 육로는 거의 해안을 따라 이어졌다.

해로로 가면 훨씬 가볍고 쉽게 갈 수 있는 거리를 바울이 구태여 육로를 택한 것은 바울이 깊은 주님과의 교제를 통해 앞으로의 사역을 준비하려는 의미가 있었다. 특별히 드로아는 2차 선교여행 중 바울이 아시아선교를 진행하려고 할 때 막으시고 '마게도냐 환상'을 보게 하신 곳이다. 성령의 직접적인 개입으로 바울의 선교방향을 수정하도록 인도하신 곳이다. 바울에게는 평생 잊지 못할 장소였다.

그런 드로아에서 32km 떨어진 앗소까지 해안을 따라 이어진 육로로 걸어가면서 하나님의 인도하신 섭리에 감사하면서 조용히 지난 사역을 정리하며 앞으로의 사역을 준비하는 시간을 가졌을 것이다. 그 길은 바울에게는 사색과 쉼과 재충전을 동시에 가질 수 있는 코스였다. 아마도 바울은 짧지 않은 거리를 도보로 여행하면서 한편으로 그동안 하나님이 베푸신 놀라운 은혜에 감사했을 것이고, 다른 한편으로는 앞으로 있을지도 모를 환난을 준비했을 것이다. 그는 환난이 기다리고 있는 예루살렘을 향해서 가는 바울은 주님과 깊은 교제를 나누며, 앞으로 감당해야 할 미래 사역을 차분하게 준비하길 원했을 것이다.

도보로 앗소까지 걸어간 바울은 A.D. 57년 4월 25일 월요일에 배를 타고 와서 자신을 기다리는 일행과 함께 배에 올라 미둘레네에 도착했고, 같은 날 그곳을 출발해 그 다음날 4월 26일 화요일 오후 기오에 도착했다. 기오에서 하루를 묵은 일행은 그 이튿날 4월 27일 수요일 아침에 기오를 출발해 사모 서쪽 지점을 향해 항해를 계속해 사모에 도착했다. 그곳에서 하루를 묵은 후 다음날 4월 28일 목요일 이른 아침 항해를 시작하여 밀레도에 도착했다. 누가는 정확하게 여행을 하면서 들린 각 항구들을 섬세하고 정확하게 기록하고 있다.

바울의 전도일정을 보면 바울이 주의 사역을 위해서 얼마나 고군분투했는가를 잘 알 수 있다. 배를 타고 빌립보, 데살로니가, 베뢰아로 향했던 바울은 헬라로 가서 3개월을 머문 후, 다시 마게도냐를 거쳐 누가와 함께 배를 타고 바다를 건너 드로아에 도착했다. 그리고는 32km 나 떨어진 앗소까지 쇠잔한 몸을 이끌고 여행을 강행했다. 우리는 바울의 전 사역에서 그가 환경의 지배를 받기보다 환경을 넘어서는 불굴의 신앙, 어떤 적대세력 앞에서도 타협하지 않는 용기, 주의 뜻이라면 굽히지 않고 진행시키는 추진력을 발견할 수 있다. 바울이 이렇게 여행을 강행했던 이유는 가능한 빨리 예루살렘에 도착하기를 원했기 때문이다.

밀레도에 도착한 바울은 그곳에서 48km 떨어진 에베소로 사람을 보내 에베소교회의 장로들을 오라고 청했다. 바울의 부탁을 받은 이들은 에베소에 가서 장로들을 데리고 왔다. 에베소 장로들이 밀레도에 도착한 것은 바울이 밀레도에 머문 지 3일째 되던 날이었다. 바울 일행이 밀레도 도착이 A.D. 47년 4월 28일 목요일 저녁이었으니 에베소 장로들이 밀레도에 도착한 날은 3일째 되던 4월 30일 토요일이었다.

바울은 아시아를 떠나기 전 에베소교회가 튼튼하게 서갈 수 있도록 그들에게 마지막 부탁을 하고 싶었다. 그는 자신이 에베소에서 사역하는 동안 얼마나 주의 사역을 위해 헌신하고 생명을 바쳤는가를 다음 몇 가지로 설명했다.

첫째, 바울은 무엇보다 '겸손과 눈물로 주를 섬겼다.'

둘째, 바울은 유대인의 책략으로 인한 시험에 넘어지지 않고 그것을 참아내면서 하나님을 섬겼다.

셋째, 바울은 에베소 교인들에게 유익한 것은 공중 앞에서나 각 집에서 거리낌이 없이 무엇이나 다 전하고 가르쳤다.

바울이 에베소교회의 장로들을 모아놓고 이렇게 이야기하는 근본 이유는 두 가지 때문이었다. 하나는 앞으로 에베소교회 교우들을 다시 볼 수 없을 것 같았기 때문이고, 다른 하나는 그들에게 자기 대신 교회를 돌보는 일을 부탁하기 위해서였다. 바울은 그들에게 앞으로 닥칠 결박과 환난을 대비할 것을 부탁했다.

에베소교회를 향한 바울의 부탁(20:28-35)

마지막 석별의 정을 나누는 마당에서 바울은 에베소 장로들에게 다음의 다섯 가지를 부탁했다.

첫째, 바울은 '그들 가운데 여러분을 감독자'로 세우신 분이 '성령'이심을 분명히 일깨웠다. 바울과 교회가 에베소 장로들을 세운 것이지만 바울은 자신이나 에베소교회 회중들이 그들을 세웠다고 하지 않고 성령께서 그들을 세우셨음을 알려주었다.

둘째, 복음의 방해세력을 조심하라고 부탁했다. 갈라디아교회에서 볼 수 있듯이 거짓 교사가 와서 할례를 받고 장로들의 유전을 지켜야 구원을 받는다고 가르친 것처럼, 자신이 가르친 은혜의 복음을 무로 돌리는 이단들의 세력을 경계한 것이다.

셋째, 말씀에 견고히 설 것을 부탁하였다. '꺼리지 않고 하나님의 뜻을 다 여러분에게 전하였다,' '자기를 위하여 또는 온 양떼를 위하여 삼가라,' '자기 피로 사신 교회'라는 말씀과 무엇보다도 '주와 및 그 은혜의 말씀에 부탁한다'는 표현 가운데 바울의 신앙이 잘 나타나 있다. 바울은 '주와 및 그 은혜의 말씀에 부탁한다'고 밝힘으로 주님의 말씀의 권위를 높이고 있다. 바울은 에베소 장로들에게 말씀의 권위를 깊이 일깨워 준 것이다.

넷째, 물질 앞에 깨끗할 것을 부탁했다. 바울은 자신이 '내가 아무의 은이나 금이나 의복을 탐하지 아니하였다'고 고백했다. '은, 금, 의복 그리고 곡물은 당시 고대사회, 특별히 동양인들 가운데 부를 축적하는 수단이었다.' 당시 에베소인들은 자신들의 화려한 의상과 은과 금을 자랑했지만 바울은 진정한 소망을 하나님 나라와 사역에 두었다. 에베소교회가 자신의 모범을 따를 것을 주문한 것이다.

마지막으로 하나님의 사람은 하나님의 사랑을 받은 사람들이기 때문에 그 사랑을 다른 사람들에게 나타내고 삶 속에서 하나님 사랑뿐 아니라 이웃사랑을 실천에 옮겨야 할 것을 부탁했다.

바울이 에베소 장로들을 모아놓고 전한 핵심 내용을 면밀하게 검토하면 바울이 에베소교회에서 어떻게 사역을 감당했는지를 알 수 있다. 바울이 에베소에서 행한 사역을 집약하는 가장 중요한 단어 3가지를 뽑아낸다고 하면 그것은 '전하여 가르치고,' '수고하여 약한 사람들을 돕고'이다. 이 세 가지 사역-전파하고, 가르치고, 치료하는 사역-은 바울이 안디옥교회에 부름을 받은 후 바나바와 함께 일관되게 펼쳐오던 핵심 사역이었다. 사실 이것은 바울이나 바나바 그리고 안디옥교회만의 사역은 아니었다. 주님께서 공생애 동안에 온 심혈을 기울여 몸소 실천하시고 제자들에게 모범을 보여주신 사역이었다.

그렇다면 누가가 일관되게 사도행전에서 반복해서 예루살렘교회, 바울과 바나바의 안디옥교회, 에베소교회 그리고 그의 바울의 선교사역에서 강조하고 있는 세 가지는 전파하고, 가르치고, 치료하는 사역이다.

이 사역을 온전히 감당하기 위해서는 성령의 충만과 인도가 필수적이다. 제자들이 보여주듯 성령의 충만을 받을 때 비로소 가르치고 전파하고 치료하는 사역이 가능했다. 바울도 에베소에서 성령충만하여 이 세 가지 사역을 집중적으로 감당했다. 그는 이를 설명하면서 '성령에 매여,' '성령이 내게 증언하여'라는 표현을 통해 자신이 성령의 충만과 인도하심으로 주의 사역을 감당했다는 사실을 증거하고 있다.

마지막 작별인사(20:36-38)

바울은 에베소 장로들에게 연설을 마치고 그들 모두와 함께 무릎을 꿇고 기도했다. 바울이나 에베소 장로들이나 석별의 안타까움으로 크게 울었다. 특별히 에베소 장로들은 바울의 목을 안고 다시는 바울을 보지 못하리라는 생각에 눈물을 흘렸다. 부두에까지 바울을 전송했다.

'기도,' '크게 울며,' '입맞춤' 세 단어가 마지막 작별의 장면을 생생하게 그려준다. 바울은 마지막 순간에 한마음으로 미래를 하나님께 맡기며 같이 '기도'하고, 함께 아픔과 슬픔을 같이하며, 마지막 형제애를 진실된 마음으로 실천했다. '바울의 목을 안고 입을 맞추고,' '그를 전송'했다는 말이 이를 함축하고 있다. 기도와 나눔과 형제애의 온전한 실천이야 말로 진정한 그리스도인 교제의 초석이다.

5. 가이사랴에서 바울과 빌립의 만남(21:1-14)

에베소에서 온 장로들과 밀레도에서 아쉬운 작별을 한 바울과 그 일행은 곧바로 예루살렘으로 향하는 긴 여행을 떠났다. 이 여행은 A.D. 57년 봄에 착수되었다. 바울은 4월 30일 토요일 밀레도에 도착한 에베소 장로들과 적어도 하루를 같이 머물며 간곡한 부탁을 한 것으로 보인다. 바울은 그 다음날 5월 1일 일요일 아침에 '저희를 작별하고' 밀레도를 떠난 것으로 여겨진다.

예루살렘 행 여정: 밀레도에서 두로까지(21:1-6)

바울 일행이 밀레도를 출발해 '예루살렘에 이르기'까지 누가는 소상하게 이들의 여행 일정과 여행지를 순서별로 밝혀주었다. 밀레도-고스-로도-베니게-구브로-수리아-두로-돌레마이-가이사랴-예루살렘의 일정이었다. 누가는 '우리'라는 표현을 통해 자신이 이 여행에 동행한 동행자라는 사실을 분명히 밝혔다. 일행은 A.D. 5월 1일 고스에 도착했고, 그 다음날 5월 2일 로도, 5월 3일 바다라, 5월 4일 무라, 아마도 5월 7일

토요일 두로에 도착했다.

바울이 예루살렘 행을 고집한 이유는 두 가지다. 첫째, 구제헌금을 전달하기 위해서였다. 그런데 그것은 단순한 구제헌금 전달 그 이상의 의미를 함축하고 있다. 바울은 자신이 잡힌다는 사실을 알면서도 그들에게 구제헌금을 전달하려고 하였다. 그것은 그 일을 통해 유대인과 이방인의 화목과 일치가 이루어지길 간절히 원했기 때문이다.

둘째, 로마에 가서 복음을 전해야 한다는 불타는 열정 때문이다. 바울은 로마에 가서 복음을 증거하고 싶은 열심에 사로잡혀 있었다. 자신이 예루살렘에서 잡히더라도 그로 인해 로마에 가서 복음을 증거할 수 있는 길이 열린다면 그 길을 택하겠다는 것이 바울의 결심이었다.

예루살렘 행의 반대(21:7-14)

A.D. 57년 5월 13일 두로를 떠난 바울 일행은 같은 날 돌레마이에 도착했다. 돌레마이는 두로에서 35km 떨어진 곳에 위치해 있는 항구도시다. 현재 지명은 악크레라로 약 1만 명의 사람들이 그곳에 살고 있다. 바울 일행은 그곳 '형제들에게 안부를 묻고 그들과 함께 하루를 있다'가 그 다음날 5월 14일 가이사랴로 향했다.

가이사랴까지의 여정은 도보로 이루어진 것 같다. 여기서 바울은 예루살렘교회가 선출한 일곱 사람 가운데 한 명으로 20여 년 전 스데반이 순교하고 그리스도인들이 사방으로 흩어졌을 때 예루살렘을 떠나 이곳으로 피신한 빌립을 만났다. 빌립은 참으로 아름다운 신앙의 가정을 이룬 존경받는 신앙인이었다.

초대교회사에서 복음전파에 빌립만큼 중요한 공헌을 한 사람도 드물다. 그는 예루살렘교회 일곱 사람 가운데 한 사람이었고, 팔레스타인의 해안 평야와 사마리아까지 복음을 확장시킨 주인공이었으며, 에디오피아 여왕 간다게의 국고를 맡은 내시에게 복음을 전하고 세례를 베푼 인물이다. 또한 고넬료가 복음을 믿기 전, 사울이 부름을 받기 전, 구브로와 구레네 사람들이 복음을 받아들이기 전에 가이사랴에서 복음을 전한 인물이 기도하다. 이처럼 빌립은 복음이 유대인의 영역에만 머물지 않고 전 세계로 확대되는 일에 결정적인 역할을 했다.

바울이 빌립의 집에 묵었다는 사실로 미루어 볼 때 바울과 빌립 사이에는 오랫동안 연락이 있었던 것으로 여겨진다. 빌립에게는 딸이 넷이 있었는데 모두 처녀로 예언하는 사람이었다. 특별히 처녀의 몸으로 예언을 했다는 것은 그들이 정결한 믿음으로 그리스도의 재림을 기다리는 믿음의 여인이었음을 말해준다. 사도행전에서 누가가 가정의 자녀들을 특별히 언급한 것은 빌립의 자녀들이 유일하다.

바울은 빌립의 가정에 여러 날 머무는 동안 여기서도 예루살렘으로 올라가지 말라는 권고를 받았다. 사도행전 11장에서 유대의 기근을 예언했던 아가보 선지자가 바울의 띠를 가져와서는 자기 수족을 잡아매면서 예루살렘에 올라가면 이 띠의 임자를 결박하여 이방인의 손에 넘겨줄 것이라고 예언했다.

바울의 일행은 '그 말을 듣고 그 곳 사람들과 더불어 바울에게 예루살렘으로 올라가지 말라'고 권했다. 누가는 '우리'라는 표현을 통해 자신도 바울에게 올라가지 말라고 부탁한 사람 중의 한 명이었음을 분명히 했다. 다른 제자들이 만류했을 때는 그렇게 슬퍼하지 않던 바울이 자기와 동행했던 누가마저 예루살렘 행을 만류하자 마음이 착잡했던 것 같다.

그것은 바울의 대답에서 그대로 읽을 수 있다. '여러분이 어찌하여 울어 내 마음을 상하게 하느냐 나는 주 예수의 이름을 위하여 결박당할 뿐 아니라 예루살렘에서 죽을 것도 각오하였노라.' 바울이 자신의 각오를 정확하게 분명히 밝힌 것이다.

동료들이 눈물로 만류할 때 바울의 심령은 산산이 부서져 내리는 심정이었을 것이다. 하지만 그는 예루살렘 행을 결코 포기할 수 없었다. 그것은 예루살렘을 거쳐 로마에 가서 복음을 전하길 간절히 원했기 때문이다. 바울의 입장이 너무도 분명한 것을 확인한 누가와 다른 제자들은 '주의 뜻대로 이루어지이다'라며 더 이상 포기를 권유하지 않았다.

제 19 장
예루살렘에서의 바울
(21:15-23:35)

A.D. 57년 5월 가이사랴에서 여러 날을 머물면서 앞으로 있을 일을 준비한 바울은 '여장을 준비하고' 102km 떨어진 예루살렘으로 향했다. 예루살렘 여행에는 가이사랴의 몇 명의 제자들이 바울 일행과 동행했다. 그 중에는 초기 제자 중의 한 사람으로 바울 일행에게 숙소를 제공할 구브로 출신의 나손도 있었다. '한 오랜 제자'라는 누가의 증언으로 미루어 볼 때 나손은 아마도 120 문도 가운데 한 사람이 아니었는가 여겨진다. 혹자는 70인 중의 한 명으로 보기도 한다.

1. 바울의 예루살렘 방문(21:15-26)

예루살렘에 도착한 바울은 예루살렘교회의 지도자들의 따뜻한 영접을 받았다. 바울은 이방인들이 정성을 다해 모은 헌금을 전달했을 것이고 그들은 바울에게 그에 대해 감사를 표했을 것이다. 예루살렘에 올라간 바울은 제일 먼저 야고보를 찾아갔다. 야고보를 찾아간 것은 당시 예루살렘에는 기둥 같은 세 명의 예루살렘교회 지도자들 가운데 오직 야고보 한 사람만 그곳에 머물고 있었기 때문이다.

바울의 예루살렘 도착과 선교보고(21:15-19)

사도들은 다 흩어지고 예수님의 형제 야고보 장로만 예루살렘에 머물면서 나사렛 예수의 공동체를 지도했다. 야고보는 일단의 동료들, 즉 예루살렘교회의 장로들과 함께 주의 사역을 감당했다. 장로들이 몇 명이나 되었는지는 알 수 없지만 예루살렘 성도들이 수천 명이었음을 감안할 때 상당히 많았을 것으로 여겨진다. 아마도 당시 예루살렘에는 야고보를 의장으로 한 70인으로 구성된 일종의 나사렛 산헤드린이 존재했던 것으로 보인다.

야고보를 만난 바울은 '하나님이 자기의 사역으로 말미암아 이방 가운데서 하신 일을 낱낱이 말'하였다. 바울이 야고보에게 이방인들 가운데 하나님이 행하신 일들을 보고할 때 이들 전체 장로들도 참석하였다. 그 모든 일을 다 전해들은 그들은 '하나님께 영광을 돌렸다.'

바울에 대한 소문과 결례 제안(21:20-26)

예루살렘 지도자들은 한편으로 바울을 통해 이방인들 가운데 일어난 복음의 진보를 확인하고는 감사하면서도 다른 한편으로 바울이 앞장서서 이방인들이 유대의 전통을 존중하지 않게 만든다는 이상한 소문을 듣고 깊이 우려했다.

바울에 대해 이상한 이야기를 들은 야고보와 다른 유대지도자들은 '네가 이방에 있는 모든 유대인을 가르치되 모세를 배반하고 아들들에게 할례를 행하지 말고 또 관습을 지키지 말라'고 한 것이 사실인지 여부를 바울에게 직접 확인하고 싶었다. 이들이 확인하려고 한 내용은 첫째, 모세의 가르침을 거부했는지 여부, 둘째, 할례를 금했는지 여부, 셋째, 관습을 지키지 말라고 했는지 여부였다. 유대인들의 신앙과 삶을 총체적으로 대변하는 모세의 법, 할례, 관습 세 가지를 바울에게 직접 확인하려고 한 것이다.

예루살렘에 있는 장로들은 바울에 대한 오해를 불식하기 위해 그에게 결례를 행할 것을 제의했다. 이러한 예루살렘 장로들의 요구에 대해 칼빈은 이렇게 평가했다. '나는 바울에게 그들이 이렇게 맹렬히 요구했던 이 일이 정당하기보다는 성급하지 않았나 하고 생각한다.'

그들이 바울에게 한 것은 '그들을 데리고 함께 결례를 행하고 그들을 위하여 비용을 내어 머리를 깎게 하라'는 제의였다. 예루살렘의 장로들은 바울이 그렇게 한다면 바울에 대한 소문을 불식시키고 유대인의 손에서 바울을 보호할 수 있다고 생각했다. 바울이 율법을 지키는 자라는 사실을 보여줌으로 바울에 대한 모든 오해가 풀릴 것으로 판단했다.

이에 바울은 그 다음날 야고보와 다른 예루살렘 지도자들의 요청대로 서원한 네 사람을 데리고 결례를 행하였다. 사실 바울에게는 그 일이 부담스러웠을 텐데도 공동체의 화목과 복음의 진보를 위해 장로들의 제의를 받아들인 것이다. 바울이 이들 네 사람의 비용을 대신 낸 것으로 보인다.

2. 바울의 체포(21:27-40)

야고보와 예루살렘 지도자들의 요구대로 결례를 행했음에도 불구하고 야고보가 제안한 타협안은 실패로 돌아가고 말았다. 결례 칠일 째 아시아에서 유대인들이 와서 무리를 충동하면서 바울을 붙잡고는 '이 사람은 각처에서 우리 백성과 율법과 이곳을 비방한 자, 헬라인을 데리고 거룩한 성전에 들어간 자'라며 사람들을 선동해 바울을 구타했다. 이때 로마군대 천부장이 예루살렘에서 죽음의 위험에 처한 바울을 구해주었다.

아시아에서 온 유대인들의 선동(21:27-30)

아시아에서 온 유대인들은 바울이 이방인을 데리고 이방인들에게는 금

```
ΜΗΘΕΝΑΑΛΛΟΓΕΝΗΕΙΣΠΟ
ΡΕΥΕΣΘΑΙΕΝΤΟΣΤΟΥΠΕ
ΡΙΤΟΙΕΡΟΝΤΡΥΦΑΚΤΟΥΚΑΙ
ΠΕΡΙΒΟΛΟΥΟΣΔΑΝΛΗ
ΦΘΗΕΑΥΤΩΙΑΙΤΙΟΣΕΣ
ΤΑΙΔΙΑΤΟΕΞΑΚΟΛΟΥ
ΘΕΙΝΘΑΝΑΤΟΝ
```

출입금지경고: 외국인은 이 난간과 성소를 둘러싼 울타리를
통과할 수 없다. 누구든지 어길 경우 사형에 처한다.

지된 이스라엘의 뜰에 들어갔다고 무리를 선동했다. 이것은 유대인이라면 누구도 용서할 수 없는 치명적인 죄였다. 유대인의 뜰에 이방인들이 들어가는 것을 막기 위해 성전의 이방인의 뜰과 유대인의 뜰 중간이 가로막혀 있었다. 이방인들은 성전의 바깥뜰, 곧 '이방인의 뜰'까지는 들어갈 수 있었지만 '이스라엘의 뜰'에 들어갈 수 없었다. 들어가는 것은 사형에 해당하는 중범죄였다. 헬라어와 라틴어로 경고의 글이 붙어있었다.

'온 성이 소동하여 백성이 달려와 모여 바울을 잡아 성전 밖으로 끌고 나갔다.' 곧 격노가 모든 군중들을 휩쓸었다. 선동에 넘어간 '대중들의 무책임한 태도'가 그대로 노출되었다. 칼빈이 지적한 대로 대중들은 "바울의 말을 들어보기도 전에 이미 바울을 저주받은 자로 간주하였다." 바울은 아시아에서 온 유대인들의 선동으로 폭동이 일어나 체포되고 사형에 처할 위기를 맞았다. 로마 군인들이 바울의 생명을 구하지 않았다면 바울은 생명을 잃었을 것이다.

바울을 위기에서 구해준 천부장(21:31-40)

위기에서 바울을 구해준 것은 동족 유대인들도 예루살렘교회 믿음의 형제들도 아니었다. 로마군대였다. 소동이 일어났다는 소문이 곧바로 그 성전의 치안을 맡은 '군대의 천부장에게' 전해졌다. 예루살렘 치안의 책임을 맡은 그는 곧 군사와 백부장을 거느리고 소동이 일어난 그곳으로 급히 달려갔다. 성난 군중들은 '천부장과 군인들을 보고' 나서야 바울을 구타하던 행동을 멈추었다. 여기 나타난 천부장 글라우디오 루시아는 헬라계 로마군의 장교였다. 천부장은 760명의 보병과 240명의 기병을 거느린 군 고위장교였다.

그곳에 달려간 천부장은 바울을 보자 당시 중죄인들을 다루는 관례대로 '바울을 잡아 두 쇠사슬로 결박하라'고 명령했다. 정확한 사태 파악을 위해서였다. 천부장은 바울을 범죄자라고 생각하고 폭도들이 그렇게 격노한 원인이 대체 무엇인지 알아내려고 했지만 확실한 답을 얻을 수 없었기 때문이다. 군중들이 바울에게 퍼붓는 비난이 서로 엇갈리고 종잡을 수 없었기 때문에 천부장은 '진상을 알 수 없어' 좀 더 정확한 사태 파악을 위해 바울을 요새 안으로 데려왔다.

바울이 층대에 이를 때에 군사들이 '무리의 폭행으로 말미암아' 그를 들것에 들고 갔다. 분명한 죄목을 알지 못하면서도 백성들은 바울을 보고 '그를 없이하자'고 외쳤다. 이 외침은 빌라도 앞에서 유대인들이 외쳤던 것과 너무도 유사했다. 의사 누가는 예루살렘에서 유대인들로부터 버림받은 예수 그리스도와 그를 증거하다 예루살렘 유대인들로부터 버림받은 바울을 예리하게 대비시키고 있다.

성난 무리들의 위협에서 바울을 구해준 사람들은 동족 유대인이 아니라 로마군대 장교 천부장과 그의 군대였다. 하나님이 강권적으로 바울을 보호하신 것이다. 바울이 헬라어로 천부장에게 '내가 당신에게 말할 수 있느냐'고 묻자 천부장은 깜짝 놀라 '네가 헬라 말을 아느냐'고 물었다. 예루살렘이라는 유대민족의 거주지에서, 당연히 그들의 언어 히브리어가 모국어로 통용되는 그런 상황에서 바울이 헬라어를 유창하게 하는 것을 보고는 너무도 놀란 것이다.

처음에 천부장이 바울을 폭동의 주동자로 생각했다는 것은 천부장과 바울의 대화 내용이 뒷받침해 준다. 천부장은 바울에게 '네가 이전에 소요를 일으켜 자객 사천 명을 거느리고 광야로 가던 애굽인'이 아니냐고 물었다. 천부장의 입장에서는 바울이 헬라어를 유창하게

바울이 천부장에게 변론 기회 요청 장면

구사하기 때문에 당연히 유대인이 아닌 애굽인으로 이해했고, 유대민족이 그를 죽이려고 한 것을 보고는 큰 범죄를 저지른 죄인으로 생각하여 그렇게 판단하였을 수 있다.

천부장의 질문에 바울은 '그렇다,' '아니라'고 대답하지 않고 '나는 유대인이라 소읍이 아닌 길리기아 다소 시의 시민'이라고 밝혔다. 이 말은 앞서 한 천부장의 질문에 대해 '아니라'는 답보다도 더 강한 부정이었다. 자신은 유대인이지 폭동을 일으킨 애굽인이 아니라는 의미였다.

3. 바울의 변증과 유대인들의 참소(22:1-29)

바울은 다소 출신으로 헬라어와 히브리어에 능통했다. 헬라인이었던 천부장에게는 헬라어로, 동족 유대인들에게는 아람어로 자신의 의사나 메시지를 전달했다. 천부장이 바울의 헬라어 실력에 놀라 그에게 변증할 수 있는 기회를 주자 '바울이 층대 위에 서서 백성에게 손짓하여 매우 조용히 한 후에 히브리 말로' 변증을 시작하였다. 바울이 계단 꼭대기에 서서 연설을 하는 동안 군인들은 그를 철통같이 에워싸서 어떤 군중들도 올라오지 못하게 막았다.

유대인들은 바울이 유창한 히브리어로 연설을 하자 놀라 조용히 그의 말에 귀를 기울이기 시작했다. 헬라파 유대인으로 히브리어에 어눌할 것으로 생각했던 예루살렘의 유대인들이 유창한 바울의 히브리어에 놀란 것이다. 개역개정에는 '히브리 말'이라고 되어 있지만 헬라어 원문에 보면 누가는 바울이 단순히 히브리 말로 말했다고 하지 않고 '그 히브리 방언'으로 말했다고 증언한다.

여기 '그 히브리' 방언은 구약성서의 히브리어가 이스라엘 사람들의 바벨론 포로 이후 아람어화한 방언을 말한다. 이런 아람어를 히브리어라고 부른다. 당시 '아람어는 팔레스타인의 유대인들의 언어였을 뿐만 아니라 서아시아, 유프라테스 강을 건너 파르티아 제국을 포함하는 멀리 극동의 모든 비 헬라어 주민들의 공용어였다.'

바울의 인사, 어린 시절, 기독교 박해(22:1-5)

현장에서 바울의 변론적인 설교를 직접 들은 누가가 기록했기 때문인지 바울의 변증은 마치 바울이 지금 바로 우리 앞에서 자신을 변호하는 것처럼 느껴질 정도로 생동감이 있다.

바울은 '부형들아'로 자신의 변론을 시작했다. 이것은 수년 전 스데반이 공회 앞에서 설교를 시작하면서 한 말이다. 바울이 유창한 아람어로 말하는 것을 유대인들이 듣고 '더욱 조용해졌다.' 당시 헬라파 유대인들은 히브리어를 잘 구사하지 못했다. 그런데 모세의 율법을 반대한다고 의심했던 바울이 유창한 아람어로 변론을 시작하자 유대인들이 조용히 그의 말을 청종하기 시작한 것이다.

바울은 자신이 유대인이며 회심 전의 자신의 모습을 길리기아 다소 출신으로 가말리엘 문하에서 엄한 율법교육을 받은 하나님께 대하여 '열심이 있는 자'라고 밝혔다. 이어 자신이 '이 도를 박해하여 사람을 죽이기까지 하고 남녀를 결박하여 옥에 넘겼다'고 고백했다. 그리고 '도'를 따르는 자들을 핍박했던 박해자였음도 고백했다. 여기 '도'는 예수를 그리스도로 믿는 신앙의 길을 의미한다.

바울의 다메섹에서의 극적인 회심(22:6-11)

바울의 변론 중에서 가장 극적이고 빛나는 장면은 역시 바울의 회심과 이방인의 사도로의 부르심이다. 바울은 자신의 회심 사건이 시공 속에서 일어난 분명한 사건, 그 사건을 통해 부활하신 나사렛 예수 그리스도를 만났다고 증언했다. '가는 중 다메섹에 가까이 갔을 때에 오정쯤 되어 홀연히 하늘로부터 큰 빛이 나를 둘러 비치매 내가 땅에 엎드러져 들으니 소리 있어 이르되 사울아, 사울아, 네가 왜 나를 박해하느냐 하시거늘 내가 대답하되 주님 누구시니이까 하니 이르시되 나는 네가 박해하는 나사렛 예수라 하시더라.' 누가는 바울이 공문을 가지고 다메섹에 가서 예수 믿는 자들을 예루살렘으로 데려다가 형벌을 받게 하려고 가던 중 다메섹에서 부활하신 주님을 만났음을 분명히 했다.

시공에서 일어난 역사적 사건

'바울의 회심' 혹은 '다메섹 회심'으로 알려진 사도 바울의 회심은 시간적으로 A.D. 33년 가을에 일어났다. 이것은 시공 속에서 일어난 역사적 사건이었다. (1) '다메섹에 가까이'서 일어난 사실, (2) '오정쯤' 되었을 때 일어난 사실, (3) '하늘로부터 큰 빛'이 자신을 둘러 비추었다는 사실, (4) '땅에 엎드려져' '사울아, 사울아, 네가 왜 나를 박해하느냐'는 음성을 들었다는 사실, (5) 그 음성을 듣고 '주여 누구시니이까'라고 물었을 때 '네가 핍박하는 나사렛 예수라'는 음성을 들었다는 사실 그리고 (6) 그가 '다메섹으로' 들어갈 것과 그곳에서 누군가가 행할 모든 것을 알려 줄 것이라는 음성을 들었다는 사실이다. 이를 통해 부활하신 주님을 만난 바울의 다메섹 회심의 사건이 환상이 아닌 뚜렷한 시공 속에서 일어난 역사적 사실임을 증언하고 있다.

바울이 회심한 장소는 다메섹의 '직가'였다. 직가는 다메섹을 동서로 꿰뚫고 있는 3.2km 의 다메섹의 거리 이름으로 곧은 길을 의미한다. 이곳은 아나니아의 거주지였고, 바울이 복음을 전했던 곳이었으며, 그곳 성벽에서 광주리를 타고 내려왔던 곳이다. 바울 당시에는 그곳에는 많은 유대 그리스도인들이 살고 있었다. 믿는 자들이 어떻게 그곳에 많이 거주하게 되었는지에 대해서는 오순절 성령강림 때 참석한 자들에 의해서 혹은 박해로 인해 흩어진 자들이 그곳에 정착하면서라고 추측하기도 한다.

바울은 자신이 직접 부활하신 예수님을 만났고, 그와 대화를 나누었다고 증언한다. 바울과 주님과의 대화를 정리하면 다음과 같다.

다메섹 도상에서 예수님과 바울의 대화(22:7-15)

예수님: 사울아 사울아 네가 왜 나를 박해하느냐.
바 울: 주님 누구시니이까.
예수님: 나는 네가 박해하는 나사렛 예수라.
바 울: 주님 무엇을 하리이까.
예수님: 일어나 다메섹으로 들어가라. 네가 해야 할 모든 것을 거기서 누가 이르리라.
아나니아: [우리 조상들의 하나님이 너를 택하여 너로 하여금 자기

뜻을 알게 하시며 그 의인을 보게 하시고 그 입에서 나오는 음성을 듣게 하셨으니 네가 그를 위하여 모든 사람 앞에서 네가 보고 들은 것에 증인이 되리라].

바울은 주님의 음성을 들었지만 바울과 동행한 다른 사람들은 빛은 보면서도 주님의 음성은 듣지 못했다.

아나니아와 환상을 통한 소명 재확인(22:12-21)

주님의 지시대로 바울은 아나니아를 만났다. 빛으로 인해 사흘 동안이나 전혀 보지 못하던 눈을 고침 받고, 세례를 받았으며 아나니아를 통해 이방인 선교를 위해 부름 받았음을 확인받았다. '주께서 환상 중에 불러' 말씀하셨고, 바울도 예루살렘으로 돌아가 기도할 때 '황홀한 중'에 주님을 만나 대화를 나누었다.

바울은 스데반에 이어 두 번째로 부활하신 주님을 만났다. 바울이 다메섹에서 받은 사명은 예루살렘으로 돌아온 후에 더 분명해지고 더 확실해졌다. "부활하신 주님께서 사울에게 다시 나타나셔서 그가 이방인의 땅에서 자신의 사도가 되어야 할 것을 명백하게 말씀하셨다."

예루살렘에 돌아와서 예수님과 바울의 대화

예수님: 속히 예루살렘에서 나가라. 그들은 네가 내게 대하여 증언하는 말을 듣지 아니하리라.
바　울: 주님 내가 주를 믿는 사람들을 가두고 또 각 회당에서 때리고 또 주의 증인 스데반이 피를 흘릴 때에 내가 곁에 서서 찬성하고 그 죽이는 사람들의 옷을 지킨 줄 그들도 아나이다.
예수님: 떠나가라. 내가 너를 멀리 이방인에게로 보내리라.

누가는 다메섹에서 주님을 만난 후 3일을 금식하는 동안 바울에게 역사가 나타났고 다시 기도 중에 환상을 보았음을 강조한다. 바울이 회심한 후 '기도하는 중'에 아나니아를 만났고, 예루살렘에 돌아가서도 '기도할 때에 황홀한 중'에 예수님을 만난 것이다. 사울이 주님을 만난 후 성령이 충만하여 기도 가운데 하나님과 깊은 영적교통을 지속하였음을 보여준다.

군중의 분노, 천부장의 심문, 로마시민 소명(22:22-29)

바울이 '내가 너를 멀리 이방인에게로 보내리라 하셨느니라'고 말하는 순간 유대 군중들은 소리 지르며 바울을 죽이려고 달려들었다. 그러나 헬라인 천부장은 유대인들이 갖고 있는 종교적 성향이 어떻게 다른지, 그것이 왜 그들의 분노의 중요한 요인이었는지를 정확하게 파악하지 못했다. 그는 바울이 유대인들에게 무언가 모종의 큰 잘못을 범했다고 생각했다. 천부장은 정확한 심문을 위해서, 또 안전을 위해서 '바울을 영내로 데려가라 명하고 그들이 무슨 일로 그에 대하여 떠드는지 알고자 하여 채찍질하며 심문하라'고 명령했다.

천부장이 이렇게 명한 것은 분노한 군중들로부터 분명한 원인을 얻으려는 것이 실패로 돌아가자 왜 바울이 군중들로부터 집단 몰매를 맞아야 하는지 이유를 그에게서 직접 듣고 싶었기 때문이다. 천부장은 그 답을 가장 잘 얻을 수 있는 길이 고문이라고 판단했다. 천부장이 바울을 '채찍질하며 심문하라'고 명한 것도 그 때문이다.

그런데 여기 '채찍'(플라겔룸, flagellum)은 보통 채찍이 아니라 가죽 끈을 엮어 만든 날카로운 쇠붙이나 뼈가 박히고 튼튼한 나무 손잡이가 붙어 있는 '공포스런 고문 도구'였다. 이 채찍에 맞은 사람은 죽거나 폐인이 되거나 둘 중의 하나였다. 바울이 세 번 태장으로 맞고, 유대인 관리들로부터 다섯 번 채찍질로 징계를 받았지만 이 채찍의 형벌은 아니었다. 로마의 발레리아 법과 포르키아 법에 의하면 로마의 시민은 살인적인 채찍의 형벌에서 면제받았다. 그래서 로마시민이었던 바울은 이것을 당연히 거부할 권한이 있었다.

바울은 무시무시한 채찍으로 매질을 가하기 위해 '가죽 줄'로 그를 매자 '너희가 로마시민 된 자를 죄도 정하지 아니하고 채찍질할 수 있느냐'고 이의를 제기했다. 바울이 결정적인 순간에 자신이 로마시민인 것을 밝혔다. 당시 로마시민의 자유를 침해하는 것은 대단한 범죄 행위였다.

천부장의 명령을 받고 바울을 심문하려던 백부장은 곧장 천부장에게로 달려가 바울이 '로마 시민'이라는 사실을 알려주었다. 그러자 천부장은 바울에게 와서 정말 '네가 로마 시민이냐 내게 말하라'며 직접 확인했다. 바울은 '그러하다'고 바로 대답했다. 바울이 로마시민이라고 답하자 천부장은 지금까지의 적대적인 태도를 바꾸어 바울을 좀 더 존중하는 태도로 바라보았다. 천부장이 '나는 돈을 많이 들여 이 시민권을 얻었다'고 하자 바울은 '나는 나면서부터 로마의 시민권자'라고 대답했다.

천부장도 바울이 헬라어와 아람어를 유창하게 구사하는데다 로마 시민권자라는 사실에 적지 않게 놀랐다. 함부로 재판을 할 수 없었다. 바울이 로마 시민권자라는 사실을 알고 놀란 천부장은 누가의 증언을 빌린다면 '그 결박한 것 때문에 두려워'했다. 이것은 단순히 바울을 두 쇠사슬로 결박한 것을 가리킨다기보다는 그 무서운 채찍을 가하기 위해 바울을 묶은 것을 말한다. 비록 그에게 매질을 가하지 않았다고 해도 가하려고 시도한 것만으로도 로마의 법을 어긴 것이다.

그는 이튿날 '유대인들이 무슨 일로 그를 고발하는지 진상을 알고자 하여 그 결박을 풀고 명하여 제사장들과 온 공회를 모으고 바울을 데리고 내려가서 그들 앞에 세웠다.'

4. 공회 앞에서의 바울의 변증(22:30-23:11)

이제 천부장이 할 수 있는 길은 자신이 그렇게 한 일에 대한 명분을 찾는 일과 정확한 판단을 내리는 일이었다. 천부장은 송사 이유를 알기 위해 제사장들과 온 공회를 열라고 명령했다. 제사장들과 온 공회가 그 명령에 순종하여 모였고, 바울을 소환해 그 앞에 세웠다.

바울의 신앙고백, 아나니아의 격노, 바울의 반격(23:1-5)

바울은 '오늘까지 나는 범사에 양심을 따라 하나님을 섬겼노라'고 서두를 열었다. 바울이 이 말을 했을 때 대제사장 아나니아는 바울 곁에 있는 사람들에게 바울의 입을 치라고 명했다. 바울이 '형제들아 오늘까지 나는 범사에 양심을 따라 하나님을 섬겼노라'는 말에 깊은 반감을 느낀 것이다. 바울의 입을 치라고 대제사장이 말하자 바울은 '회칠한 담이여, 하나님이 너를 치시리로다. 네가 나를 율법대로 심판한다고 앉아서 율법을 어기고 나를 치라 하느냐'고 응답했다.

바울은 곁에 있던 사람이 '하나님의 대제사장을 네가 욕하느냐'고 공격하자 '나는 그가 대제사장인 줄 알지 못하였노라. 기록하였으되 너의 백성의 관리를 비방하지 말라 하였느니라'고 대답했다. 바울의 이 말은 만일 그가 그 사실을 알았다면 그렇게 행동하지는 않았을 것이라는 의미다. 바울은 자신이 인지하지 못한 것에 대해 솔직하게 고백하고 불필요한 공격과 비판을 피했다. 바울이 이런 태도를 취한 것은 불필요한 행동으로 인해 복음전파가 방해받는 것을 원치 않았기 때문으로 보인다.

바울의 바리새인 고백과 부활의 신앙 공언(23:6-9)

이어서 바울은 공회 앞에서 '나는 바리새인이요 또 바리새인의 아들이라, 죽은 자의 소망 곧 부활로 말미암아 내가 심문을 받노라'고 밝혔다. 이에 바울의 말로 무리가 둘로 나뉘어 바리새인들은 바울을 지지하고 사두개인들은 바울을 적대하기 시작했다.

바리새파의 입장에서는 누군가가 부활의 교리를 믿는다면 자신들과 동질의 신앙을 가진 사람이라고 판단했을 것이다. 반면 사두개파의 입장에서는 '새로운 유행의 이단'을 공공연하게 확산시키는 것이었다.

바리새인들이 부활과 내세와 영의 존재를 믿었기 때문에 바리새인들과 기독교인들 사이에는 신앙의 접촉점이 많아 예수 그리스도의 복음을 더 잘 받아들였다. 브루스의 말대로 '적어도 기독교의 초기 몇 십 년 동안에는 바리새인이 그리스도인이 되고도 바리새인으로 남아 있을 수 있었다.' 반면 부활도 내세도 믿지 않았던 사두개인들은 기독교와 달라 기독교인이 되기 힘들었다.

공회 앞에서 바울이 자신을 변론한 후 그곳에서 사두개파와 바리새파 사이에 분쟁이 발생해 바울에 대한 심리를 진행할 수도 없었고 고소 내용이 무엇인지도 밝혀내기 힘들었다. 그런데다 몇몇 바리새파 학자들은 바울이 아무 잘못도 범하지 않았다고 변호하기 시작했다. 바리새파의 서기관들은 '방을 가로질러 가서 바울이 옳다'며 그를 위해 싸웠다. 바울을 한 가운데 두고 바리새인들은 바울 뒤에, 사두개인들은 바울과 직면해 있어 바울이 찢어질 위기에 처했다.

천부장의 개입, 하나님의 특별 임재와 격려(23:10-11)

천부장은 바울이 둘 사이에서 '찢겨질 것'을 우려하여 경비병들에게 '바울을 그들로부터 빼내라고 명하였다.' 바울이 그 현장에서 죽을 수 있다고 판단했기 때문이다.

이런 영적인 시련의 때에 우리 주님은 고난당하는 바울을 찾아오셨다. 바울이 무리의 낯을 피해 군인들의 도움을 받아 영문으로 들어간 그 날 밤에 주께서 바울 곁에 서서 '담대하라 네가 예루살렘에서 나의 일을 증언한 것 같이 로마에서도 증언하여야 하리라'고 말씀하셨다. 주께서 바울의 안전과 보호 그리고 로마에서의 복음증거를 약속하신 것이다. 이 약속은 바울에게는 가장 큰 기쁨과 영광과 격려의 말씀이었다.

주님께서는 단순히 고난당하는 바울을 위로하시는 것으로 그치지 않으시고 바울의 비전을 재확인시켜 주셨다. '네가 예루살렘에서 나의 일을 증언한 것 같이 로마에서도 증언하여야 하리라'는 말씀은 바울이 로마까지 가서 그리스도를 증거하게 될 것을 약속하신 것이다. 바울이 했던 고백, '나로 하여금 로마를 보게 하실 것이다'는 그의 비전이 그대로 성취될 것을 약속하신 것이다. 따라서 주님의 나타나심은 바울에게 이중적인 섭리적 은혜였다. 주님이 바울의 고난의 현장에 함께 하신다는 사실, 로마에 가서 복음을 전할 것이라는 사실을 재확인시켜주셨기 때문이다.

우리는 특별히 주님이 바울 '곁에 서서'라는 말씀을 주목할 필요가 있다. 바울이 가장 힘든 순간에 주님은 침묵하지 않으시고 고난당하는 바울 곁에 함께 계셨다. 그것도 서 계셨다. 누가는 앉아 계시지 않고 서 계셨다는 것을 강조하고 있다. 스데반이 본 주님도 하나님 우편에 서 계셨다. 그래서 여기 누가의 기록은 부활하신 주님이 처음으로 고난당하는 스데반을 찾아오셔서 하나님 보좌 우편에 서 계셨던 것을 연상케 한다. 누가는 부활하신 주님이 결코 당신의 교회와 백성의 고난에 침묵하지 않으신다는 사실을 드러내려고 한 것이다.

부활하신 주님이 고난당하는 교회를 대신해서 다메섹 도상에 나타나셨고, 스데반을 찾아오셨으며, 바울이 고난당할 때 그를 찾아오셨다. 이것은 지금까지 환상 중에 바울을 찾아오신 것과 달랐다. 누가는 주님이 바울 곁에 서서 직접 말씀하셨다고 증언한다. 주님은 바울이 위기를 만나고 있는 것을 옆에서 지켜보고 계셨다.

5. 바울의 가이사랴로의 이송(23:12-35, A.D. 57)

누가는 주님께서 얼마나 섬세하게 바울을 보호하시는지를 구체적인 사례를 들어 증거하고 있다. 천부장은 극비리에 바울을 가이사랴로 이송했다. 주께서 말씀하신 바울의 안전에 대한 약속과 비전에 대한 약속이 실현되는 일련의 과정을 누가는 생생하게 증언한다.

공회 앞에서 바울이 행한 증언으로 유대 공동체가 바울을 변호하는 자들과 바울을 반대하는 자들로 대별되자 유대 공동체는 크게 흔들리기 시작했다. 그러자 그 다음날 아침 바울을 반대하는 유대인들이 모여 음모를 꾸미고 바울을 죽이기로 맹세했다. 여기 '음모를 꾸몄다'는 말이 현재완료로 단순히, 갑자기 음모를 꾸민 것이 아니라 용의주도하게 음모를 꾸몄다는 의미이다. '유대인들이 당을 지어 맹세하되 바울을 죽이기 전에는 먹지도 아니하고 마시지도 아니하겠다.'

바울을 죽이려는 40인의 음모(23:12-21)

그들은 대제사장과 장로들 앞에 와서 죽음을 각오하고 바울을 죽이는 일에 앞장서겠다고 맹세했다. '동맹한 자가 40여명'이나 되었다. 이들 40명의 음모단이 '유대인들'이고 산헤드린공회와 연관성이 있으며 당시 바리새파보다 사두개파가 바울에 대해 더 적대적이었고 바울이 자신이 바리새인이고 부활을 믿는 신앙 때문에 수난을 당했다고 고백한 것으로 미루어 볼 때 이들은 사두개파 사람들이라고 단정할 수 있다. 전날에 있었던 바울을 변호하려는 움직임이 바리새인들 사이에 있는 것을 확인한, 사두개파 사람들이 모여 바울을 죽이기로 맹세한 것이다. 이들이 바울을 생명 내걸고 죽이려고 한 것은 바울이 자신들이 인정하지 않는 부활, 천사, 영을 믿었기 때문이다.

바울을 죽이기 위해 40명이 매복하고 있다는 정보를 마침 바울의 누이의 아들(생질)이 듣고 이 사실을 바울에게 전해주었다. 40인과 우호적인 사두개파 대제사장들과 장로들, 그들에 동조하는 산헤드린공회가 협력하여 바울을 죽이려는 음모가 드러난 것이다.

이 사건은 주님께서 성령 안에 있는 자들을 보호하시고 이끌어주신다는 사실을 분명히 보여준다. 우리는 바울에게만 그런 특별한 은혜가 주어진 것이 아니라는 사실을 기억해야 한다. 성령 안에서 거룩한 비전을 가지고 살아가는 당신의 백성들, 매순간 성령의 인도를 간절히 사모하고 그분의 뜻을 구하는 믿음의 사람들은 이 같은 특별한 은혜의 역사를 자주 만난다.

바울은 생질로부터 이야기를 전해 듣고 한 백부장에게 자신의 생질을 가리키며 천부장에게 전할 말이 있다면서 '이 청년을 천부장에게 인도'해 줄 것을 부탁했다. 바울이 생질로부터 소식을 전해 듣고 백부장에게 직접 알려 그를 통해 음모 사실을 천부장에게 전할 수도 있었지만 바울은 그렇게 하지 않았다. 생질을 천부장에게 직접 보내서 유대인의 음모 사실을 전달하게 했다.

그것은 두 가지 이유 때문이라고 해석된다. 하나는 비밀을 누설하지 않으려는 신중성 때문이다. 바울을 죽이려는 음모를 백부장을 통해 전했을 때 백부장이 동료 백부장에게, 혹은 다른 사람들에게 전할 수도 있다. 또 바울이 부른 그 백부장이 어느 민족의 사람인지도 모르는 일이다. 만약 그가 유대인이고, 게다가 사두개파 사람과 깊이 내통하는 사람이었다면 비밀을 전혀 보장할 수 없었을 것이다. 바울이 그렇게 한 또 하나의 이유는 사건전달의 신빙성을 고려해서다. 다른 사람을 통해 전달받는 것과 직접 전달받는 것은 공신력에 있어서 많은 차이가 있기 때문이다.

누가는 바울의 생질이 천부장에게 가서 그저 사건의 전후만 전달한 것이 아니라는 사실을 분명히 했다. '유대인들이 공모하기를 그들이 바울에 대하여 더 자세한 것을 묻기 위함이라 하고 내일 그를 데리고 공회로 내려오기를 당신께 청하자 하였으니 당신은 그들의 청함을 따르지 마옵소서. 그들 중에서 바울을 죽이기 전에는 먹지도 않고 마시지도 않기로 맹세한 자 사십여 명이 그를 죽이려고 숨어서 지금 다 준비하고 당신의 허락만 기다리나이다.'

바울의 생질은 단순히 음모 사건의 정보만 전달한 것이 아니라 유대인들이 천부장에게 바울의 신변을 요구할 때 그 청을 들어주지 말라는 개인적 판단과 견해까지 전달했다. 여기 '당신은 그들의 청함을 따르지 마옵소서'의 헬라어 원문은 '당신은 그들에게 설득을 당하지 마십시오'이다. 그들의 요구에 따르지 말라, 그들의 속임수에 넘어가지 말라, 그들이 어떤 말을 해도 넘어가지 말라는 간곡한 부탁이다. 만약 바울이 생질을 보내지 않고 백부장을 통해 전달했다면 그런 효과는 기대할 수 없었을 것이다. 만약 백부장만 보냈다면 그가 사실을 왜곡하거나 바울의 의사와는 정반대의 의견을 천부장에게 개진했을 수도 있다.

바울의 극비 이송과 벨릭스에게 보낸 천부장의 편지(23:22-30)

생질로부터 40인의 음모 이야기를 전해들은 천부장은 그에게 '이 일을 아무에게도 이르지 말라'고 신중히 부탁하고는 급히 대책을 마련했다. 천부장은 백부장 둘을 불러 오늘 밤 '제 삼시에 가이사랴까지 갈 보병 이백 명과 기병 칠십 명과 창병 이백 명을 준비하라'고 명령했다. 그만큼 바울의 신변의 안전을 최대한으로 보장하려는 의도였다.

천부장은 바울의 목숨이 예루살렘에서는 안전하지 못하리라는 사실을 잘 알고 있었다. 그는 로마시민인 바울의 암살에 대해서도 책임질 수 없었다. 그렇다고 그를 수감시킬 수도 없었다. 그래서 바울을 즉시 가이사랴로 보낸 것이다. 바울이 가이사랴에서 유대지방의 총독 책임 하에 있는 것이 더 안전할 것이라고 판단했기 때문이다. 천부장은 가능한 속히 총독의 관리 하에 바울을 두기 위해 예루살렘에서 가이사랴까지 96km 의 길을 서둘렀다.

천부장은 백부장 편에 편지를 동봉해서 '총독 벨릭스에게' 상황을 알렸다. 이 편지를 통해 처음으로 '천부장의 이름이 '글라우디오 루시아'라는 사실이 밝혀졌다. 루시아라는 이름으로 추론할 때 천부장은 헬라 태생이고, 루시아는 성이고, 글라우디오는 그가 시민권을 살 때 당시의 황제 글라우디오의 이름을 따서 붙인 것으로 보인다.

천부장 루시아가 총독 벨릭스에게 보낸 천부장의 편지 내용은 크게 세 가지다.

첫째, 바울을 구해 낸 동기다. 바울이 유대인들에 의해 잡혀 '죽게 된 것'을 천부장은 그가 '로마 사람인 줄 들어 알고' 군대를 거느리고 가서 그를 구해주었다.

둘째, 적절한 송사절차를 밟아 조사를 했다는 사실이다. 그것은 천부장이 한 보고에 잘 드러나 있다.

셋째, 그런데도 유대인들이 그를 죽이려고 음모하고 있어 총독에게 보내게 되었다는 사실이다.

군사 호위대는 천부장의 명을 받은 대로 밤(오후 9시경)에 가이사랴를 출발해 다음날 아침 '안디바드리'에 도착했다. 예루살렘에서 56km 나 떨어진 안디바드리까지 밤중에 바울을 호송하는 것은 호위대에게는 매우 힘든 여정이었다. 강행군을 해서 1시간에 6km를 간다고 해도 9시간 이상을 쉬지 않고 행군해야 할 거리다. 게다가 안디바드리는 유대 구릉의 끝에 위치하고 있어 지형이 험준했다.

안디바드리에서 마병으로 바울을 그곳에서 43km 떨어진 가이사랴까지 호송하게 하고 보병은 본래의 '영내'로 되돌아갔다. 안디바드리는 헤롯 대제가 주전 1세기에 산 좋고 물 좋은 카파르 사바의 평원에 세운 도시다. 바울 당시 이곳에는 가이사랴 마리티마에서 예루살렘으로 가는 로마 도로가 위치해 있었다. 마병들이 이 도로를 따라 바울을 안전하게 가이사랴로 데리고 갈 수 있었다.

바울을 호송한 이들이 총독 벨릭스에게 천부장이 보낸 편지를 건네자 총독이 편지를 펴 읽고는 바울에게 '어디 성에서 왔느냐'고 물었다. 이렇게 물은 것은 바울의 출신지가 로마 영인지 아닌지를 확인하기 위해서였다.

벨릭스(재위 A.D. 52-59)는 A.D. 52년 혹은 그 이전부터 59년까지 유대지방 제11대 총독이었다. 그는 노예였다가 자유민이 된 사람이다. 그의 형 팔라스는 부유했고 꽤 정치적 영향력이 있었다. 벨릭스나 그의 형 팔라스 모두 글라우디오 황제 모친 안토니에게서 자유민이 된 사람들이다.

그의 재위 동안에 여러 지역에서 봉기가 일어났는데 벨릭스는 잔인하게 봉기를 진압했고, 유대인들에게 온갖 고문을 가했다. 로마 역사가 타키투스는 벨릭스에 대해 이렇게 혹평했다. "그는 노예의 심성을 가지고 왕의 권력을 행사했다. 악명 높은 팔라스 왕궁에 있는 그의 형의 영향력을 의지하고 마치 모든 죄를 범해도 면책을 받을 자격증을 소지한 것처럼 행동했다."

제 20 장
총독과 왕 앞에서 바울의 재판
(24:1-26:32)

천부장의 명령으로 동원한 군대의 호위를 받으며 바울은 가이사랴에 도착했다. 대제사장 아나니아가 산헤드린공회 회원들인 장로 중 몇 사람과 더둘로라는 변호사와 함께 벨릭스 총독을 찾아왔다. 여기 변호사 더둘로는 공공연사, 변호인을 말한다. 당시 이런 층의 사람들은 로마제국의 대부분의 지방 도시에서 발견할 수 있다. 이들은 말을 유창하게 하고 로마의 법에 대한 상당한 식견을 갖추고 있었으며 라틴어를 구사할 수 있었다. 대제사장은 라틴어로 재판이 진행될 것을 대비하여 라틴어를 구사하는 변호인을 고용한 것이다.

1. 벨릭스 총독에게 바울 고발(24:1-9, A.D. 57-59)

라틴어로 재판이 진행되어도 바울에게는 불리할 것이 없었다. 로마의 시민권자인데다 바울이 라틴어를 유창하게 구사했을 것으로 여겨지기 때문이다. 실제로 바울이 로마에 가서 마음 놓고 복음을 전했다는 것은 그가 라틴어를 유창하게 할 줄 알았다는 사실을 의미한다. 바울이 교육을 통해 라틴어를 습득할 수 있었겠지만 다른 한편으로 부모로부터 자연스럽게 습득할 수도 있었을 것으로 보인다. 로마의 시민권을 날 때부터 갖고 있었다는 사실은 그의 부모가 로마시민이었고, 로마 정치, 문화, 역사에 대해 상당한 식견을 가졌음을 암시해주며, 따라서 라틴어를 구사할 수 있었음을 말해준다.

히브리어와 헬라어를 유창하게 구사하는 바울이 라틴어까지 했다면 이방인의 사도로 그 이상 적합한 인물은 없었다. 하나님은 로마제국을 무대로 복음이 널리 확산될 수 있도록 그 한 사람을 준비하시고 이방인의 사도로 부르신 것이다.

더둘로의 바울 고발의 핵심 내용(24:1-8)

대제사장 아나니아와 장로들을 대신하여 더둘로가 벨릭스 총독에게 바울을 고발했다. 이어 더둘로는 바울을 '전염병 같은 자,' '천하에 흩어진 유대인을 다 소요하게 하는 자,' '나사렛 이단의 우두머리,' '성전을 더럽게 하려' 하는 자라고 고발했다. 바울에 대한 혐의를 4가지로 압축한 것이다.

첫째, 바울을 다른 사람들에게 무섭게 병을 옮기는 전염병으로 이해했다. 바울을 전염병이라고 말한 것은 바울의 가르침이 다른 사람들에게 신속하게 확산되어 해악을 끼친다는 의미이다. 개역성경에는 '염병'이라고 되어있다. 더 피부에 와 닿는다.

둘째, 바울을 전 세계에 흩어진 유대인들을 소동하게 만드는 소요의 주동자로 고발했다. 여기 '천하' 오이쿠메네(oikoumene, world)는 누가가 즐겨 사용하는 단어로 로마제국 전체를 지칭하는 것이다. 더둘로가 오이쿠메네[천하]를 사용하며 바울을 고발한 것은 어느 한 지역의 유대인들만 선동한 것이 아니라 로마제국 전체에 흩어진 유대인들을 선동했다는 것을 드러내려는 의도이다.

셋째, 바울을 나사렛 이단의 우두머리로 고발했다. '나사렛 이단'이라는 말은 '나사렛 예수의 이단,' '나사렛 예수를 따르는 이단'이라는 의미다. 여기 '우두머리'는 신약에 유일하게 이곳에만 나타난 단어로, 군대의 맨 앞에 서 있는 사람, 앞 첫 번째 있는 사람이라는 뜻이다. 바울 사도를 나사렛 이단의 최고 우두머리로 본 것이다.

마지막으로 제기한 고발 사유는 바울이 성전을 더럽혔다는 점이다. 게다가 바울이 의도성을 가지고 고의로 성전을 더럽혀 하나님을 모독한 것처럼 왜곡했다. 더둘로의 송사를 옆에서 지켜보던 유대인들은 마치 입이라도 맞춘 듯이 '이 말이 옳다'고 합창했다.

2. 벨릭스 총독 앞에서 행한 바울의 변명 (24:10-23, A.D. 57-59)

총독은 유대인들의 송사를 듣고 그들의 송사가 정당하고 근거 있는지를 알기 위해 바울에게 그 송사에 대해 변론할 기회를 주었다. 바울은 조목조목 더둘로가 제기한 고소의 부당성을 반박했다. 바울은 수년 동안이나 예루살렘을 떠나 있다가 오순절을 맞아 예루살렘에 왔으며, 온지 열이틀도 채 지나지 않았다는 사실, 이곳에 와서 법을 어기지 않았고, 성전이나 회당에서도 공개적으로 복음을 전하지도 않았다는 사실, 군중을 대상으로 집회를 갖거나 여타 어떤 형태의 폭력 집회에 참여한 적도 없다는 사실을 분명히 밝혔다. 그는 조목조목 자신에 대한 혐의를 반박했다.

그런 후 바울은 톤을 바꾸어 계속 변론을 이어갔다. 바울은 자신이 '이단이라는 도'를 따라 하나님을 섬기고 율법과 선지자의 글을 믿고 조상들이 가졌던 부활의 소망을 자신도 갖고 있었다고 밝혔다. 그리고 양심이 거리낌이 없기를 힘썼다고 증언했다. 바울은 자신이 부활의 신앙 때문에 고소를 당해 재판을 받는다는 사실도 밝혔다.

이야기를 다 들은 벨릭스 총독은 '천부장 루시아가 내려오거든 이 일을 처리할 것'이며 판결을 미루었다. 벨릭스는 분명 바울에게서 전혀 혐의를 찾을 수 없다는 사실을 잘 알았지만 그에게 무죄 판결을 내려 산헤드린의 감정을 거스르고 싶지 않았기 때문이다. 벨릭스는 바울에 대한 판결을 연기하고 그를 2년간이나 붙들어 두었다. 여기서 2년간은 A.D. 57-59년이었다.

3. 벨릭스 총독과 드루실라의 바울방문(24:24-27)

고대 역사가들은 하나 같이 벨릭스 총독에 대해 상당히 부정적이다. 자기 마음에 들지 않는 자들을 제거하기 위해 암살자까지 동원하고, 뇌물을 무척 탐했으며, 여자를 좋아해 3명의 왕실 출신 여인들과 결혼했다. 그중 하나가 바로 위에서 누가가 언급한 헤롯 아그립바 1세의 막내딸 드루실라(A.D. 38-79)였다.

드루실라가 남편 벨릭스 총독과 함께 가이사랴에 구금된 바울을 찾아온 것은 그녀의 나이 약 19세 때였다. 재판이 있은 지 수일 후 벨릭스는 그의 아내 유대 여자 드루실라와 함께 와서 바울을 불러 예수 믿는 도를 들었고, '틈이 있으면 너를 부르겠다'고 약속했다. 바울은 처음 대면하는 벨릭스와 드루실라 부부에게 '의와 절제와 장차 오는 심판을 강론'했다. 이 세 가지 제목처럼 이들 부부에게 필요한 것은 없었다. 하지만 바울로부터 여러 차례 복음을 전해 듣고도 그들에게는 변화가 없었다.

누가는 그가 바울을 자주 불렀던 중요한 이유가 돈을 바랐기 때문이라고 증언한다. 누가는 벨릭스가 '유대인의 마음을 얻고자 하여' 바울을 2년 동안 구류시켰고, '이태가 지난 후' 벨릭스가 해임되고 보르기오 베스도(Porcius Festus) 총독이 부임했다고 증언한다. 무책임한 벨릭스 총독 때문에 바울은 미래에 대한 불확실함 속에서 2년의 세월을 가이사랴에서 보내야 했다.

2년의 기간은 로마로 속히 가기를 원했던 바울에게는 참으로 고통스러운 기간이었다. 그러나 다른 한편으로 이 기간은 바울에게 하나님의 뜻을 진지하게 구하고 자신을 객관적으로 돌아보는 연단의 기간이었다. 철저하게 하나님의 뜻을 구하며 살았던 바울은 또 한 번 하나님의 때를 기다리는 훈련을 받아야 했다.

4. 베스도 총독의 호의와 로마 황제에게 호소(25:1-12)

바울의 2년간의 구금이 지난 후 A.D. 59년 베스도(Porcius Festus, 재위 A.D. 59-62)가 '벨릭스의 소임을 이어 받아' 유대 총독에 임명되었다. A.D. 59년 벨릭스가 가이사랴의 유대인들과 이방인 주민 사이에 발생한 내란에 대한 책임을 지고 물러났다. 직접 언급하지 않았지만 누가는 이것 역시 하나님의 심판이라고 해석했다.

새로운 총독의 부임이 바울에게 꼭 유리한 것만은 아니었다. 유대인들의 불만감이 얼마나 높았는가를 잘 알고 있는 베스도는 총독으로 부임한지 3일 후에 가이사랴에서 예루살렘으로 올라갔다. 유대지도자들의 환심을 사기 위해서였다. 베스도가 예루살렘에 올라가자 '대제사장들과 유대인 중 높은 사람들이 바울을 고소'했다. 그들은 총독 베스도에게 바울을 가이사랴에서 예루살렘으로 옮겨달라고 요청했다. 그렇게 청원한 이유가 오는 도중 길에 '매복하였다'가 바울을 살해하려고 했기 때문이다. 베스도는 바울에게 예루살렘에 올라가 그곳에서 심문을 받겠느냐는 제안을 했다. 바울로서는 베스도의 제안을 받아들일 수 없었다.

새 총독 베스도가 부임한 후에 바울에 대한 재판이 다시 시작되었다. 베스도는 유대인들의 환심을 사기 위해 부임하자마자 예루살렘에 올라가 한 주간을 그곳에서 보내고 가이사랴에 돌아와 그 다음날 재판을 열었다. 그러나 바울을 고소하는 자들의 고소 내용은 전혀 증명될 수 없는 것들이었다. 바울에게 아무런 혐의를 찾을 수 없었다.

바울은 논리정연하게 그들이 제기한 혐의를 조목조목 반박하며 자신의 무죄를 변증했다. 바울은 (1) '유대인의 율법'도, (2) '성전'도, (3) 심지어 '가이사'에게도 '내가 도무지 죄를 범하지 아니하였다'고 밝혔다. 특히 세 번째는 선동죄로 자신을 몰아가는 유대인들의 고발을 강하게 부정한 것이다.

바울의 가이사 재판 호소

바울은 예루살렘에 올라가 재판을 받겠느냐는 베스도 제안을 거절하고 가이사 앞에서 재판을 받겠다고 밝혔다. 바울의 청원을 받은 베스도 총독은 배석자들과 긴급히 이 문제를 상의하고 바울의 요구를 받아주기로 결정을 내렸다. 그는 '네가 가이사에게 상소하였으니 가이사에게 갈 것이라'고 선언했다. 여기 배석자들은 베스도를 자문하는 고문 자문단을 그렇게 표현한 것이다. 이렇게 해서 바울의 로마행이 최종 결정되었다.

왜 바울이 그토록 강하게 가이사의 법정에 호소했을까? 성령께서 강하게 역사하셨다고 봐야 한다. 그것은 당시 시대적 환경을 볼 때 더욱 그렇다. 이 일은 A.D. 59년의 일이다. 바울이 가이사에게 호소한 것을 비판할 이유는 전혀 없다. 오히려 시기적으로 적절했다. 네로가 부루스를 제거한 것이 62년이고, 세네카를 제거한 것이 65년이었기 때문이다. 폭군으로 알려진 네로는 54년에 즉위하여 첫 5년 동안은 그의 가정교사였던 스토아 철학의 대변자 세네카와 정직하고 완벽한 집정관으로 널리 알려진 아프라니우스 부루스의 도움을 받으며 제국을 안정되게 통치하였다. 바울이 가이사 황제에게 재판을 받겠다고 호소하던 59년에는 64년의 네로 황제의 로마의 대화재와 대대적인 기독교 박해가 일어날 징조가 전혀 없었다.

5. 아그립바 왕의 베스도 방문과 재판 청원
(25:13-27, A.D. 59)

며칠 후 아그립바 왕과 버니게가 베스도에게 문안하기 위해 찾아왔다. 누가는 상세하게 기술하지 않았지만 베스도 총독을 문안하러 온 아그립바와 버니게는 남매 사이다. 아그립바 왕은 사도행전 12장에 벌레에게 먹혀 죽은 헤롯 아그립바 1세의 아들, 헤롯 아그립바 2세다. 아그립바 왕에게는 버니게 외에도 또 한 명의 여동생이 있었는데 벨릭스 총독과 함께 바울을 찾아온 벨릭스의 아내 드루실라가 동일 인물이다. 누가는 버니게에게 왕이라는 호칭을 붙이지 않았지만 벨릭스 총독을 찾아올 당시 그녀의 오빠 아그립바 2세와 같이 그녀도 당시 로마제국의 영토인 시리아 일부를 다스리는 분봉여왕이었다.

베스도 총독은 자기를 찾아온 아그립바 왕과 버니게에게 바울의 문제를 이야기했다. 전임자 벨릭스가 한 사람을 구금해두었다는 사실, 예루살렘의 대제사장과 장로들이 고소하여 정죄하기를 청하였다는 사실, 그러나 로마법에 따라 변론할 수 있는 기회를 주었지만 원고들이 뚜렷한 증거를 제시하지 못했다는 사실, 결국 밝혀진 것은 송사 이유가 '자신들의 종교와 예수가 죽었는데 살았다'고 주장하기 때문임을 발견했다는 사실 그리고 바울이 로마 황제에게 판결을 받고 싶다는 의사도 전해주었다. 베스도로부터 전말을 듣고 난 아그립바 왕은 '나도 이 사람의 말'을 직접 듣고 싶다는 의사를 총독에게 피력했다.

베스도, 아그립바 왕 앞에서 재판 재개 사유설명(25:23-27)

아그립바가 바울의 이야기를 듣고 싶다고 하자 총독은 내일 들으라고 건의했다. 그 이튿날 아그립바와 버니게가 '크게 위엄을 갖추고,' '천부장들과 성중의 높은 사람들과 함께' 심문소에 들어왔다. 그 자리에는 아그립바 왕과 총독 베스도뿐만 아니라 아그립바 왕과 함께 베스도를 찾아온 버니게 여왕, 천부장들, 도시의 고관들이 배석했다.

바울은 베스도의 명을 받고 불려 나왔다. 아그립바와 버니게 그리고 많은 유대지도자들이 배석한 가운데 공식 석상에서 베스도가 왜 재판을 열어야 하는지 그 이유를 설명한 것이다. 이때 베스도는 무리들을 향해 세 가지 사실을 분명히 밝혔다. 첫째, 바울이 혐의가 없다. 둘째, '그에 대하여 황제께 확실한 사실을 아뢸 것이 없다.' 셋째, 바울이 가이사 황제에게 호소하여 보내기로 결정하였기 때문에 상소할 법적 자료를 얻으려 했다.

6. 아그립바 왕 앞에 선 바울(26:1-32, A.D. 59)

아그립바 왕이 바울에게 말하도록 사인을 보내자 바울이 손을 들고 변호했다. 아그립바 왕 앞에서 바울은 자신을 변호하면서 과거 회심 전의 모습, 자신의 회심 사건 그리고 회심 후의 변화를 다시 반복해서 설명하였다. 천부장의 도움으로 예루살렘에서 유대인들에게 고백했던 것과 대동소이하지만, 다음 몇 가지 점에서 차이가 있다.

첫째, 바울은 청중에 따라 용어 선택을 달리하며 접근하였다. 그것은 특히 그의 바리새적 배경을 설명하는 부분에서 매우 잘 드러나고 있다.

둘째, 그는 먼저 회심 전에 자신이 얼마나 기독교를 박해했는가를 분명히 밝혔다.

셋째, 유대인들 앞에서는 바울이 다메섹 도상에서 주님으로부터 직접 선교적 소명을 받은 것이 아니라 아나니아를 통해서 그리고 후에 예루살렘에서 확인받은 것으로 설명하고 있다.

넷째, 바울은 아그립바 왕 앞에서 회심 후 그가 전한 복음의 핵심이 무엇인가를 선명하게 밝혔다.

바울의 변증에서 인상적인 것은 '회개'와 '부활신앙'에 대한 강조이다. 회개는 세례요한, 예수 그리스도, 베드로 그리고 바울에 이르기까지 복음의 근간이었고, 부활의 신앙은 사도들이 일관되게 강조한 기독교의 핵심 진리였다. 특별히 사도행전에서는 부활신앙에 대한 바울의 점진적 발전을 발견할 수 있다. 그것은 바울-바리새인-박해자-다메섹에서 부활의 주님 만남과 회심-부활의 신앙 확신-바리새인의 부활신앙 재해석이 그것이다.

철저한 바리새인으로 바리새적 율법주의자였던 사울이 율법의 성취이자 완성자이신 부활의 주님을 만나 율법으로는 구원을 받을 수 없고 그리스도에게로 인도하는 몽학선생이라는 사실을 확신하였고, 부활의 첫 열매이신 그리스도를 따라 성도들이 부활할 것이라는 사실을 확신하게 되었다. 그가 기회가 있는 대로 부활신앙을 변증한 것도 그 때문이다.

바리새인들과 기독교가 접촉점을 가질 수 있는 가장 중요한 신앙적 틀을 가지고 아그립바, 베스도, 그곳에 모인 바리새인 청중들의 심령에 호소한 것이다. 바울은 유대인들에게는 유대인들이 이해할 수 있는 접근방법으로, 이방인인 벨릭스와 베스도 총독 앞에서는 그 수준에 맞게 그리고 동족 아그립바 왕과 버니게 앞에서는 거기에 맞게 설명하며 접근했지만 그가 전하고자 하는 핵심은 자신의 극적인 회심에 근거한 회개의 복음과 그리스도의 죽으심과 부활이었다.

바울의 복음전도에 대한 베스도와 아그립바 2세의 반응

바울의 변론에 대한 반응이 어떻게 나타났는가를 누가는 흥미롭게 기록하고 있다. 바울의 변증이 채 끝나기도 전에 베스도는 '바울아, 네가 미쳤도다. 네 많은 학문이 너를 미치게 한다'며 크게 소리 질렀다. 이때 바울은 이렇게 큰 소리로 답했다. '베스도 각하여, 내가 미친 것이 아니요, 참되고 온전한 말을 하나이다.'

또한 바울은 아그립바 왕을 향해 이렇게 외쳤다. '이 일에 하나라도 아시지 못함이 없는 줄 믿나이다 … 아그립바 왕이여 선지자를 믿으시나이까 믿으시는 줄 아나이다.' 이 말에 아그립바 왕은 '네가 적은 말로 나를 권하여 그리스도인이 되게 하려 하는도다'라며 불쾌한 심정을 표출했다. 아그립바는 선지자를 믿는다고 동의할 수도, 믿지 않는다고 말할 수도 없었다. 믿지 않는다고 하면 유대인에게 끼칠 수 있는 영향력이 다 없어질 것이고 믿는다고 하면 바울의 말에 전적으로 동의하는 것이기 때문이다. 바울의 논증에 말려들고 싶지 않은 아그립바는 '네가 적은 말로 나를 권하여 그리스도인 되게 만들 것이냐'고 반문했다. '네가 그렇게 짧은 시간 동안에 나를 그리스도인이 되게 설득하려는구나'는 의미이다.

흥미로운 사실은 아그립바 왕이 '그리스도인'이라는 말을 공개적으로 사용했다는 사실이다. 안디옥교회에서 바울과 바나바가 안디옥 교인들을 훈련시킨 다음에 처음으로 그리스도인이라는 말이 등장하고 그리고 여기 통치자 아그립바 왕이 이 용어를 사용한 것이다. A.D. 44년경에 안디옥에서 처음 붙여진 '그리스도인'이라는 이름을 불과 15년 만이 지난 A.D. 59년 아그립바 왕이 사용한 것이다. '그리스도인'이라는 명칭이 예수 그리스도를 믿는 자들을 총칭하는 단어로 당시 유대인들 사이에 널리 통용되었음을 보여준다.

그토록 짧은 시간에 자신을 그리스도인 만들려 한다는 아그립바의 말에 바울은 이렇게 응수했다. '말이 적으나 많으나 당신뿐만 아니라 오늘 내 말을 듣는 모든 사람도 다 이렇게 결박된 것 외에는 나와 같이 되기를 하나님께 원하나이다.' 바울은 가장 극적인 표현으로 자신의 신앙, 그리스도를 믿는 신앙을 담대히 선포하였다.

바울에 대한 왕과 총독의 종합판단(26:30-32)

바울의 답변에 아그립바 왕이 어떻게 반응을 했는지에 대해서는 누가가 기록하지 않았다. 그러나 바로 이어 그들이 보인 행동을 통해 볼 때 바울이 모인 이들 모두에게 자신의 무죄를 설득력 있게 전달하였음을 알 수 있다. 바울의 변론을 들은 아그립바 왕, 베스도 총독, 버니게, 그들과 함께 앉았던 사람들 모두가 법정에서 일어났다. 죄목을 찾을 수 없어 더 바울의 변론을 들을 필요가 없다고 판단했기 때문이다. 바울의 무죄가 분명히 밝혀진 것이다. 왕과 총독과 베니게와 함께 앉은 사람들이 다 일어나 물러가면서 이렇게 서로 말을 주고받았다.

> [31] 물러가 서로 말하되 이 사람은 사형이나 결박을 당할만한 행위가 없다 하더라 [32] 이에 아그립바가 베스도에게 이르되 이 사람이 만일 가이사에게 상소하지 아니하였더라면 석방될 수 있을 뻔하였다 하니

라(26:31-32)

이 짧은 문장은 바울의 재판과 관련하여 매우 중요한 사실을 종합적으로 정리해 준다.

첫째, 사형이나 결박을 당할만한 범죄행위가 '전혀 없다'는 표현을 사용함으로 바울에게 전혀 법적 혐의를 찾을 수 없었다는 사실이다.

둘째, 바울의 무죄 판결은 만장일치의 의견이었다. '이 사람은 사형이나 결박을 당할만한 행위가 없다'고 증언했다. 이것은 왕과 총독과 버니게와 그 함께 앉은 사람들 모두가 바울의 변론을 듣고 일어서며 '서로' 밝힌 내용이었다. 바울의 변론을 들은 이들 모두가 바울의 무죄에 대해서는 이견이 없었다는 의미다. 만장일치로 바울의 결백에 동의한 것이다.

셋째, 바울의 결백은 아그립바 왕과 베스도의 대화를 통해 재확인되었다. '만일 가이사에게 상소하지 아니하였더라면 석방될 수 있을 뻔하였다.' 이것은 바울과 혈전을 벌였던 아그립바 왕이 베스도에게 한 말이다.

사도행전의 역사 진행을 당시 로마역사에 비추어 볼 때 로마 황제 가이사에게 재판을 받겠다는 바울의 호소는 시기적으로 적절했다.

누가는 무죄라는 용어를 사용하지 않았지만 바울이 기소당할 아무런 죄가 없다는 사실, 그에 대한 모든 혐의가 사실이 아니라는, 즉 바울의 죄 없음을 변호하였다. 로마제국의 최고 상급법원(오늘날 대법원) 판결이 하급심 판결을 중시하는 전통이라 가이사랴에서의 벨릭스 재판, 베스도와 아그립바 왕 앞에서의 재판이 로마에서의 바울의 재판에 결정적인 역할을 했을 것이다.

제 21 장
로마로 향하는 바울의 여정
(27:1-28:10)

바울의 로마행이 확정되었다. 이로써 바울의 오랜 숙원이 성취되었다. 바울의 로마 항해는 A.D. 59년 여름에 시작되었다. 누가는 바울이 어느 항구에서 승선했는지 밝히지 않았다. 아마도 시리아의 주요 항구인 가이사랴 항으로 여겨진다.

바울을 로마로 호송해 갈 책임을 맡은 '아구스도' 부대 소속 백부장율리오였다. 아구스도대는 황제와 황제의 지방주둔군 사이의 연락을 담당하도록 파견된 연락 장교단이었다. 율리오는 한 로마군단의 백부장으로서 이 당시 연락 장교단과 함께 직무를 수행했다. 백부장 율리오는 로마까지 여행하는 동안 수하에 다수의 군사들을 동행시켰다. 로마로 향하기 위해 이 배에 승선한 죄수들은 바울 외에도 더 있었다.

1. 바울의 로마 항해 착수(27:1-26, A.D. 59-60)

바울이 예루살렘을 향할 때 드로비모, 누가, 아리스다고 세 사람이 동행했다. 이들 중 두 사람, 누가와 아리스다고는 로마로 가는 길에도 동행했다. 너무도 용기 있는 아름다운 동행이었다. 특별히 '아리스다고'는 '마게도냐의 데살로니가 출신이었다. 마게도냐 데살로니가는 유럽선교가 처음 태동된 곳이다. 아시아선교를 계속하던 바울이 드로아에서 '마게도냐로 건너와서 우리를 도우라'는 환상을 보고 달려간 곳이 바로 마게도냐 데살로니가였다. '땅 끝 선교'가 본격적으로 시작된 곳이 바로 그곳이다. 그런 의미에서 '땅 끝 선교'의 상징인 마게도냐 데살로니가 출신 아리스다고가 이방선교의 완성을 의미하는 바울의 로마행에 동행한 것은 그 자체만으로도 깊은 의미를 담고 있다. 예루살렘에서 시작된 구원 역사가 땅 끝 선교를 향해 움직여 가는 사도행전의 성격과 잘 어울린다.

바울은 비록 죄수의 몸으로 로마를 향하고 있었지만, 다른 중죄인들처럼 완전히 묶인 가운데 로마로 압송된 것이 아니라 어느 정도 자유가 주어졌다. '이튿날 시돈'에 도착했을 때 율리오는 바울에게 친절을 베풀어 바울이 친구들에게 가서 '대접' 받는 것도 허락했다. 백부장 율리오가 바울에게 친구들을 만날 수 있도록 허락해준 것도 특별하다. 백부장이 바울에게 호의적이었음을 보여준다.

바울의 로마행 초기 항해일정: 가이사랴에서 무라, 미항까지

가이사랴에는 이탈리아까지 가는 배는 없었다. 바울 일행은 소아시아 북서쪽 레스보스 섬 반대쪽에 위치한 무시아의 항구 '아드라뭇데노'에 속한 배에 탔다. 이 배는 아시아 각 도의 여러 항구에 머무르는 연안선이었다. 이들 항구 중 한 곳에서 이탈리아로 가는 배를 만날 수 있었다.

바울 일행이 탄 배는 가이사랴에서 시돈으로, 시돈에서 구브로, 길리기아와 밤빌리아, 루기아의 무라성에 도착했다. 무라의 만은 바람 때문에 출항이 불가능한 배들이 정박하기 좋은 만이다.

바울 일행을 실은 아드라뭇데노 배가 무라항에 도착했을 때 그곳에는 그 선단에 속한 배가 로마로 가기 위해 정박해 있었다. 무라에서 백부장 율리오는 이탈리아로 향하는 알렉산드리아 배를 만나자 바울 일행을 그 배에 승선시켰다.

금식하는 절기가 지나 항해하기 힘든 기간이라 항해를 강행하면 이번 항해로 화물과 배 그리고 생명까지 타격을 받고 많은 손해가 있을 것이라고 바울이 항해를 말렸다. 그러나 백부장은 선장과 선주의 말을 바울의 말보다 더 믿고 항해를 시작했다. 바울 일행을 태운 배가 미항을 떠난 후 그레데 항구를 눈앞에 두고 있을 때 '유라굴로라는 광풍'이 몰아쳤다.

사공들은 더 이상 항해할 수도 없는데다 생명의 위협을 느끼자 출항 그 다음날 짐을 바다에 풀기 시작했다. 풍랑이 멈추지 않고 계속되자 사람들이 사흘째 되는 날에는 배와 기구들까지 다 내버렸다. 바울의 경고대로 백부장과 그 일행들은 엄청난 위기를 만난 것이다. '여러 날 동안 해도 별도 보이지 아니하고 큰 풍랑이 그대로 있으매 구원의 여망마저 없어졌다.' 낮에는 해가 밤에는 별이 항해자에게 배의 위치를 알려주는 나침반의 역할을 하는데 해와 별이 나타나지 않아 배의 위치와 방향을 알 수 없었다. 말 그대로 '구원의 여망마저 없어졌다.'

심한 풍랑으로 사람들은 도저히 먹을 수도 없고 잘 수도 없고 쉴 수도 없었다. 극한의 순간에 하나님이 바울에게 나타나셔서 안전을 약속하시고 다시 가이사 앞에 설 것을 약속하셨다.

> [21] 여러 사람이 오래 먹지 못하였으매 바울이 가운데 서서 말하되 여러분이여 내 말을 듣고 그레데에서 떠나지 아니하여 이 타격과 손상을 면하였더라면 좋을 뻔하였느니라 [22] 내가 너희를 권하노니 이제는 안심하라 너희 중 아무도 생명에는 아무런 손상이 없겠고 오직 배뿐이리라 [23] 내가 속한 바 곧 내가 섬기는 하나님의 사자가 어제 밤에 내 곁에 서서 말하되 [24] 바울아 두려워하지 말라 네가 가이사 앞에 서야 하겠고 또 하나님께서 너와 함께 항해하는 자를 다 네게 주셨다 하였으니 [25] 그러므로 여러분이여 안심하라 나는 내게 말씀하신 그대로 되리라고 하나님을 믿노라(27:21-25)

이것은 믿지 않는 사람들을 대상으로 한 바울의 놀라운 선상 설교였다. 그것은 위 누가의 기록을 면밀히 살펴보면 잘 드러난다.

첫째, 변개할 수 없는 강력한 하나님의 구원의 약속을 선포했다. 천사를 통해 안전을 약속하신 분은 바로 하나님이셨다.

둘째, 바울이 설교하며 선상에서 취한 자세도 특별했다. 특히 바울이 '[그들] 가운데 서서 말하되'는 부활하신 주님께서 두려워 떠는 제자들, 그것도 문들을 다 닫은 그곳에 나타나셔서 제자들 가운데 서서 '너희에게 평강이 있을지어다'라고 하셨던 장면을 연상케 해준다.

셋째, 주의 사자가 바울 곁에 나타나셔서 확답하셨다. 하나님의 사자가 바울 곁에 나타나셔서 바울이 로마 황제 가이사 앞에 선다는 사실, 함께 항해하는 모든 사람들의 생명을 '다 네게 주셨다'는 사실을 알려주었다.

넷째, 바울은 자신에게 하신 천사의 말이 약속이며 그 약속이 그대로 이루어질 것을 공개적으로 밝혔다. 그것은 약속을 주신 분이 자신이 속하고 자신이 섬기는 하나님이시며, 그분은 약속을 신실하게 지키시는 분이라는 사실을 공개적으로 고백한 것이다. '나는 내게 말씀하신 그대로 되리라고 하나님을 믿노라.'

바울의 말은 희망사항이 아니라 그에게 주신 '하나님의 확신'이었고, 하나님의 사자를 통해 바울에게 전달된 하나님의 초자연적인 약속이었다.

2. 풍랑으로 인한 파선(破船)(27:27-44)

누가는 주님의 약속이 어떻게 구체적으로 성취되는가를 극적으로 설명했다. 아드리아 바다에서 이리 저리 표류하던 배가 육지에 가까이로 움직였다. 그것을 가장 먼저 파악한 이들은 사공들이었다. 육지가 가깝다고 느낀 사공들이 물 깊이를 쟀다. 처음 20길이었던 깊이가 잠시 후 재니 15길로 줄었다. 육지가 가깝다는 표시였다. 선원들이 다음날 이물에서 닻을 내리는 체하고 거룻배를 내려 도망가려고 했다. 바울이 이 사실을 알리고 군인들이 거룻줄을 끊어버렸다.

바울이 14일이 지나 배의 사람들에게 음식을 먹으라고 권하면서 머리카락 하나라도 잃을 자가 없다는 사실을 알려주었다. 떡을 가져다가 하나님께 축사하고 모든 사람에게 떼어주었다. 주님이 물고기 두 마리와 보리떡 다섯 개로 무리들을 먹이시는 장면과 너무 유사한 장면이 위기의 순간에 그대로 선상에서 재연되었다. 276명이 배부르게 먹었다. 당시 이렇게 많은 이들이 탑승할 수 있는 배가 있었다는 사실이 놀랍다. 배를 가볍게 하기 위해 모든 밀을 바다에 버렸다.

날이 새어 그곳이 어디인지가 드러났다. 암초가 있고 경사진 항만이며 두 물이 합하는 곳이라고 누가는 증언한다. 스미스는 항만, 암초, 두 물이 합하여 흐르는 곳을 종합하여 이 사건이 일어난 곳이 '성 바울 만'을 지칭한다고 결론을 내렸다. 성 바울 만에서 정말 기적 같은 일이 일어났다. 배가 움직일 수 없게 갯벌에 고정된 것이다. 이런 일은 좀처럼 일어나지 않는 일이다. 물론 하나님의 특별한 섭리와 간섭이 아니면 이해될 수 없는 일이다.

군사들은 '죄수가 헤엄쳐서 도망할까 하여 그들을 죽이는 것이 좋다'고 제안했으나 백부장이 '바울을 구원하려'고 군사들의 뜻을 거부하고 276명을 다 안전하게 상륙시켰다. 바울이 얼마 전에 약속한대로 배와 가진 짐들은 잃었지만 생명을 잃은 자는 한 명도 없었다.

3. 멜리데 섬 안착과 놀라운 표적(28:1-10)

해변에 도착한 후 그들은 그곳이 '멜리데'라는 섬인 것을 알았다. 멜리데는 뵈니게의 선원들에 의하여 몰타에 처음으로 붙여진 이름이었다. 멜리데는 '피난처'란 뜻의 가나안어이다.

멜리데의 원주민들은 베니게 말을 사용하는 베니게 혈통이다. 이곳 주민들은 원주민들이었지만 이들이 바울 일행에게 보여준 친절은 참으로 감동적이다. 원주민들은 물에 젖은 난파자들의 옷을 말리고 몸을 따뜻하게 해주려고 불을 피웠다.

멜리데의 첫 번째 표적: 독사에게 물려도 해 받지 않음

이곳에서 중요한 두 가지 표적이 일어났다. 바울이 독사에 물렸는데도 죽지 않은 것과 그곳 추장 보블리오의 부친의 병을 고친 일이다. 하나님께서는 바울이 독사에게 물리는 위기 가운데서도 생명을 보존케 하셨다. 바울이 독사에 물렸는데 죽지 않자 원주민들은 그를 신적인 존재로 인식했다.

바울이 독사에 물렸으나 죽지 않고 불에 독사를 죽였다는 소식은 곧 섬 전체에 퍼져나갔다. 이 일로 인하여 바울은 원주민들로부터 절대적인 존경과 찬사를 받았다. 그 섬에서 제일 높은 지위에 있는 보블리오가 바울과 일행을 영접하여 사흘이나 유숙하도록 친절하게 대접해주었다. 한두 사람도 아니고 276명이나 되는 사람들을 유숙할 수 있도록 배려했다는 사실은 놀라운 일이다.

멜리데의 두 번째 표적: 보블리오의 부친 치유

이런 가운데 하나님께서 자연스럽게 바울과 동행하시며 주의 영광을 드러내셨다. 바울은 보블리오의 부친이 열병과 이질에 걸려 누운 것을 보고 '기도하고 그에게 안수하여' 치료했다. 바울이 보블리오의 부친의 열병을 고친 것은 주님이 베드로의 장모의 중한 열병을 고쳐주신 것과 너무도 유사하다. 독사에 물렸는데 살아난 것은 이어 보블리오의 부친이 장티푸스와 이질에 시달리고 있을 때 신유의 역사를 통해 고침을 받은 것은 의심할 것 없이 성령의 역사였다.

누가는 두 사건을 통해서 자연스럽게 성령의 초자연적 역사를 선명하게 드러내길 원하였다. 바울과 함께 동행한 이들 가운데 적지 않은 이들이 하나님의 전능하신 역사를 직접 목도하고 하나님을 경외하는 사람들로 바뀌었을 것은 당연하다. 바울의 로마행 그 자체가 땅 끝 선교의 연장이자 진행과정이라는 사실을 고려해야 할 이유가 거기 있다. 독사에 물려도 해를 받지 않고, 멜리데에서 가장 높은 지위에 있는 보블리오의 부친과 수많은 섬 주민을 치료해준 사건으로 말미암아 바울 일행은 '후한 대접'을 받았다.

  사람들이 멜리데를 떠나야 할 때가 되자 멜리데 원주민들은 바울을 통한 초자연적 하나님의 역사를 목도하고, 감사한 마음으로 바울 일행에게 극진하게 예우했다. 원주민들이 그 짧은 동안 하나님을 믿는 사람들로 바뀌어 마치 이전의 선교여행 중에 복음을 전해 받은 현지 제자들이 바울에게 행한 작별처럼 남은 항해 동안 '쓸 것을 배에 실어주었다.'

  멜리데 섬에서의 바울의 사역은 몇 가지 중요한 의미를 갖는다.

  첫째, 섬에 무사히 안착함으로 '너희 중 아무도 생명에는 아무런 손상이 없겠다'는 약속, '너희 중 머리카락 하나도 잃을 자가 없을 것'이라는 약속이 그대로 성취되었다.

  둘째, 땅 끝 선교가 이미 로마에 도착하기 전에 구체적으로 착수되었다. 당시 멜리데는 제국으로부터도 동떨어진 말 그대로 주님이 말씀하신 '땅 끝'이었다.

  셋째, 바울의 표적과 기적을 통해서 바울과 동행하는 276명에게 하나님의 살아계심을 선포하시려는 하나님의 섭리였다. 이미 선상에서 풍랑 사건을 통해 하나님의 살아계심을 선포한 바울이 다시 섬에서의 표적과 기사를 통해 하나님의 살아계심을 드러냈다. 연속되는 기사와 표적을 보면서 바울과 함께 배에 탔던 이들은 근본적인 영적 변화를 경험했을 것이다. 누가가 침묵하고 있지만 처음부터 모든 것을 눈으로 확인한 276명은 복음의 증인이 되었을 것이다.

제 22 장
바울의 로마 입성과 전도
(28:11-31)

하나님께서 바울 일행이 타고 갈 배를 멜리데 섬에 예비해 놓으셨다. 그들은 A.D. 59년 11월 중순부터 이듬해 2월 중순까지 3개월을 멜리데 섬에 머문 후 A.D. 60년 2월 '알렉산드리아 배'를 타고 로마로 향했다. 멜리데 섬에서 로마까지는 그리 멀지 않았다.

멜리데를 출항한 바울 일행은 멜리데에서 160km 떨어진 시실리 섬 남동쪽 해안에 위치한 '수라구사에 배를 대고 사흘'을 지냈고, 수라구사에서 340km 떨어진 이탈리아의 남단에 위치한 항구도시 레기온에 도착해 하루를 지냈다. 그 다음날 레기온 항을 출발한 바울 일행은 그 이튿날 이탈리아의 주요 항구 보디올에 도착했다. 324km의 긴 거리를 단 하루 만에 항해한 것이다.

보디올에서 일주일을 보낸 바울 일행은 A.D. 60년 봄 로마에 도착했다. 바울 일행은 이탈리아 남부에서 로마로 가는 대로(大路) 중 하나인 아피안로를 따라서 로마로 여행한 것으로 보인다. 바울이 온다는 소식을 듣고 그곳 형제들이 바울 일행을 맞으러 압비오 광장과 삼관(트레이스 타베르네까지 내려왔다. 삼관은 로마에서 18km 떨어진 고대 알피오 도로상에 있는 장소로 이름이 말해주는 대로 여행객들을 영접하기 위해 만들어진 곳이다.

1. 바울 일행의 로마 도착과 시대적 상황

바울이 로마에 도착하였을 때 로마의 문화, 종교, 정치 상황은 어느 때보다도 비관적이었다. 바울이 로마에 도착했을 때 로마제국은 역대 황제 중에서 지금까지 가장 포악한 네로 황제(재위 A.D. 54-68)가 통치하고 있었고, 과거 공화국의 영광이 점점 사라지고 전제군주들이 국민들의 권리를 강탈하고 있었다.

A.D. 60년 당시 로마 시의 19.2km 이내에는 200만 명의 주민이 살고 있었다. 그중 반이 노예였다. 나머지 일백만 명 중에 700명은 원로원 의원이었고, 기사 계급에 속한 자들이 일만 명쯤 되었으며 군사들이 약 일만 오천 명이 있었다. 원로원 의원들, 기사들 그리고 군인들을 제외하고는 거의 다 평민들이었다. 이들은 가난하기 이를 데 없는 빈민들이었다.

로마의 복음화를 준비하신 하나님

당시 로마는 힘의 상징이기도 했지만 기독교적인 관점에서 볼 때 타락의 대명사였다. 하지만 타락의 가도를 치닫고 있는 로마를 향한 하나님의 사랑은 불타고 있었다. 거대한 로마가 복음화되어야 결국 인류 전체가 복음화될 것을 잘 아신 하나님께서 로마 복음전파를 평생의 숙원으로 여긴 이방인의 사도 바울을 로마에 파송하신 것이다. 비록 죄수의 몸으로 로마에 입성했지만 영적으로는 승리의 입성이었다.

로마의 믿는 형제들이 바울을 맞으러 압비오 광장 삼관까지 왔다는 것은 그곳에 그리스도인들이 이미 있었다는 것을 증거한다. 로마에 기독교가 시작된 것은 매우 오래된 것으로 보인다. A.D. 30년 세계 각국에 흩어졌던 유대인들이 유월절을 맞아 예루살렘에 왔을 때 로마에 온 이들이 오순절 날 성령의 충만을 받고 다시 로마로 돌아가 그곳에 신앙의 공동체를 형성한 것이다. 다른 지역에 거주하던 그리스도인들이 로마로 이주해서 신앙의 공동체를 형성했을 가능성도 물론 배제할 수 없다. 당시 로마는 교통이 발달하고 출세할 수 있는 기회가 많았고, 성공과 도약을 약속받았던 도시였기 때문에 많은 사람들이 기회의 도시 로마로 몰려들었다.

2. 바울의 숙원성취와 로마 선교(28:16-29, A.D. 60-62)

누가는 바울이 로마에 들어갔을 때의 상황을 이렇게 압축했다. '우리가 로마에 들어가니 바울에게는 자기를 지키는 한 군인과 함께 따로 있게 허락하더라.' 백부장은 그 죄수들을 근위대장 스트라토페다크(stratopedarch)에게 넘겨주었다. 백부장은 연락 장교단의 일원이었고, 스트라토페다크는 이 부대의 지휘관이었으며, 그 본부는 연락 장교단이 로마에 있을 때 머무르는 카엘리아 언덕에 있었다.

바울의 로마 도착과 황제의 근위대장(스트라토페다크)에게 인계

바울은 후에 시위대의 군영인 프레토리움에 인도되었다 다시 군영 밖 셋집으로 옮겨졌다. 바울은 그 자신에 대한 송사가 심의되기 전까지는 어느 정도의 자유가 허용되었다. 로마에 도착한 바울이 한 일은 크게 세 가지였다. 첫째, 바울이 로마에 거하는 동족 유대인들에게 로마에 오게 된 경위를 설명하고 자신에 대한 오해를 불식시키면서 그들에게 복음을 전한 일이고, 둘째, 약속하고 자신의 집을 찾아온 유대인들에게 예수를 증거한 일이며, 셋째, 바울이 자유스럽게 복음을 전할 수 있었다는 사실이다.

바울의 동족 초청과 복음전도

로마에 도착한 바울은 3일을 지낸 후 '유대인 중 높은 사람들을 청하여'

모아놓고 왜 자신이 이곳에 오게 되었는지를 설명하였다. 바울은 그들에게 먼저 동족들이 자신을 로마인의 손에 넘겨주었다는 사실과 로마인들이 자신을 시험했지만 혐의를 발견하지 못했다는 사실, 그래서 자신을 놓아주려고 했으나 유대인들이 반대하는 바람에 할 수 없이 로마 황제 가이사에게 호소하게 되었다는 일련의 재판과정을 설명했다.

바울이 이렇게 유대지도자들을 모아놓고 변호를 한 이유는 한편으로 자신에 대한 오해를 불식시키고 다른 한편으로 그들에게 한 번이라도 더 복음을 전할 수 있는 기회를 만들기 위해서였다.

동족 유대인, 기독교를 이단으로 단정

하지만 바울에 대한 로마의 유대 동족들의 태도는 너무도 냉정했다. 그들은 예루살렘으로부터 전갈을 받은 것도 없고 또한 형제 중 누가 와서 바울 자신에 대해 이야기 해준 적도 없다며 바울에게 '너의 사상'이 어떠한지 듣고 싶으니 이야기해 달라고 부탁했다.

우리는 이들의 답변을 통해 두 가지 사실을 분명히 알 수 있다. 하나는 바울에 대한 송사 사건이 로마의 교우들에게는 아직 잘 알려지지 않았다는 사실이다. 이들은 바울의 송사 사건에 대해 모른다고 분명하게 밝혔다. 이들이 이미 알고 있는데도 그렇게 답변한 것은 아닌 듯하다. 다른 하나는 당시 로마에 사는 유대인들이 기독교를 어떻게 보고 있는지에 대한 답이다. 한마디로 매우 부정적이었다. 그들은 기독교를 '파'[이단]라고 단정했고, 어디에서나 평판이 나쁘다고 단언했다.

하나님 나라와 예수 그리스도 증거

바울은 적대적인 태도를 가진 유대인들을 대상으로 주저하지 않고 혼신을 다해 복음을 전했다. 유대 지도자들과 만난 이 후 바울이 한 일은 약속 날짜를 정하고 자신의 숙소를 찾아온 많은 사람들을 대상으로 아침부터 저녁까지 그들에게 '하나님 나라'를 전하고 구약 모세 율법과 선지서를 가지고 '예수가 그리스도이심을' 증거한 일이다. 사실 하나님 나라와 예수 그리스도는 복음서의 중심주제이고 또 사도행전의 중심주제이다. 바울이 로마에서 마지막 2년 동안 가르친 주제도 하나님 나라와 예수 그리스도였다. 하나님 나라가 예수 그리스도의 초림을 통해서 도래했다는 점에서 하나님 나라와 예수 그리스도는 불가분의 관계를 갖는다.

로마에서도 바울의 복음전파에 대해 두 가지 반응이 나타났다. '그 말을 믿는 사람도 있고 믿지 아니하는 사람'도 있었다. 복음을 거부하는 자들은 유대인들이었고, 복음을 받아들인 이들은 이방인들이었다. 누가는 일관되게 이와 같은 현상이 로마에서 바울이 복음을 전할 때도 그대로 나타났다고 증언한다.

결국 유대인들은 선지자의 외침을 거부함으로 말미암아 A.D. 70년 예루살렘의 멸망으로 세계 곳곳을 유리하는 민족이 되고 말았다. 이것은 한편으로 이스라엘에 대한 무서운 경고와 심판이지만 다른 한편으로 유대인들의 복음의 거부로 인해 헤아릴 수 없는 이방인들이 메시야를 받아들임으로 하나님 나라가 전 세계로 확산되는 희망의 사건이 되었다. 유대인이 복음을 거부하여 기독교가 이방인의 종교, 세계인의 종교로 발돋움하고 발전되는 과정을 그린 것이 교회사이다.

지금까지 사도행전이 '최초의 세계교회사'라고 한다면 이후 전개될 교회사는 그런 의미에서 당시 '천하'인 로마제국을 무대로 이방인을 통해 '만민' 곧 모든 민족에게로 확장되는 본격적인 세계교회사가 되는 것이다. 복음은 민족과 지역을 초월하여 확산되었다. 이것은 주님께서 하시는 방식이며, 주님이 다시 오시는 그날까지 동일할 것이다. 따라서 우리는 복음을 거부하는 이들로 인해 실망하고 좌절하기보다 복음을 받아들인 이들로 인해 감사해야 한다.

3. 하나님 나라와 예수 그리스도 증거
(28:30-31, A.D. 60-62)

사도행전 28장 30-31절은 사도행전 전체의 결론이다. '바울이 온 이태를 자기 셋집에 머물면서 자기에게 오는 사람을 다 영접하고 하나님의 나라를 전파하며 주 예수 그리스도에 관한 모든 것을 담대하게 거침없이 가르치더라.' 누가는 바울이 이태동안 복음을 전하는 것으로 성령의 복음을 끝맺었다. 여기서 우리는 몇 가지 중요한 교훈을 뽑아낼 수 있다.

첫째, 바울은 주님이 하셨던 것처럼 하나님 나라를 전파하였다. 바울의 로마 사역의 중심주제가 하나님 나라였음을 보여준다. 하나님 나라는 주님께서 부활하신 후 40일 간 가르치신 중심내용이기도 하다.

둘째, 바울은 주 예수 그리스도에 관한 모든 것을 가르쳤다. 예수님이 천국복음을 전파하시고, 가르치시는 사역을 하신 것처럼 바울도 전파하고 가르치는 사역을 감당한 것이다.

셋째, 중단되지 않는 복음의 선포다. 바울이 주 예수 그리스도에 관한 모든 것을 전했지만 중단시키는 세력이 없었다.

넷째, 사도행전의 역사를 진행형으로 마쳤다. 누가는 매 장마다 말씀이 흥왕하더라, 말씀이 힘이 있다거나 많은 사람들이 주께 돌아왔다거나 아니면 예루살렘의 허다한 무리들이 믿고 주께 돌아왔다는 패턴을 사용하고 있는데 여기서는 전혀 그렇지 않다. 그것은 사도행전의 역사가 여전히 계속되고 있다는 사실을 전하고 싶었기 때문이다. 사도행전의 1장 8절의 땅 끝 선교 약속이 세상 역사 속에서 중단되지 않고 계속해서 성취되어 나갈 것을 예시한 것이다.

맺는 말: 계속되는 성령의 역사

 누가는 '땅 끝' 중심 로마에까지 복음이 전해졌음에도 사도행전을 진행형으로 맺었다. 필자가 볼 때 이것이 누가의 의도였고, 성경의 저자이신 성령께서 말씀하시기를 원하시는 핵심 내용이다. 로마가 세계의 중심지였지만 결코 '땅 끝'의 최종 종착지는 아니었다.
 '땅 끝'은 진행형이다. 바울 자신도 로마를 마지막 '땅 끝'으로 보지 않았다. 그는 로마를 거쳐 스페인에 가기를 간절히 소망했다. 지금까지 '땅 끝'은 끝없이 새롭게 설정되고 따라서 '땅 끝'을 향한 복음의 진보가 중단되지 않고 지속되어 왔다.
 지난 2천 년의 기독교 역사가 증언하듯이 새롭게 설정된 '땅 끝'을 향해 달려가는 선교여행은 지금까지 계속되었고, 지금 이 시간에도 여전히 계속되고 있다. 다만 무대와 주인공들이 바뀌었을 뿐이다. 여전히 주의 사역을 위해 귀하게 쓰임 받은 인물들이 존재하지만 우리 모두는 누가가 그랬던 것처럼 특정인물을 통해 역사하시는 성령 하나님과 세상 끝 날까지 함께하시겠다는 약속대로 여전히 당신의 백성들과 함께 살아 역사하시는 예수 그리스도를 주목해야 한다. 그 성령의 역사(work)는 주님이 재림하실 그 날까지 역사(history) 속에서 중단되지 않고 계속될 것이다.
 우리 모두 이 놀라운 성령의 역사, 부흥의 역사, 선교의 역사가 우리 민족 가운데, 아니 전 세계 모든 민족 가운데 계속해서 타오르기를 간절히 소망하자. 그리고 약속하신 성령을 '모든 육체,' '남종과 여종'에게 놀랍게 부어주셔서 자녀들이 예언하고, 젊은이들이 환상을 보고, 늙은이들이 꿈을 꾸는 성령의 시대가 우리 가운데 도래하게 해달라고 기도하자. 그리하여 우리 모두 성령충만한 거룩한 백성들을 통해 세계 곳곳의 복음의 불모지에 복음의 꽃이 활짝 피어오르고, 주의 이름을 부르는 자들이 구원을 얻는 은혜의 역사가 이 땅에 가득하며, 이 땅의 교회가 다시 복음으로 불타오르는 그날이 오게 해달라고 하나님께 간절히 간구하자.

오 주님! 어서 속히 그 은혜를 주옵소서!

사도행전의 주요사건 연표(A.D. 14-117)

A.D.

14	아우구스투스(Augustus) 황제 사망
14-37	티베리우스(Tiberius) 황제
26-36	본디오 빌라도(Pontius Pilatus) 유대총독
27-30	예수 그리스도의 공생애
30	예수 그리스도의 십자가와 부활, 승천(1:1-11)
30	오순절 성령강림(2장)
30-32	예루살렘교회와 베드로, 요한의 사역(3-5장)
	일곱 집사 선출(6:1-7)
32/33	스데반의 순교(7:54-60)와 사마리아 복음전파(8:4-25)
	사울의 회심(9:1-19)
35/36	사울의 1차 예루살렘 방문(9:26-28; 갈 1:18-20)
35-43	사울, 고향 다소에서 생활
36	빌라도 악정으로 소환됨
37	요세푸스 출생, 카이바스 퇴위(Caiaphas)
37-41	칼리굴라(Caligula) 황제
38	알렉산드리아에서 반유대인 폭동
40-45	시몬 마구스(Simon Magus) 사마리아 활동
40	고넬료의 회심(10장)
41-44	유대왕 헤롯 아그립바 1세
41-54	글라우디오(Claudis) 황제
43/44	야고보 사도의 순교(12:1-2)

43		바나바가 사울을 안디옥으로 데리고 옴(11:25-26)
44 초		아가보의 예언(11:27-28)
45-47		유대에 기근(11:28)
46		사울의 2차 예루살렘 방문(11:27-30; 갈 2:1-10)
46-47 겨울		사울이 안디옥으로 돌아옴(12:25)
47.3.29		바울의 1차 선교여행 시작(13:1-3)
47.7		구브로 선교(13:4-12)
47.7		밤빌리아 버가 선교(13:13)
47 겨울		비시디아 안디옥 선교(13:14-52)
48 여름		이고니온 선교(14:1-7)
48 가을		루스드라 선교(14:8-19)
48-49 겨울		더베 선교(14:20-21)
49.		루스드라, 이고니온, 비시디아 안디옥을 거쳐 밤빌리아 버가에서 머물며 사역(14:21-25)
49.		잠깐 동안 버가에 머물다
49.		앗달리아에서 시리아 안디옥으로 돌아옴(49년 겨울, 14:25-28)
		바울의 3차 예루살렘 방문, 예루살렘공의회(15:1-30)
50.3.25-4.1		2차 선교여행 시작(15:36 이하)
50		글라우디오 황제 로마에서 유대인 추방(18:2)
50 여름		브루기아 갈라디아 선교(16:6-7)
50.10		드로아 환상(16:8-10)
50.12		빌립보 선교(16:11-40)
50.12-51.5		데살로니가 선교(17:1-9)
50-93		분봉 왕 헤롯 아그립바 2세
51-52		갈리오(Galio) 아가야 총독
51.5-7		베뢰아 선교(17:10-15)
51.8		아덴 선교(17:16-34)
51.9-53.3		고린도 선교(18:1-17), 데살로니가전후서 작성
52-59		벨릭스(Felix) 유대총독

52. 7	갈리오 아가야 도착
53.3.22-29	바울의 4차 예루살렘 방문
53.5	시리아 안디옥 방문, 갈라디아서 작성
53.6	3차 선교여행 시작(18:18 이하)
53.7-8	갈라디아 브루기아 선교(18:23)
53.10-56.1	바울의 에베소 선교(19:1-20)
54-68	네로(Nero) 황제
55.10	고린도전서 작성
55-56	늦은 가을/바울의 마게도냐 선교(20:1-2)
56.2	드로아 선교(20:5-12)
56-57	고린도에서 겨울을 보낸 바울(20:2-3), 로마서 작성
56 여름	고린도후서 작성
56.12-57.2	아가야에서 3개월 체류
57.3	빌립보 선교여행
57.4.15	예루살렘 가기 위해 드로아를 향해 빌립보 출발(20:6)
57.5.28전	바울의 5차 예루살렘 방문, 예루살렘의 체포와 벨릭스 앞에서 재판(21:17-24:22)
57.6-59.7	가이사랴에서의 2년간의 투옥(23:23-24:27)
59-61	베스도(Festus) 유대총독
59	바울의 베스도와 아그립바 앞에서 재판(25:6-26:32)
59.8-60.2	바울의 로마행(27:1-28:16)
60-62	바울의 로마에서의 투옥(28:16이하)
61초	골로새서와 빌레몬서 작성
61하반기	빌립보서, 에베소서 작성
62	로마 1차 투옥에서 바울의 석방
62	예루살렘의 야고보 살해
62-66	바울의 마지막 선교여행
63(?)	베드로 로마에서 활동 / 디모데전서, 디도서 작성
64	네로의 로마의 대화재와 기독교 박해

66-74	1차 유대전쟁
67	바울의 두 번째 투옥, 재판, 순교 / 디모데후서 작성
68	쿰란 주거지 파괴, 네로 대학살
69-79	베스파시안(Vespasian) 황제
70	티투스에 의해 예루살렘 함락
74	마사다 함락
75	요세푸스 전쟁사
75-80	공관복음서 현재 형태로 완성
79	폼페이 화산폭발로 파괴
79-81	티투스(Titus) 황제
80-90	히브리서 기록
81-96	도미티안(Domitian) 황제
90	요한복음 기록
95	요한계시록 기록, 도미티안 박해
96	로마의 클레멘트 서신
98-117	트라얀(Trajan) 황제

박용규 교수의 저서와 역서 소개

◆ 저서

- 한국장로교사상사. 총신대학교 출판부, 1992.
- 초대교회사. 총신대학교 출판부, 1994, 한국기독교사연구소, 2016.
- 근대교회사. 총신대학교 출판부, 1995, 한국기독교사연구소, 2016.
- 죽산 박형룡 박사의 생애와 사상. 총신대학교 출판부, 1996.
- 한국교회를 깨운 복음주의 운동. 두란노, 1998.
- 한국교회를 깨운다. 생명의 말씀사, 1998.
- 평양대부흥운동. 생명의 말씀사, 2000.
- 한국기독교회사 1권 1784-1910, 2권. 1910-1960, 한국기독교사연구소, 2016.
- 평양대부흥이야기. 생명의 말씀사, 2005, 한국기독교사연구소, 2014.
- 평양산정현교회. 생명의 말씀사, 2006.
- 제주기독교회사. 생명의 말씀사, 2008, 한국기독교사연구소, 2017.
- 부흥의 현장을 가다. 생명의 말씀사, 2008.
- 안산동산교회이야기. 큰숲, 2009.
- 강규찬과 평양산정현교회. 한국기독교사연구소, 2012.
- 사랑의교회 이야기. 생명의 말씀사, 2012.
- 세계부흥운동사. 생명의 말씀사, 2014(수정판, 한국기독교사연구소, 2016).
- 한국기독교회사 3권. 1960-2010, 한국기독교사연구소, 2018.
- 기독교역사와 역사의식. 한국기독교사연구소, 2018.

◆ 공저

- 이 땅 부흥케 하소서. 총신대학교 출판부, 2005.
- 총신대학교 100년사. 총신대학교, 2002.
- 장로교 총회 100년사. 예장총회, 2006.
- 선교책무. 생명의 말씀사, 2011.
- Accountability in Missions. Eugene: Wipf&Stock, 2011.
- 총회 100년, 한국장로교회 회고와 전망, 한국기독교사연구소, 2014.

◆ 번역서

- Noll, Hatch. Woodbridge. 기독교와 미국. 총신대학교 출판부, 1992.
- John D. Woodbridge. 인물로 본 기독교회사 상 하. 도서출판 횃불, 1993.
- David Wells, ed. 개혁주의신학. 엠마오, 1993, 한국기독교사연구소, 2017.
- Charles Allen Clark. 한국교회와 네비우스 선교정책. 기독교서회, 1994.
- Peter Toon. 가톨릭, 개신교와 무엇이 다른가. 도서출판 솔로몬, 1995.
- George M. Marsden. 근본주의와 미국문화. 생명의 말씀사, 1997.
- John D. Woodbridge. ed. 세속에 물들지 않는 영성. 생명의 말씀사, 2004.

한국기독교사연구소(The Korea Institute of Church History)는 비영리단체로서 복음주의적이고 개혁주의적인 신앙에 입각하여 한국교회사 전반에 대한 역사, 문화, 출판 사업을 통해 역사의식을 고취하고, 이 시대 복음의 대사회적 문화적 민족적 책임을 충실하게 감당하여 한국교회와 사회 전 영역에 그리스도의 주권을 확립하는 것을 그 목적으로 1997년 7월 14일 창립하였다.

2004년부터 정기학술세미나를 개최하고 있으며, 2013년 4월까지 57차 정기학술세미나 및 심포지엄을 가졌다. 평양대부흥운동과 한국기독교회사 I , II , III을 비롯해 많은 저술을 발행했으며, 홈페이지 www.1907revival.com과 www.kich.org를 통해 평양대부흥운동, 세계부흥운동, 한국교회의 정체성과 이슈를 포함하여 기독교회사에 대한 심도 있고 균형 잡힌 정보를 제공하고 있다.

주소 : 121-897 서울 마포구 합정동 376-32
전화 : (02) 3141-1964
이메일 : kich-seoul@hanmail.net
홈페이지 : www.kich.org / www.1907revival.com
후원계좌 : 국민은행 165-21-0030-176 (예금주: 한국교회사연구소)
　　　　　우체국 104984-01-000223 (예금주: 한국교회사연구소)